I0660300

GEORGES PELLISSIER

Conserve la Couverture

17518

Le Réalisme

du

Romantisme

PARIS

LIBRAIRIE HACHETTE ET Cⁱᵉ

79, BOULEVARD SAINT-GERMAIN, 79

1912

3 fr. 50

Le Réalisme

du Romantisme

82

18-39

OUVRAGES DU MÊME AUTEUR

Le Mouvement littéraire au XIXe **siècle**, 1889. Un volume in-18, 9e édition (Hachette et Cie). . . . . 3 fr. 50

Essais de Littérature contemporaine, 1893. Un volume in-18, 3e édition (Lecène et Oudin). . . . . 3 fr. 50

Nouveaux Essais de Littérature contemporaine, 1895. Un vol. in-18 (Lecène et Oudin).. . . . . 3 fr. 50

Études de Littérature contemporaine, *première série*, 1898. Un volume in-18 (Perrin et Cie) . . . . 3 fr. 50

Études de Littérature contemporaine, *deuxième série*, 1901. Un volume in-18 (Perrin et Cie) . . . . 3 fr. 50

Le Mouvement littéraire contemporain, 1901. Un volume in-18, 4e édition (Hachette et Plon). . . . . 3 fr. 50

Précis de l'Histoire de la Littérature française, 1902. Un volume in-18, 60e mille (Delagrave). . . . . 3 fr. 50

Études de Littérature et de Morale contemporaines, 1905. Un volume in-18 (Cornély). . . . . 3 fr. 50

Voltaire philosophe, 1908. Un volume in-18 (A. Colin). 3 fr. 50

1463-11. -- Coulommiers. Imp. Paul BRODARD. — 1-12.

GEORGES PELLISSIER

Le Réalisme

du

Romantisme

PARIS

LIBRAIRIE HACHETTE ET Cᶦᵉ

79, BOULEVARD SAINT-GERMAIN, 79

1912

Droits de traduction et de reproduction réservés.

Droits de traduction et de reproduction réservés.
Copyright by Hachette et Cie, 1912.

LE

RÉALISME DU ROMANTISME

INTRODUCTION

Les définitions du romantisme sont très nombreuses ; chacune le caractérise par tel ou tel trait, sans tenir compte de tous les autres.

Il faut seulement en excepter une, — si l'on peut l'appeler de ce nom, — que le chef de l'école romantique émit le premier : selon Victor Hugo, le romantisme était « le libéralisme en littérature[1] ». Trente ans après, quand les novateurs avaient achevé leur œuvre, Sainte-Beuve le définissait encore de la même manière. « Le mot, déclarait-il, a été mal appliqué, il a surtout été employé dans des sens assez différents. Dans l'acception la plus générale, et qui n'est pas inexacte, la qualification de romantique s'étend à tous ceux qui, parmi nous, ont essayé, soit par la doctrine, soit par la pratique, de renouveler l'Art et de l'affranchir de certaines règles convenues[2] » On répudie cette définition comme superficielle et spécieuse. De quelque

1. *Lettre aux éditeurs des Poésies de M. Dovalle*, citée dans la préface d'*Hernani*.
2. *Lundis*, t. XIV, p. 71.

sorte de liberté qu'il s'agisse, la liberté, objecte-
t-on, « se limite en s'affirmant, rencontre ses règles
dans la nature des choses ». Ainsi, rien ne nous
empêche « de nous alcooliser, de nous éthériser, de
nous morphiniser » ; seulement, « à défaut des lois
de la morale, ce sont les lois de la physiologie qui
se vengent[1] ». Devons-nous donc penser que les
romantiques aient prétendu supprimer toute loi? Ils
affranchirent l'art de conventions arbitraires, de
préjugés qui ne s'accordaient même plus avec l'état
social : et dès lors, à quel propos invoque-t-on « la
nature des choses » ou « la physiologie »?

Mais, juste en soi, la définition donnée par Victor
Hugo est incomplète et imprécise. D'abord elle ne
se rapporte, lui-même nous le dit, qu'au romantisme
« militant ». Ensuite, elle ne nous apprend pas comment, une fois affranchi des règles et des modèles,
le romantisme usa de sa franchise.

Quand les modèles et les règles ne gênèrent plus
l'art, chaque artiste put réaliser en pleine indépendance l'idéal conforme à son tour d'esprit et à son
tempérament. Nous savons que les romantiques
furent dès le début très divisés[2]. Si, après 1830, se
fit une séparation que l'on pouvait depuis quelque
temps prévoir[3], les dissidences remontent aux ori-

---

1. Brunetière, *Époques du Théâtre français*, p. 320.
2. Déjà Chateaubriand et Mme de Staël, les deux grands précurseurs du romantisme, diffèrent beaucoup l'un de l'autre, ou
même s'opposent par certains côtés, soit au point de vue intellectuel, soit au point de vue moral.
3. « Le flot politique vint très à propos pour couvrir l'instant
de séparation et délier ce qui déjà s'écartait... Au moment où
ce navire Argo qui portait les poètes, après maint effort, maint
combat durant la traversée contre les prames et les pataches
classiques qui encombraient la mer et en gardaient le mono-
pole, — au moment où ce beau navire fut en vue de terre,

gines premières du romantisme; et rien là d'étonnant, puisqu'il avait pour formule la liberté de l'art.
Tous les novateurs étaient unis contre une discipline
oppressive : chacun gardait par devers lui ses vues
particulières et ses aspirations. « Au sein du schisme
même, remarquait dès 1824 l'académicien Auger,
naissent sourdement de petits schismes secondaires
auxquels il ne manque qu'une occasion d'éclater[1]. »
Cette occasion allait se produire six ans plus tard,
et « l'ouragan de Juillet » dispersa les romantiques.
Mais le romantisme ne s'était jamais constitué en
une véritable école. Vitet le qualifiait de protestantisme littéraire[2]; dans le romantisme comme dans
le protestantisme, il devait y avoir — *quot capita,
tot sensus* — autant d'hérésies que de têtes. A la
discipline classique, les romantiques ne substi-
tuèrent point une autre discipline.

Pourtant nous trouvons chez tous des tendances
communes; et, par exemple, Lamartine, Victor
Hugo, Alfred de Vigny, Alfred de Musset, Théophile
Gautier, si différents soient-ils l'un de l'autre, ont
entre eux certaines affinités qui les rattachent à un
même groupe non seulement comme adversaires du

---

l'équipage avait cessé d'être parfaitement d'accord; l'expédition
semblait sur le point de réussir, mais on n'apercevait guère en
face de lieu de débarquement; les principaux ouvraient des
avis différents ou couvraient des arrière-pensées contraires....
On en était là quand le brusque ouragan de Juillet bouleversa
tout... Depuis ce moment, chaque chef, poussant individuelle-
ment de son côté, poursuit à travers le siècle, par des voies
plus ou moins larges, sa destinée, ses projets, la conquête de
la glorieuse Toison. » (Sainte-Beuve, *Portraits contemporains*,
t. II, p. 93-95.)

1. Discours prononcé le 24 avril dans la séance solennelle de
l'Institut.

2. Le *Globe*, 2 avril 1825.

dogmatisme classique, mais aussi parce qu'ils se
font de l'art une conception semblable en son principe fondamental. Quelles sont ces affinités ? quelles
sont les tendances communes à tous les romantiques ? Voilà ce qu'il faut marquer lorsqu'on veut
définir le romantisme. Or la définition de Victor
Hugo ne le marque point : elle exprime l'accord des
novateurs pour libérer l'art ; elle ne nous donne
aucun renseignement sur leur esthétique propre ni
sur le caractère de leur œuvre.

Une autre définition, et celle-ci beaucoup plus
précise, semble de nos jours avoir prévalu. De
quelque façon qu'on la formule, elle réduit le
romantisme à une altération inconsciente ou systématique de l'objet.

Pendant la seconde moitié du XIXᵉ siècle, les
réalistes, puis les naturalistes le combattirent au
nom de la réalité et de la nature. Les naturalistes
surtout ne voulurent y voir, révoltés contre son
influence encore prépondérante, qu'une crise d'exaltation sentimentale, un accès de fièvre. Suivant Zola,
leur chef et le théoricien de l'école, « la prétendue
vérité du romantisme est une fantaisie lâchée dans
l'outrance[1] » ; « il ne se base sur rien, sinon sur
une maladie passagère[2] », il procède de « détraque-
ments cérébraux[3] », d'« un coup de folie[4] » ; aussi
n'écrira-t-on des œuvres saines qu'une fois débar-
bouillé de la « mixture romantique[5] ».

1. Le *Naturalisme au Théâtre*, p. 7.
2. *Ibid.*, p. 14.
3. Le *Roman expérimental*, p. 61.
4. *Ibid.*, p. 43, 77, 81, etc.
5. *Ibid.*, p. 271.

Sans doute Zola, fondateur d'une école nouvelle, ne se croyait pas tenu de rendre justice à l'école antérieure. Mais la plupart de nos critiques contemporains, s'ils usent d'autres termes, portent sur le romantisme un jugement analogue. M. Émile Faguet, quand il s'avise de le définir, le définit par l'horreur de la réalité[1]; et Ferdinand Brunetière, lui refusant toute aptitude à rendre exactement la vie ou la nature, en fait un mélange de grotesque et de précieux[2].

Reconnaissons que le romantisme, après deux siècles d'une discipline rationaliste, restaura l'imagination et le sentiment. Or le sentiment et l'imagination, c'est le moi; et comment le moi n'altérerait-il pas la nature? Poètes, les romantiques n'expriment, dit-on, que des émotions purement individuelles; romanciers ou dramatistes, ils se peignent sous les noms de leurs personnages; historiens, ils substituent à une exacte analyse l'intuition et la divination; critiques, ils apprécient les œuvres selon leur goût particulier. Essentiellement subjective, la littérature romantique passe pour incapable de reproduire le réel.

Mais, si le subjectivisme est sans conteste un trait capital de la littérature romantique, s'ensuit-il qu'on puisse la définir par ce seul trait? On ne définit pas un objet quelconque en se contentant d'énoncer telle ou telle des qualités qui le caractérisent, fût-ce la plus distinctive. Une bonne définition convient à tout le défini; elle est « adéquate ». Or, il y a autre chose dans le romantisme qu'une

1. *Gustave Flaubert* (Collection des Grands Écrivains français), p. 28.
2. *Études critiques*, t. VIII, p. 91.

exaltation du moi. La vérité et la nature, voilà le
mot d'ordre adopté dès le début par les romantiques. « Le poète, dit Victor Hugo, ne doit prendre
conseil que de la nature et de la vérité [1] »; et, en y
ajoutant l'inspiration — « une véritable nature »,
elle aussi, — il fait leur part légitime au tempérament, au génie, au moi des écrivains, il ne dément
pas la profession de foi naturaliste dont sa préface
n'est d'un bout à l'autre que le développement.
Aussi bien ce que dit là Victor Hugo, les premiers
initiateurs du romantisme, Jean-Jacques Rousseau,
puis Chateaubriand et Mme de Staël l'avaient dit
avant lui. Et avec lui le dirent les principaux
romantiques; Alfred de Vigny notamment — citons-
le de préférence comme le plus idéaliste d'entre eux
— atteste que l'art, selon l'esthétique de la nouvelle école, deviendra « tout semblable à la vie [2] ».

Par bien des côtés le romantisme est réaliste.
Nous ne parlons pas d'une sorte de romantisme
proprement « objectif », qui trouva ses interprètes
chez les rédacteurs du *Globe*, Vitet, Magnin,
Rémusat, Dubois (déjà réalistes, et prétendant
bien l'être [3]), nous parlons du romantisme tel qu'on
l'entend d'ordinaire; — et nous voudrions montrer
comment il transforma la conception de l'art en
vertu d'un principe éminemment naturaliste, et
renouvela d'après ce principe tous les genres littéraires sans excepter le genre lyrique.

Pour mieux convaincre la littérature romantique

1. Préface de *Cromwell*.
2. *Lettre à lord ***. Cette lettre est comme la préface du *More
de Venise*.
3. Cf. le *Mercure français du XIXᵉ siècle*, 1826, t. XII, p. 6.

d'inaptitude à rendre le réel, on la fait consister uniquement dans le lyrisme. C'est d'abord oublier que le lyrisme des Lamartine, des Victor Hugo, des Alfred de Vigny, comparé avec celui des Jean-Baptiste Rousseau et des Lebrun-Pindare, s'y oppose par la vérité des sentiments et de l'expression. Mais faut-il croire que le romantisme soit tout entier lyrique? Ferdinand Brunetière invoque à ce propos « une loi de balancement des organes et des fonctions [1] », ou bien encore « le pouvoir de la concurrence vitale et de la sélection naturelle [2] »; suivant lui, de même que le genre oratoire et le genre dramatique, durant le xviie siècle, évincèrent le lyrisme, de même le lyrisme, durant la première moitié du xixe siècle, devait nécessairement évincer les autres genres [3].

Une pareille théorie semble trop systématique et trop simple pour ne pas inspirer quelque méfiance, et nous montrerons qu'elle néglige des traits essentiels soit du romantisme en lui-même, soit de l'œuvre romantique. Au xviie siècle, d'ailleurs, la prédominance des « genres communs » s'explique par une discipline morale et sociale sous l'empire de laquelle, dans la littérature comme dans le monde, on réprimait son moi. Mais la première moitié du xixe siècle est foncièrement individualiste. Or l'individualisme, quoique le lyrisme romantique en dérive, ne pouvait-il donc pas avoir un autre mode d'expression que le dithyrambe ou l'élégie? Chaque écrivain se sentait libre de suivre son génie propre, même en l'appliquant à la pein-

1. Les *Époques du Théâtre français*, p. 341.
2. L'*Évolution de la Poésie lyrique en France*, t. I, p. 43.
3. *Ibid.*, p. 43 et suiv.

ture du réel, à l'exacte reproduction des âges passés ou de la vie ambiante. Et, si les romantiques introduisirent le lyrisme dans tous les genres, pourquoi refuserions-nous de voir ce qu'ils y introduisirent aussi de réalisme?

Après avoir fait ses réserves sur les innovations de la jeune école, Sainte-Beuve, dès 1830, lui rendait ce témoignage : « Il serait injuste de contester le développement mémorable de l'art pendant les dernières années, son affranchissement de tout servage, sa royauté intérieure bien établie et reconnue, ses conquêtes heureuses sur plusieurs points non jusque-là touchés *de la réalité et de la vie*[1] ». Encore n'était-ce pas assez dire. Trente ans plus tard, pour défendre le romantisme d'injustes attaques, le même Sainte-Beuve remontrait que son œuvre essentielle avait été de ramener la vérité dans notre littérature; et, recherchant « la vérité à tous risques, fût-elle la réalité[2] », il se déclarait par là romantique.

Nous voudrions signaler ici ce que le romantisme renferme de réaliste, expliquer comme quoi les romantiques pouvaient, sans méprise, invoquer la nature contre leurs adversaires, non seulement contre les pseudo-classiques, mais contre les classiques du XVIIe siècle. Si l'on nomme réalisme une conception de l'art selon laquelle les écrivains doivent, affranchis des règles et des modèles, se modeler et se régler sur la nature, nul doute que le romantisme ne soit réaliste.

1. Article intitulé le *Mouvement littéraire après la Révolution de 1830, Premiers Lundis*, t. I.
2. *Lundis*, t. XIV, p. 77.

CHAPITRE I

LE ROMANTISME OPPOSÉ
AU CLASSICISME COMME RÉALISTE

On reconnaîtra plus volontiers qu'il y a dans le romantisme beaucoup de réalisme en considérant l'état où se trouvait notre littérature quand les romantiques l'ont renouvelée.

Et, remarquons-le d'abord, ce n'est pas tant au classicisme que les romantiques s'attaquèrent, c'est surtout au pseudo-classicisme.

Dans la seconde préface des *Odes*[1], Victor Hugo témoigne son admiration pour le génie de nos grands classiques et distingue de leur genre « je ne sais quel genre faux qu'on a fort bien appelé le genre scolastique », un genre « qui est au classique ce que la superstition et le fanatisme sont à la religion ». Dans la préface de *Cromwell*, après avoir déclaré que la dramaturgie nouvelle ne saurait admettre les règles observées par les Corneille et les Racine, il tient encore à bien

1. Parue en 1824.

marquer la différence entre « la véritable école
classique française » et le pseudo-classicisme. On
a vu, dit-il, se former récemment « comme une
pénultième ramification du vieux tronc classique,
ou mieux comme une de ces excroissances, un de
ces polypes que développe la décrépitude et qui sont
bien plus un signe de décomposition qu'une preuve
de vie ». C'est Delille — « et non Racine, grand
Dieu ! » — c'est Delille, naguère *prince des poètes*,
ce sont ses émules et ses disciples dont Victor Hugo
fait le procès en combattant la « prétendue école
d'élégance et de bon goût »; et il allègue contre
eux les vrais classiques, Corneille pour sa façon de
dire crûment :

> Un tas d'hommes perdus de dettes et de crimes [1],

ou bien :

> Quant leur Flaminius marchandait Annibal [2],

et Racine lui-même pour ses chiens si monosylla-
biques [3] ou pour ce Claude mis si brutalement dans
le lit d'Agrippine [4].

Tandis que la Révolution a transformé le régime
politique de la France, a profondément modifié sa
vie intellectuelle et sa vie morale, le pseudo-classi-

---

1. *Cinna*, acte V, scène I.
2. *Nicomède*, acte I, scène I. — C'est le vers tel que Victor Hugo
le cite; il y a dans Corneille :
> Ce don à sa misère était le prix fatal
> Dont leur Flaminius marchandait Annibal.
3. *Athalie*, acte II, scène V :
> Des lambeaux pleins de sang et des membres affreux
> Que des chiens dévorants se disputaient entre eux.
4. *Britannicus*, acte II, scène II :
> Une loi moins sévère
> Mit Claude dans mon lit et Rome à mes genoux.

cisme maintient, avec des rigueurs ou des raffine-
ments inconnus au classicisme du grand siècle, la
discipline qui s'était établie sous un régime aristocratique et monarchique, et qui, sous le régime
moderne, n'exprimait plus que des traditions vieillies et des conventions factices.

On peut juger d'un mot la littérature pseudo-
classique : elle avait perdu le sentiment de la vie,
le sens du réel.

Le haut lyrisme, sauf quelques odes peut-être
ou quelques strophes de Lebrun, consiste en un
placage de mots sonores; la poésie élégiaque a
parfois de la grâce ou de la tendresse, mais une
grâce molle, une tendresse languissante et fade;
comme toute inspiration est tarie, le genre descriptif prédomine, et les Delille en font un exercice
de pur mécanisme. — Sur la scène, si la comédie,
retraçant les mœurs et les figures contemporaines,
peut encore se soutenir, elle ne produit que des
esquisses superficielles et sans consistance, rien de
sérieusement observé, de fortement rendu. Quant
aux poètes tragiques, ils imitent des imitations; ils
reproduisent sans cesse les mêmes types et répètent
les mêmes tirades. Ne leur demandons d'ailleurs
aucune vérité dans la peinture des milieux ou des
caractères. Brifaut avait déjà composé la moitié
d'une tragédie qui se passait en Espagne. « Bientôt,
dit-il, nos troupes franchirent les Pyrénées; il fallut
quitter un terrain devenu trop glissant...; l'auteur
se réfugia en Assyrie [1]. » Et c'est ainsi que, par un
simple changement de noms, ses Espagnols devin-
rent des Ninivites. — Pour historiens, nous avons

---

1. Préface de *Ninus II*.

alors Villaret et Garnier, continuateurs de l'abbé
Velly, puis Anquetil, dont l'*Histoire de France* paraît
en 1805; étrangers à toute critique, incapables de
sentir la diversité des siècles, ils représentent le
passé sous le costume du présent, ne mettent
aucune différence entre un Du Guesclin et un
Turenne, entre un Suger et un Sully. Si nous trouvons chez certains, chez Michaud en particulier,
quelque couleur locale, ce sont ceux qui subirent
l'influence de Chateaubriand, et, par conséquent,
du romantisme. — La critique littéraire enfin réduit
son office à veiller sur l'observation de règles
caduques, et, méconnaissant l'esprit de ces règles,
elle les interprète avec une étroitesse contre laquelle
eussent protesté beaucoup de classiques; sur l'étude
directe de la nature, elle fait prévaloir les modèles
du XVIIe siècle, sans comprendre que ces modèles, si
beaux soient-ils, ne répondent plus aux tendances
de l'art moderne, d'un art qui doit nécessairement
se renouveler comme se sont renouvelées elles-
mêmes les institutions, les mœurs et jusqu'aux
façons de penser et de sentir.

Nous verrons par la suite de quelle manière le
romantisme régénéra sous toutes ses formes notre
littérature épuisée. Contentons-nous maintenant de
dire que, s'il combattit les pseudo-classiques, c'était
pour la ramener vers l'observation et l'imitation de
la nature.

Aussi bien les adversaires du romantisme se
gardent de le comparer au pseudo-classicisme. C'est
au classicisme qu'ils le comparent. D'après eux, la
littérature classique est réaliste ou naturaliste, et la

littérature romantique, qui en prend le contre-pied, ne saurait donc l'être. Voilà les deux assertions qu'il nous faudra réfuter.

Mais, en premier lieu, doit-on vraiment considérer le romantisme comme une simple contrepartie du classicisme? Telle est l'opinion de presque tous nos critiques contemporains; plusieurs même veulent le définir par là. Rien de plus faux, rien aussi de plus vain. On le renfermerait ainsi dans un rôle purement négatif; et sa vigoureuse fécondité dément assez cette définition puérile [1].

Sans doute le romantisme s'oppose directement au classicisme. Pourtant remarquons que, d'une façon générale, il accepte ce qui en traduit le fond de notre génie héréditaire. Et d'ailleurs les principaux d'entre les romantiques reconnurent toujours l'excellence de leurs illustres devanciers.

Dans la préface de *Cromwell*, Victor Hugo, rendant hommage à Molière, qui « occupe la sommité de notre drame », le juge digne d'être mis en comparaison avec Shakespeare; dans la préface d'*Hernani*, il « prie les personnes que cet ouvrage a pu choquer de relire le *Cid*, *Don Sanche*, *Nicomède*, ou plutôt tout Corneille et tout Molière, ces grands et admirables poètes »; dans la préface de *Marie Tudor*, il déclare que « le but du poète dramatique doit être avant tout de chercher le

---

1. « Le mot *romantisme*, dit Victor Hugo, a, comme tous les mots de combat, l'avantage de résumer vivement un groupe d'idées; il va vite, ce qui plaît dans la mêlée. Mais il a, selon nous, par sa signification militante, l'inconvénient de paraître borner le mouvement qu'il représente à un fait de guerre; or ce mouvement est un fait d'intelligence, un fait de civilisation, un fait d'âme. » (*William Shakespeare*.)

grand, comme Corneille, ou le vrai, comme Molière. »
Et ce ne sont pas seulement Molière et Corneille
que les romantiques se plaisent à glorifier, c'est
Racine, c'est même Boileau. Le *Globe*, en 1825,
cite *Athalie* comme un modèle pour les novateurs.
« Tout ce que nous demandons à nos poètes,
déclare-t-il, s'y trouve réuni : la véritable histoire
et le naturel le plus parfait; le simple et le naïf à
côté du grandiose; les effets de scène les plus hardis
et tout le faste de la représentation; enfin la
musique au service de la poésie... Racine, aussi
vrai que Shakespeare, y a de plus la grâce inimi-
table et la délicate pureté de son goût. » Dira-t-on
que le *Globe* est modérément romantique? Victor
Hugo, dans le manifeste même où il expose le
programme de la réforme théâtrale, nomme Racine
un divin poète, et, s'il lui refuse le génie proprement dramatique, appelle son *Esther* une ravis-
sante élégie, et son *Athalie* une magnifique épopée[1].
Quant à Boileau, les romantiques l'attaquèrent par
cette raison surtout que les défenseurs du classicisme s'autorisaient contre eux de l'*Art poétique*[2].
Encore Victor Hugo ne craint-il pas de le louer.
Dans la seconde préface des *Odes*, il relève sans
doute ses « anachronismes », ses « fausses couleurs »,
les dix mille vaillants Alcides qui font pétiller leurs
remparts et les Naïades craintives qu'effarouche le
passage du Rhin[3]; mais, lui-même nous en avertit,

1. De même, quelques années plus tard, dans la préface de
Marie Tudor, il qualifie la tragédie racinienne de « divinement
élégiaque ».
2. Cf. l'article de Sainte-Beuve, *Portraits littéraires*, t. I, p. 3
et suiv., 1829.
3. Épître IV.

il ne cite de telles fautes de goût que comme ayant, « dans un homme d'un goût aussi pur, quelque chose de frappant qui les rend d'un utile exemple », et il affirme aussitôt son respect pour ce « grand nom », son estime pour cet « excellent esprit ». Tous les romantiques notoires s'accordent à admirer les chefs-d'œuvre classiques. « Qui a jamais parlé, dit Stendhal, de siffler Voltaire, Racine, Molière, génies immortels dont notre pauvre France n'aura peut-être pas les égaux d'ici à six ou huit siècles? Qui a jamais osé concevoir la folle espérance d'égaler ces grands hommes? » Ce qu'il veut seulement, c'est que les poètes nouveaux se puissent enfin débarrasser de « l'armure gênante portée jadis avec tant de grâce par Racine et Voltaire [1] ».

Le romantisme répudia cependant la doctrine classique, il la répudia au nom de la nature. Et voilà le fond même de la question. Nous montrerons d'abord que le classicisme n'a véritablement rien de réaliste, et ensuite que, partout où le romantisme s'y oppose, il s'y oppose en vertu de son réalisme.

Dans un mémorable article sur le *Naturalisme au XVII*e *siècle* [2], Ferdinand Brunetière établit que le classicisme fut une réaction contre les trois écoles précédentes, qui avaient déformé la nature de parti pris, soit en la caricaturant, comme l'école burlesque, soit en l'affinant et en l'enjolivant, comme

1. *Racine et Shakespeare, Cinquième lettre d'un romantique à un classique.*
2. *Études critiques*, t. 1er, p. 305 et suiv.

l'école précieuse, soit en l'amplifiant et en la magnifiant, comme l'école emphatique. Mais qu'est-ce donc à dire? Si le classicisme n'est ni emphatique, ni précieux, ni burlesque, cela ne suffit point pour qu'on le qualifie de réaliste. Et nous trouverions plus de réalisme, à maints égards, chez tels poètes antérieurs, chez Regnier, par exemple, ou chez certains autres que ne ménage pas l'auteur de l'*Art poétique*, Théophile en particulier et Saint-Amand [1].

On peut bien rappeler tel précepte de Boileau :

> Que la nature donc soit votre étude unique [2] ;

ou de Molière : « Lorsque vous peignez les hommes, il faut peindre d'après nature [3] » ; ou de La Fontaine :

---

1. De Théophile, citons au moins ces strophes, empruntées à sa pièce du *Matin* :

> La charrue écorche la plaine ;
> Le bouvier, qui suit les sillons,
> Dresse, de voix et d'aiguillons,
> Le couple de bœufs qui l'entraîne.

> Alix apprête son fuseau ;
> Sa mère, qui lui fait la tâche,
> Presse le chanvre, qu'elle attache
> A sa quenouille de roseau...

> Le forgeron est au fourneau ;
> Ois comme le charbon s'allume.
> Le fer rouge, dessus l'enclume,
> Étincelle sous le marteau.

> Cette chandelle semble morte ;
> Le jour la fait évanouir.
> Le soleil vient nous éblouir ;
> Vois qu'il passe à travers la porte.

Quant à Saint-Amand, sans parler de ses poésies burlesques, dans lesquelles il y a pourtant bien des traits de réalisme, indiquons au moins certains passages du *Moïse sauvé* et quelques pièces telles que le sonnet intitulé *Fumée et Vent*.

2. *Art poétique*, III, 359.

3. *Critique de l'École des Femmes*, scène VII.

> Nous avons changé de méthode;
> Jodelet n'est plus à la mode,
> Et maintenant il ne faut pas
> Quitter la nature d'un pas [1].

Ce qu'on ne dit point et ce que nous verrons, c'est que, si le classicisme prétendit imiter la nature, il ne l'imita ni directement ni tout entière.

Dans l'article signalé plus haut, Brunetière, pour démontrer sa thèse, cite un ou deux passages de Bossuet.

Voici, nous dit-il, de quelle manière écrivait, vers 1660, le jeune prédicateur qui devait être bientôt la gloire de la chaire française :

On le veut baiser [Jésus-Christ], et il donne les lèvres; on le veut lier, il présente les mains; on le veut souffleter, il tend les joues; frapper à coups de bâton, il tend le dos; on l'abandonne aux valets et aux soldats, et il s'abandonne encore plus lui-même. Cette face autrefois si majestueuse, qui ravissait en admiration le ciel et la terre, il la présente droite et immobile aux crachats de cette canaille; on lui arrache les cheveux et la barbe, il ne dit mot, il ne souffle pas; c'est une pauvre brebis qui se laisse tondre. Venez, venez, camarade, dit cette soldatesque insolente, voilà ce fou dans le corps de garde, qui s'imagine être roi des Juifs; il faut lui mettre une couronne d'épine. Il la reçoit, et elle ne tient pas assez, il faut l'enfoncer à coups de bâton; frappez, voilà la tête.

« N'y a-t-il pas là, demande Brunetière, comme force d'expression, et, remarquez-le bien, comme force d'expression appliquée à la reproduction du détail réel, de la scène vraie, n'y a-t-il pas là du naturalisme, et du plus simple, et du plus

_____

1. *Lettre à Maucroix*, 12 août 1661.

vigoureux, et du meilleur? » Oui, sans doute, il y
en a. Mais d'abord, que prouve une citation de
quelques lignes choisies à dessein parmi quarante
volumes? et, parce qu'il y a du naturalisme dans tel
ou tel passage de Bossuet, est-ce une raison suf-
fisante pour faire de Bossuet un naturaliste? Et
puis, et surtout, Brunetière nous laisse ignorer
quand fut prêché le sermon d'où il extrait ce passage; il a soin de ne pas nous dire que Bossuet le
prêcha tout jeune encore, avant d'avoir subi l'influence de la discipline classique. Car, s'il nous le
disait, quel argument pourrait-il tirer de sa citation?
Elle se retournerait contre lui.

Au passage de Bossuet que cite Brunetière, on
peut en joindre maints autres, pris également dans
les sermons de sa jeunesse. Dans le sermon sur
la Bonté et la Rigueur de Dieu [1], lorsqu'il dépeint
Jérusalem assiégé, il étale sous nos yeux « la prodigieuse quantité de corps pourris qui exhalent le
venin, la peste et la mort ». Dans le *Panégyrique
de saint Gorgon*, il ne nous épargne aucun détail
du supplice que subit le martyr, comme s'il voulait, par cette affreuse description, soulever notre
dégoût :

Le pauvre corps déchiré, à qui les plus doux onguents
auraient causé des douleurs insupportables, est frotté de
sel et de vinaigre... Mais ce n'est pas tout; la canaille
cherche de nouveaux artifices... Ce sel et ce vinaigre n'ont
fait que leur éveiller l'appétit; il faut, pour les rassasier,
quelque assaisonnement plus barbare. Le tyran fait coucher
le saint martyr sur un gril de fer tout rougi par la véhé-
mence de la chaleur, qui aussitôt rétrécit ses nerfs dépouillés
avec une douleur que je ne vous puis exprimer. Quel hor-

_____

1. Prêché en 1653.

rible spectacle! Gorgon gisant sur un lit de charbons
ardents, fondant de tous les côtés par la force du feu et
nourrissant de ses entrailles une flamme pâle qui le
dévorait[1].

Ainsi Bossuet, dans ses premiers sermons, ne
craint pas de peindre la réalité la plus crue. Mais
qu'est-ce qui va arriver? L'influence classique,
quand il aura quitté Metz, fera bientôt prévaloir sur
son réalisme inné le souci du style noble, les scrupules d'une « politesse » que révolteraient de pareils
tableaux. Parcourons, en suivant l'orde chronolo-
gique, le recueil de ses sermons postérieurs : nous
verrons tomber peu à peu, non seulement les vieux
mots, selon la remarque d'un de ses biographes[2],
mais aussi les traits réalistes. Lorsqu'on lit ses
sermons de Paris après avoir lu ceux de Metz, « on
éprouve, dit Sainte-Beuve, comme le passage d'un
climat à un autre[3] ». S'il choquera toujours les
puristes contemporains par ses familiarités et ses
audaces, s'il exprimera jusqu'à la fin « les glo-
rieuses bassesses du Christianisme », il se garde
bien désormais de peindre la réalité avec cette
vigoureuse couleur et cet âpre relief[4].

Brunetière cite encore des vers de Boileau. Ceux-
ci, dans la description du « Repas ridicule » :

1. Ce Panégyrique fut prononcé en 1649. Dans une version
antérieure, Bossuet montrait Gorgon « ne cessant de louer
Jésus-Christ au milieu de ces exhalaisons infectes qui sortaient
de la graisse de son corps rôti ».
2. L'abbé Vaillant.
3. *Lundis*, t. X, p. 199.
4. « Notre goût moderne, dit un de ses plus fervents admira-
teurs, ne voit pas sans quelque déplaisir cette transformation
d'un Rembrandt en un Le Brun. » (Rébelliau, *Bossuet*, Collection
des grands Écrivains français, p. 33-34.

> Deux assiettes suivaient, dont l'une était ornée
> D'une langue en ragoût, de persil couronnée,
> L'autre, d'un godiveau tout brûlé par dehors,
> Dont un beurre gluant inondait tous les bords [1];

et ceux-ci, dans la satire sur les Femmes :

> T'ai-je tracé la vieille, à morgue dominante,
> Qui veut, vingt ans encore après le sacrement,
> Exiger d'un mari les respects d'un amant?
> T'ai-je fait voir de joie une belle animée,
> Qui souvent, d'un repas sortant tout enfumée,
> Fait même à ses amants, trop faibles d'estomac,
> Redouter ses baisers pleins d'ail et de tabac [2].

Certes on ne saurait pousser le réalisme plus loin. Du reste, maints critiques ont remarqué que le tempérament de Boileau est réaliste. Et son réalisme originel ne s'accuse pas uniquement dans des satires. On se rappelle, entre beaucoup d'autres, ce couplet du *Lutrin* :

> . . . Le prélat, muni d'un déjeuner,
> Dormant d'un léger somme, attendait le dîner.
> La jeunesse en sa fleur brille sur son visage ;
> Son menton sur son sein descend à double étage,
> Et son corps, ramassé dans sa courte grosseur,
> Fait gémir les coussins sous sa molle épaisseur [3].

Parfois telle ou telle épître d'un ton noble renferme quelques vers où le poète peint d'après nature une scène de la vie familière, une attitude trivialement pittoresque. Citons, par exemple, le croquis de son jardinier Antoine :

> . . Mais je vois, sur ce début de prône,
> Que ta bouche déjà s'ouvre large d'une aune,
> Et que, les yeux fermés, tu baisses le menton [4].

1. Satire III, v. 49 et suiv.
2. Satire X, v. 666.
3. Chant Ier, v. 63 et suiv.
4. Épitre XI, v. 113 et suiv.

Quant aux alexandrins isolés qui dénotent ce goût
et ce sens du réel, on en trouve un peu partout ;
dans les Épîtres, comme le suivant :

Quoique fils de meunier, encor blanc du moulin [1] ;

et jusque dans l'*Art poétique* :

Charbonner de ses vers les murs d'un cabaret [2].

Un auteur qui, pressé d'un besoin importun,
Le soir entend crier ses entrailles à jeun [3].

Cependant la veine réaliste de Boileau ne se
donne carrière que très rarement. Ainsi, nous avons
là un poète dont la faculté caractéristique est de bien
voir le monde sensible et d'en rendre une image
expressive, qui ne mérite vraiment le nom de poète
qu'à ce titre. Il va sans doute prendre exemple sur
Regnier. Pas le moins du monde. Et pourquoi donc
célèbre-t-il la prise de Namur et le passage du Rhin ?
pourquoi, dans la plupart de ses épîtres et même de
ses satires, choisit-il comme thèmes des généralités
morales auxquelles il n'ajoute rien de son propre
fonds, qu'il ne renouvelle ni par son expérience
ou ses observations propres, ni par quelque originalité de mise en œuvre ? C'est que la discipline
du XVIIe siècle ne tolérait aucun réalisme. Sous
l'influence de cette discipline, Boileau méconnut
ou sacrifia ce que son talent avait de personnel. Et non seulement il écrivit des dissertations
versifiées au lieu de peindre la nature, mais, auteur
d'un *Art Poétique*, il y formula une doctrine en
désaccord avec son tempérament, avec les qualités

1. Épître V, v. 75.
2. Chant Ier, v. 22.
3. Chant IV, v. 181.

natives qui eussent fait de lui autre chose qu'un rimeur patient et plus ou moins habile.

N'étant ni précieux, ni emphatique, ni burlesque, le classicisme n'est pourtant pas réaliste; et l'on ne peut le qualifier de tel sans se méprendre soit sur le véritable caractère du réalisme, soit sur la conception de l'art classique.

Nous avons reconnu que le classicisme se distingue des écoles antérieures par son principe, l'imitation de la nature. Qu'il n'imite pas toute la nature et qu'il ne l'imite pas en sa réalité même, nous le ferons voir dans la suite. Montrons d'abord que cette imitation n'est pas directe, que toujours, entre la nature et l'artiste classique, s'interposent les modèles et les règles.

Faut-il rappeler quel respect le classicisme professait pour les anciens? Encore, durant la première moitié du XVIIe siècle, nos écrivains gardaient une certaine indépendance [1]. Mais les classiques proprement dits, ceux que l'on appelle des réalistes, poussèrent ce respect jusqu'à la superstition.

Racine écrit dans la première préface de *Britannicus* : « Nous devons sans cesse nous demander : Que diraient Homère et Virgile, s'ils lisaient ces vers? Que dirait Sophocle, s'il voyait représenter cette scène? » et, dans la préface de *Phèdre* : « Je ne suis point étonné que ce caractère [Phèdre elle-même]

---

1. Corneille, pourtant, qui est un des moins dociles, se déclarait tout prêt à condamner sa pièce du *Cid*, si l'on pouvait lui montrer qu'elle péchait « contre les grandes et souveraines maximes d'Aristote ».

ait... si bien réussi en notre siècle, puisqu'il a toutes
les qualités qu'Aristote demande au héros de la tragédie ». — La Fontaine, qui se donne pour traduire
Ésope[1], prie qu'on l'excuse d'avoir renouvelé l'apologue, d'y avoir introduit « un certain charme, un
air agréable », et, en appelant à Quintilien, selon
lequel « on ne saurait trop égayer les narrations »,
ajoute, très sérieusement : « Il ne s'agit pas
d'apporter une raison, c'est assez que Quintilien
l'ait dit[2] ». Dans une note à sa fable *la Mort et le
Malheureux* : « Nous ne saurions, déclare-t-il, aller
plus avant que les anciens : ils ne nous ont laissé
pour notre part que la gloire de les bien suivre. » A
l'en croire, ceux-là « s'égarent », qui veulent « tenir
d'autres chemins » ;

> Art et guides, tout est dans les Champs Elysées[3].

Sans doute il proteste que :

> *Son* imitation n'est pas un esclavage ;

mais, quand il taxe certains imitateurs de « sot
bétail », c'est un vers d'Horace qu'il répète[4] ; et,
quand il nous expose sa théorie de l'imitation originale :

> Je ne prends que l'idée et les tours et les lois
> Que nos maîtres suivaient eux-mêmes autrefois[5],

nous nous demanderions, si nous ne connaissions
pas les *Fables*, quelle originalité peut bien y paraître.

---

1. Les livres I-VI de ses fables parurent sous ce titre : *Fables
d'Ésope mises en vers.*
2. Préface du premier recueil des *Fables.*
3. Épître à Huet.
4. *Épîtres*, I, xix, 19.
5. Épître à Huet.

— La Bruyère publie son livre sous le couvert de Théophraste comme La Fontaine avait publié son premier recueil sous le couvert d'Ésope, et, non moins dévot aux Grecs et aux Romains, affirme « qu'on ne saurait rencontrer le parfait que par leur imitation[1] ». — Pour ce qui est de Boileau, rappelons seulement avec quelle candeur il justifie les règles de son *Art poétique* en invoquant l'autorité d'Horace, et s'étonne après cela qu'on « ose » les discuter[2].

Or l'imitation des anciens ne devait-elle pas forcément, chez de si respectueux disciples, gêner ou contrarier celle de la nature? Trop souvent les classiques ne virent la nature qu'à travers les auteurs latins et grecs.

Je sais bien ce que l'on dit, ce que disaient déjà au XVIIᵉ siècle les théoriciens du classicisme. Boileau notamment justifie son admiration des chefs-d'œuvre antiques en alléguant que, tenus pour chefs-d'œuvre depuis deux ou trois mille ans, ils n'ont pas mérité cette longue et constante renommée, comme peut-être les écrits modernes, par de faux brillants ou par un tour d'esprit à la mode, qu'ils s'accordent avec ce que la nature comporte de permanent et d'universel[3]. Cette remarque n'est point sans valeur lorsqu'on veut prouver l'excellence des anciens. Mais il s'agit maintenant de tout autre chose; il s'agit de se régler sur eux.

Si les écrivains de l'antiquité ont excellemment rendu la nature, de quel droit en inférer que ceux du XVIIᵉ siècle devaient les prendre pour modèles?

1. *Caractères*, chap. ɪ, § 15.
2. Troisième préface des *Œuvres*.
3. *Septième Réflexion sur Longin*.

Ils devaient suivre leur exemple, c'est-à-dire se
mettre en face de l'objet et l'imiter directement. La
différence est grande d'imiter un modèle fait d'après
nature ou d'observer et de reproduire la nature
elle-même; l'écrivain qui travaille sur un modèle
ressemble beaucoup au peintre qui, plutôt que de
rendre sa vision personnelle des choses, copie le
tableau de tel ou tel maître. Or les classiques ne se
contentent pas d'admirer les anciens, ils les imitent;
ils érigent l'imitation des anciens en principe, ils la
substituent à celle de la nature : est-ce donc par là
qu'ils méritent le nom de naturalistes?

L'imitation des modèles persista durant tout le
XVIIIe siècle; seulement les pseudo-classiques, beaucoup moins respectueux des Grecs et des Latins,
imitèrent les classiques français. Déjà Voltaire,
dans ses tragédies, quelques nouveautés dont il s'y
avise, emprunte à Corneille et à Racine, outre une
multitude d'expressions ou même de vers presque
entiers, leurs procédés de mise en scène, les ressorts
de leur « mécanique », leurs principales figures.
Plus on avance vers la fin du XVIIIe siècle, plus
l'imitation devient à la fois superstitieuse et stérile.

Reconnaissons d'ailleurs que les écrivains classiques n'ont pas tous imité les anciens, ou que leur
culte de l'antiquité ne les empêcha pas d'être
originaux. Molière, peintre des mœurs et des types
contemporains, s'est assez peu soucié de ses prédécesseurs latins ou grecs. « Les anciens, disait-il,
sont les anciens, et nous sommes les gens de maintenant »; et, après la première représentation des
Précieuses ridicules, il s'écriait : « Je n'ai que faire
d'étudier Plaute et Térence, et d'éplucher des fragments de Ménandre; je n'ai qu'à étudier le monde ».

Racine, tout en écrivant, pour ainsi dire sous l'œil
des poètes antiques, transforma complètement ses
modèles : certes Euripide n'aurait reconnu chez le
poète français ni son Andromaque, ni son Iphigénie
ou son Achille, ni son Hippolyte ou sa Phèdre. De
même La Fontaine renouvelle la fable, et il n'est un
des plus grands entre nos classiques que parce
qu'il en élargit le cadre traditionnel. La Bruyère
enfin, qui mit d'abord ses *Caractères* sous le patro-
nage de Théophraste, a néanmoins conscience de sa
supériorité ; il déclare, si modeste soit-il, s'être
appliqué davantage « aux vices de l'esprit, aux
replis du cœur et à tout l'intérieur de l'homme[1] ».
Quoi qu'aient pris des Latins et des Grecs les La
Bruyère, les La Fontaine, les Racine, les Molière,
l'originalité de leur génie l'emporta sur le respect
des modèles.

Cependant la théorie de l'imitation dénonce chez
les classiques une idée de l'art contraire au naturalisme. Et, pour voir quels sont les effets de cette
théorie, considérons seulement certains genres
que, pendant le XVIIᵉ siècle, cultivèrent des écrivains sans génie, l'ode par exemple et l'épopée.

De quelle façon Boileau définit-il l'ode pindaresque? Il la montre d'abord « entretenant commerce avec les dieux[2] ». Mais, satisfait de cette
figure banale, il la définit ensuite comme le produit
d'une laborieuse application. Ne sait-on pas d'ailleurs ce qu'en dit La Fontaine, bien autrement
poète? Selon La Fontaine, elle « veut de la patience »,
et il blâme les lyriques contemporains d'avoir « du

---

1. *Discours sur Théophraste.*
2. *Art poétique*, chant II, v. 60.

feu[1] ». L'ode pindaresque emprunte son éclat, sa grandeur, sa vérité fervente, aux traditions et aux symboles nationaux, aux légendes héroïques dont elle est la solennelle commémoration. Boileau, n'en retenant que ce qu'elle a d'extérieur, la caractérise par des épithètes convenues, et croit trouver le secret du lyrisme dans la simulation d'un beau désordre[2].

Une fois, il se mit en tête d'imiter Pindare; il composa, sur la prise de Namur, une ode « à la manière de ce grand poète[3] » :

> Quelle docte et sainte ivresse
> Aujourd'hui me fait la loi?

ou bien :

> Est-ce Apollon et Neptune
> Qui, sur ces rocs sourcilleux,
> Ont, compagnons de fortune,
> Bâti ces murs orgueilleux?

ou encore :

> Déployez toutes vos rages,
> Princes, vents, peuple, frimas;
> Ramassez tous vos courages,
> Rassemblez tous vos soldats.

Sans doute, l'ode sur la prise de Namur est « pleine de mouvements et de transports[4] ». Mais ces transports et ces mouvements, dont se glorifie Boileau, dénotent une rhétorique de convention. Il peut bien exalter son audace « jusqu'à parler de la plume blanche que le roi porte ordinairement à son chapeau[5] » : sous cette exaltation de commande,

1. Épître à Huet.
2. Outre l'*Art poétique*, cf. le *Discours sur l'Ode*.
3. *Discours sur l'Ode*.
4. *Ibid.*
5. *Ibid.* et Lettre à Racine du 4 juin 1693. — Il en fait d'ail-

on sent l'artifice, sous cette feinte ivresse, le « sens
rassis ». Charles Perrault, qui « ne savait point de
grec[1] », ayant irrespectueusement traité Pindare,
il prétendait lui montrer les beautés pindariques :
ses « excès » et ses « saillies », les prosopopées et
les apostrophes où s'essouffle sa verve, marquent
la plus complète inintelligence de ce qu'il veut faire
admirer.

Boileau ne comprend pas mieux Homère que
Pindare. Il le représente comme appliquant avec
réflexion les règles propres au genre épique, il
méconnaît dans l'*Iliade* et l'*Odyssée* cette ingénue
félicité d'un art qui ne se distingue pas de la nature ;
il y voit des œuvres de méthodique et savante éla-
boration. Perrault alléguait l'abbé d'Aubignac,
selon lequel l'*Iliade*, écrite successivement par divers
rapsodes, était faite de pièces et de morceaux juxta-
posés après coup : l'indignation de Boileau l'emporte
à dire, dans sa troisième *Réflexion sur Longin*, que,
si d'Aubignac put concevoir une telle idée, ce fut
assurément vers la fin de ses jours, quand l'âge
l'avait affaibli[2]. Dans l'*Art poétique*, il nomme
l'épopée un « pénible ouvrage[3] » ; et, sauf quelques

leurs « un astre redoutable », et se justifie par une note où il
rappelle qu'Homère a usé de la même figure.

1. *Discours sur l'Ode.*

2. Quelques années après, Mme Dacier s'élève contre Pope,
qui a comparé l'*Iliade* à un « jardin brut ». « C'est, dit-elle, le
jardin le plus régulier et le plus symétrisé qu'il y ait jamais
eu. M. Le Nôtre, qui était le premier homme du monde dans
son art, n'a jamais observé dans ses jardins une symétrie plus
parfaite que celle qu'Homère a observée dans sa poésie. »

3.   Un poème excellent, où tout marche et se suit,
        N'est pas de ces travaux qu'un caprice conduit.
        Il veut du temps, des soins ; et ce pénible ouvrage
        Jamais d'un écolier ne fut l'apprentissage.
                            (Chant III, v. 300 et suiv.)

préceptes excellents, mais bien rebattus, sa théorie
de cet ouvrage pénible consiste en procédés factices, en véritables recettes.

Le classicisme a un tel culte de l'antiquité, qu'il
impose à certains genres des sujets antiques.

Sans parler du *Cid* et de *Don Sanche*, Corneille,
dont les pièces sont presque toujours tirées de l'histoire romaine, en écrivit du moins qui représentent
les barbares établis dans l'Empire. Mais, sous le
régime proprement classique, la tragédie n'admet
guère que des Grecs et des Latins[1]. Quand, après
un bref historique de notre ancien théâtre, Boileau
arrive à la Renaissance, il s'écrie :

> On vit renaître Hector, Andromaque, Ilion[2];

D'après lui, le poème tragique doit nécessairement
représenter les héros d'Homère et d'Euripide, et
c'en est là le trait le plus essentiel.

De même pour l'épopée. Suivant Boileau, elle ne
peut avoir d'autre matière que la « fable ».

> Là, tous les noms heureux semblent nés pour les vers,
> Ulysse, Agamemnon, Oreste, Idoménée,
> Hélène, Ménélas, Pâris, Hector, Enée[3].

A Carel de Sainte-Garde, auteur des *Sarrasins
chassés*, il reproche de n'avoir pas choisi son héros
parmi ces Grecs dont les noms sont si harmonieux.

> O le plaisant projet d'un poète ignorant,
> Qui, de tant de héros, va choisir Childebrand[4] !

---

1. Hors quelques rares exceptions, comme le *Comte d'Essex*
par Thomas Corneille et surtout *Bajazet*. Ne citons pas d'*Esther*
et d'*Athalie*, qui sont à part.
2. *Art poétique*, chant III, v. 90.
3. *Ibid., ibid.*, v. 238.
4. *Ibid., ibid.*, v. 241.

On allègue que les noms d'Ulysse, d'Hélène ou
d'Oreste lui étaient chers comme « évoquant tout
un long cortège de souvenirs [1] ». Mais quelle raison
fait-il valoir?

> D'un seul nom quelquefois le son dur et bizarre
> Rend un poème entier ou burlesque ou barbare [2].

Disons, si l'on veut, que Boileau ne trouve poétique
aucune épopée dont les personnages ne soient
empruntés à l'antiquité grecque ou romaine.

De même enfin pour la poésie pastorale. Il raille
les idylles de Ronsard; quoiqu'elles peignent, sous
des noms villageois, de grands seigneurs et de
grandes dames, il ne leur pardonne pas de changer

> Lycidas en Pierrot et Philis en Toinon [3].

On ne peut, selon lui, faire de bonnes idylles sans
imiter Virgile et Théocrite. Or Théocrite, artiste
très raffiné et le familier des rois, avait eu du moins
sous les yeux, dans les campagnes syracusaines,
des chevriers et des bouviers tels que ceux dont il
retrace la figure; et il sut concilier avec les exi-
gences de l'art la rusticité du genre bucolique.
Quant à Virgile, si admirables que soient ses
églogues par la grâce et l'élégance de la diction, par
un vif sentiment de la poésie champêtre, il y met
souvent en scène des bergers conventionnels. Et
cependant Boileau, qui ne voit pas que les idylles
de Théocrite doivent leur beauté à l'imitation
directe de la nature, recommande aussi bien celles
de Virgile, sans en voir les côtés factices. Mais que

---

1. Brunetière, *Époques du Théâtre français*, p. 113.
2. *Art poétique*, chant III, v. 243.
3. *Ibid.*, chant II, v. 24.

doivent donc apprendre nos poètes chez Virgile et
Théocrite? Ils apprendront comment on peut

> Au combat de la flûte animer deux bergers [1],

ou

> Changer Narcisse en fleur, couvrir Daphné d'écorce [2].

Quelques vers auparavant, Boileau se moquait
des idylles « gothiques » où Ronsard substitue
Pierrot et Toinon à Lycidas et à Philis; substituant
à Pierrot et à Toinon les Narcisse et les Daphné de
l'églogue grecque, c'est lui qui méconnaît le véritable caractère du genre pastoral. Ici encore, les
modèles antiques le détournent de la réalité,
cachent à ses yeux cette nature sur laquelle il
déclare fonder sa doctrine.

Et que dire du merveilleux mythologique? La
Pléiade, quand elle l'avait introduit, voulait par là
rehausser notre poésie et l'« illustrer ». Le merveilleux des anciens, nous le savons aujourd'hui, était
leur religion même. Mais nos poètes du XVIᵉ siècle
n'y voyaient que des fictions; aussi crurent-ils
imiter ceux de la Grèce et de Rome en puisant à
pleines mains dans un répertoire de métaphores
banales; et aucune de leurs réformes ne réussit
mieux.

Boileau l'a définitivement sanctionnée. Et nous
ne lui reprocherons point de pr scrire l'usage de la
fable aux poètes épiques puisqu'il leur a prescrit
des sujets tirés de l'antiquité; tout le premier, il
désapprouve

1. *Art poétique*, chant II, v. 32.
2. *Ibid.*, *ibid.*, v. 34.

> . . . . en un sujet chrétien
> Un auteur follement idolâtre et païen [1].

Nous le louerons même de préférer dans l'épopée,
telle qu'il la conçoit, le merveilleux de la mythologie ; car ce genre étant, d'après la définition de
l'*Art poétique*, une matière d'« ornements égayés »,
on se rendrait coupable de sacrilège si l'on y
admettait « les mystères terribles de la foi des
chrétiens [2] ». Mais ce n'est pas seulement comme
ressort épique que Boileau recommande la fable ; il
en préconise l'emploi dans n'importe quel genre, il
veut mettre partout les figures mythologiques à la
place de la réalité. Ainsi, dit-il, le poète

> ... Trouve sous sa main des fleurs toujours écloses [3].

La foudre sera « Jupiter armé [4] » et l'orage sera
« Neptune en courroux [5] » ; un placage d'allégories
factices dérobera la nature.

Empruntant de l'antiquité sa mythologie, ses
sujets, sa conception des différents genres, les
classiques ne sauraient manquer de suivre également ses règles.

On sait quel respect elles inspiraient aux pseudo-
classiques et quelle vertu leur superstition y attri-
buait. Il suffira de citer ici l'auteur de *Pinto* et de
Christophe Colomb, qui eut parfois, ces deux pièces

---

1. *Art poétique*, chant III, v. 217.
2.   De la foi des chrétiens les mystères terribles
             D'ornements égayés ne sont pas susceptibles.
                                   (*Ibid., ibid.*, v. 199.)
3. *Art poétique*, chant III, v. 176.
4. *Ibid., ibid.*, v. 168.
5. *Ibid., ibid.*, v. 170.

en témoignent, des velléités de révolte : après avoir énuméré dans son *Cours analytique* les règles de la tragédie — vingt-cinq, ni plus ni moins — Népomucène Lemercier remontre comme quoi la perfection d'*Athalie* consiste en ce qu'elle les observe parfaitement. Mais, sachons-le bien, les classiques euxmêmes paraissent tout aussi convaincus de l'excellence et de l'efficacité des règles ; et, sur ce point, Lemercier se borne à interpréter leur poétique.

Devons-nous admettre quelques restrictions? Sans parler de la première moitié du XVII⁶ siècle, durant laquelle la doctrine du classicisme n'est pas encore dûment fixée, rappelons soit le passage des *Caractères* où La Bruyère signale « la prodigieuse distance » qu'il y a « entre un bel ouvrage et un ouvrage régulier [1] », soit les vers de l'*Art poétique* où Boileau convient que parfois

. . . . un esprit vigoureux
Trop resserré dans l'art sort des règles prescrites[2].

Cependant, toute la discipline de Boileau se rapporte à ces règles ; et La Bruyère lui-même, ayant reconnu le *Cid* comme « l'un des plus beaux poèmes que l'on puisse faire[3] », déclare que « l'une des meilleures critiques qui ait été faite sur aucun sujet est celle du *Cid* ».

Nous voudrions excepter Molière. Certes, sa liberté d'esprit le met à part ; et les romantiques,

---

1. Chapitre I, § 30.
2. *Art poétique*, chant IV, v. 78. — Cf. le passage du *Discours sur l'Ode* dans lequel Boileau remarque que Pindare « rompt quelquefois de dessein formé la suite de son discours, et, afin de mieux entrer dans la raison, sort, s'il faut ainsi parler, de la raison même ».
3. Dans le passage précédemment cité.

lorsqu'ils entreprirent de réformer le théâtre, justifièrent plus d'une fois leurs innovations en citant
les irrégularités de *Don Juan* ou ce mot fameux que
prononce Dorante dans la *Critique de l'École des
femmes* : « La grande règle de toutes les règles est
de plaire[1] ». Pourtant Molière, quelque indépendance dont il fasse profession, suit de son mieux
la discipline classique. Un sujet tel que celui de
Don Juan ne pouvait se traiter selon les règles ordi-
naires. Et, s'il choisit ce sujet, c'est qu'il le voyait,
sur d'autres scènes, attirer la foule par le fantastique de certains épisodes, par la variété et la vivacité de l'action, par l'éclat des décors. Au surplus la
pièce, écrite en vue du gros public, ne comptait
guère dans son œuvre[2]. Toutes les comédies qu'il
écrivit pour les « honnêtes gens » observent les
formes traditionnelles. Quant au mot de Dorante,
ne le prenons pas dans le sens où nos critiques
veulent l'entendre : les honnêtes gens, pour lesquels
Molière composa la plupart de ses pièces, exigeaient
l'observation des règles; on ne leur plaisait qu'en
les suivant. Et lorsque Dorante, qui paraît d'abord
y attacher si peu d'importance, s'entend accuser de
défendre une mauvaise comédie, il soutient que
l'*École des femmes* ne pèche contre aucune des
règles en vigueur. « Nous n'avons point, dit-il, de
pièce plus régulière. » Au fond, l'auteur de *Don Juan*
était d'accord avec Boileau sur la « pratique » du
théâtre[3].

1. Scène VII.
2. Thomas Corneille la remania et la mit en vers.
3. On sait à quel point Racine respectait les règles. Comme
Molière cependant et presque dans les mêmes termes, il déclarait que « la principale règle est de plaire (et de toucher) ».
(Préface de *Bérénice*.) Rien là d'étonnant : pour plaire et

Parmi les écrivains du XVIIe siècle, un seul peut-
être, Saint-Évremond, osa attaquer ces règles. Il les
juge inefficaces : « On n'a jamais vu tant de règles,
remarque-t-il, pour faire de belles tragédies, et on
en fait si peu qu'on est obligé de représenter toutes
les vieilles [1] ». Il les juge d'autre part mal appro-
priées à une littérature moderne. « La *Poétique*
d'Aristote, remarque-t-il encore, est un excellent
ouvrage ; cependant il n'y a rien d'assez parfait
pour régler toutes les nations et tous les siècles [2]. »
Mais Saint-Évremond, « libertin » par ses idées
morales et religieuses, ne l'est pas moins par ses
opinions littéraires ; et, rendant justice à son ingéniosité, à sa délicatesse, les vrais classiques le
considèrent comme un esprit paradoxal.

Tous les théoriciens du classicisme — et Boileau
le premier, même s'il concédait quelque liberté au
génie que « l'art » opprime, — justifièrent et prescri-
virent la discipline consacrée. Tel était le tempérament du siècle. On estimait une œuvre d'autant plus
belle qu'elle observe mieux les règles. Boileau ne
le dit pas en propres termes ; mais pourquoi
aurait-il écrit un *Art poétique*, s'il n'avait cru à leur
efficacité ?

On ne distinguait même pas le talent du savoir.
« J'ai vu, déclare Huet, les lettres décliner et
tomber enfin dans une décadence presque entière,
car je ne connais presque personne aujourd'hui que
l'on puisse appeler véritablement savant. » Objectera-t-on que Huet retarde, qu'il représente un âge

---

pour toucher, on devait, ainsi que lui-même l'entend, se con-
former à la poétique d'Aristote et d'Horace.

1. *De la Tragédie.*
2. *Ibid.*

antérieur? Nous trouvons chez bien d'autres écrivains la trace de cette confusion. Nous la trouvons notamment chez Boileau. Quelle épithète choisit-il pour louer Racine dans l'épître qu'il lui adresse sur « l'utilité des ennemis »?

> Ne crois pas toutefois, par tes *savants* ouvrages,
> Entraînant tous les cœurs gagner tous les suffrages [1].

Et, après avoir protesté, à la fin de la même épître, que les seuls suffrages dont un écrivain doive s'honorer sont ceux des Condé, des Vivonne, des La Rochefoucauld, il envoie la foule grossière « admirer le savoir de Pradon », comme si Pradon avait manqué de savoir et non de génie.

Quant à la vertu des règles, ce que Boileau ne dit pas explicitement, d'autres le disent, qui sont tout aussi classiques, Chapelain par exemple, le premier docteur du classicisme; et Charles Perrault, un des esprits les plus ouverts et les plus indépendants du XVIIe siècle, pense là-dessus comme Chapelain.

On raille volontiers l'auteur de la *Pucelle*. Il fut pourtant notre meilleur critique avant Boileau, et Boileau lui-même, qui se moque de ses vers, l'estima toujours homme de grand sens. A vrai dire, Chapelain reconnaît, dans les *Sentiments de l'Académie sur le Cid*, que les pièces irrégulières peuvent quelquefois réussir et les pièces régulières échouer. Mais il en accuse le méchant goût du « vulgaire », auquel il oppose celui des « doctes ». Et lisons la préface de son épopée. Après avoir confessé qu'il possède « bien peu des qualités requises chez un poète héroïque » : « J'ai apporté seulement à l'exécution de mon sujet, ajoute-t-il, une connaissance

1. Épître VII, v. 7.

assez passable de ce qui y était nécessaire pour ne
pas le faire irrégulier » ; et cette connaissance de la
« théorie », il veut prouver, en écrivant la *Pucelle*,
que, « sans avoir une trop grande élévation d'esprit »,
on peut « la mettre heureusement en pratique ».
Ainsi Chapelain ne regarde point le génie comme
indispensable, et il croit que l'observation des règles
y supplée[1].

De même Charles Perrault. Il s'élève, dans son
poème sur le *Siècle de Louis-le-Grand*, contre ceux
qui, par idolâtrie de l'antiquité, n'admettent pas
qu'un ancien soit inférieur à un moderne. Mais,
s'il déclare les modernes supérieurs aux anciens,
quelle raison en donne-t-il? C'est que le savoir
« a incessamment progressé » depuis Homère ou
Sophocle, c'est que le xviie siècle possède plus de
règles et des règles meilleures :

> Tout art n'est composé que de secrets divers
> Qu'aux hommes curieux l'usage a découverts,
> Et cet utile amas des choses qu'on invente
> Sans cesse chaque jour ou s'épure ou s'augmente.

Pareillement, dans le quatrième des *Parallèles*,
après avoir posé en principe que « deux choses,
chez tout artisan, contribuent à la beauté de son
œuvre », premièrement « la connaissance des
règles de son art », secondement « la force de son
génie », et que l'œuvre d'un écrivain plus savant et
non moins bien doué ne peut donc manquer de

---

1. Scudéry, dans la préface d'*Alaric*, se déclare sûr de faire
un bon poème parce que l'étude de tous les « maîtres », Aristote, Horace, Scaliger, Riccobon, Paul Benni, Mambrun, et celle
de tous les poètes épiques, Homère, Virgile, Lucain, Stace,
Boiardo, l'Arioste, le Tasse, lui ont fourni des règles « infail-
libles ».

« mieux valoir », il explique, comme dans son poème, la supériorité des modernes, non moins bien doués que les anciens, par la découverte de règles nouvelles. Les modernes, du moment où l'art est « un amas de préceptes », doivent sans conteste surpasser les Romains et les Grecs, qui « avaient un moins grand amas de préceptes pour se conduire ».

Que ce respect des règles et cette croyance en leur vertu ne permettent pas à la littérature classique d'être une littérature naturaliste, c'est sur quoi l'on nous dispensera sans doute d'insister. Ainsi que les modèles, les règles s'interposent entre le poète et la nature. Il ne s'agit point, en effet, des principes de l'art, de principes « adéquats » à la nature même et qui ne font qu'un avec elle. Les « règles », celles qu'abolira le romantisme, étant conventionnelles et exclusives, ne laissent voir la nature au poète que d'un certain biais et sous certains aspects; elles la compassent et la tronquent.

Montrons maintenant dans la doctrine du XVIIᵉ siècle quelque chose d'aussi peu naturaliste que la préoccupation ses modèles et des règles : elle sépare, elle distingue strictement les divers genres; elle ne permet de l'un à l'autre aucune communication.

Sans rechercher leurs origines, sans expliquer leur raison d'être, la critique contemporaine les tient pour fixes, pour indépendants chacun dans son domaine propre, et s'efforce de marquer avec autant de rigueur que possible leurs bornes respectives. Ce sont là des sortes d'archétypes, antérieurs et supérieurs aux œuvres, existant par eux-mêmes de toute éternité ; et comme, avant qu'il y eût des géomètres, la somme des trois angles d'un triangle égalait deux angles droits, de même, avant qu'il y eût des poètes, l'églogue, l'élégie, l'ode, la comédie et la tragédie étaient virtuellement constituées selon des règles immuables. Boileau admet treize genres dans son *Art poétique*, où, l'on ne sait trop pourquoi, il ne dit rien ni du genre didactique en général, ni de la fable et de l'épître, qui s'y rattachent. Chaque poète, après avoir consulté « son esprit et ses forces [1] », doit choisir celui qui s'y approprie le mieux :

> L'un peut tracer en vers une amoureuse flamme,
> L'autre d'un trait plaisant aiguiser l'épigramme [2].

Il est absolument défendu d'outrepasser la limite du genre sur lequel on a porté son choix ; par exemple, on ne mêlera pas à la tragédie quelque chose d'épique ou de lyrique ; on n'y tolérera pas une familiarité voisine de la comédie. Les plus humbles, ou qui semblent tels, ont eux-mêmes leur cadre dûment précis et formel. Dans le second recueil de ses fables, La Fontaine se libérait des modèles anciens et de la définition consacrée suivant laquelle l'apologue démontre une vérité morale. Ce second recueil nous paraît supérieur par là au premier ; mais, quoique Boileau n'eût point fixé la poétique de la fable, le XVIIe siècle fut d'un autre avis. Et pour quelle raison ? Parce que La Fontaine y tournait l'apologue en conte, en élégie, en épître, en idylle, parce qu'il y parlait quelquefois de lui, de ses goûts, de ses plaisirs, de

1. *Art poétique*, chant I, v. 12.
2. *Ibid., ibid.*, v. 15.

ses rêves, des objets auxquels volait çà et là son âme légère [1]. Comme Boileau le dit,

> Tout poème est brillant de sa propre beauté [2].

La Fontaine avait le tort de ne pas se rendre compte que la beauté de l'apologue doit garder un caractère purement didactique.

Et certes la distinction des genres se fonde, sinon sur la nature, au moins sur la raison humaine. Puisque l'épopée entre autres est un récit, le drame, étant une action, ne saurait admettre tout ce qui convient à l'épopée; et même l'ode et l'idylle, qui sont l'une et l'autre lyriques, conservent chacune sa forme et sa matière spéciales. Seulement, la méthode rationaliste des classiques leur fait méconnaître les affinités en vertu desquelles peuvent communiquer des genres divers. Et voilà donc chaque poète enfermé dans je ne sais quel cadre artificiel; ce n'est plus la nature qu'il a devant soi, c'en est un compartiment étroit et clos.

Ainsi la nature n'apparaît aux classiques que gênée par les règles et les conventions, offusquée par les modèles. Mais d'ailleurs ce mot même de nature qu'ils prennent pour devise, ils y donnent un sens particulier et restreint; leur doctrine retranche de l'art, des « grands genres » tout au moins, une moitié du monde et de la vie.

---

1.   Je suis chose légère et vole à tout objet.
                    (*Épitre à Mme de La Sablière*.)

2. *Art poétique*, chant II, v. 139.

En premier lieu, la litttérature classique ne peint que l'homme et le met hors de l'univers. Sauf La Fontaine[1] et Mme de Sévigné[2], les écrivains du XVIIe siècle paraissent insensibles à la beauté des choses. On veut montrer que Boileau aime la campagne en citant certain passage de l'épître où il décrit les environs d'Hautile. A vrai dire, ce qu'il y cherche, c'est la tranquillité ; elle le débarrasse des envieux, des importuns et des sots. Oui, dit-il, au début de cette épître,

> Oui, Lamoignon, je fuis les chagrins de la ville,
> Et contre eux la campagne est mon unique asile[3].

Et quand, un peu plus loin, il s'écrie :

> O fortuné séjour, ô champs aimés des dieux,
> Que pour toujours, foulant vos prés délicieux,
> Ne puis-je ici fixer ma course vagabonde,
> Et, connu de vous seuls, oublier tout le monde[4],

ces vers, empruntés d'ailleurs à Horace, sont un lieu commun sans accent personnel. Si Boileau exprimait là quelque chose de sincère et de vraiment senti, parlerait-il, ce bourgeois casanier, de sa course vagabonde?

Peut-être les classiques aimèrent la nature beaucoup plus que leur poésie ne porterait à le penser[5].

1. Aussi bien La Fontaine ne demande guère aux champs que le repos, le sommeil sous un arbre ; il les aime en épicurien.

2. Ce qui plaît surtout à Mme de Sévigné dans son parc, ce sont les avenues symétriques où ses amis l'entretiennent des nouvelles de la cour et de la ville. Et souvent elle ne voit la nature qu'à travers les fictions de la mythologie. Passant par le Buron, dont son fils vient de faire couper les bois, elle se plaint que les Dryades et les Sylvains aient perdu leur retraite. (Lettre à Mme de Grignan, 27 mai 1680.)

3. Épître VI, v. 1.

4. *Ibid.*, v. 39 et suiv.

5. Comment croire que Racine en particulier n'y fût pas sen-

Ils en jouissaient, nous dit-on, comme nous jouissons de respirer et de vivre, inconsciemment. Ce serait même là, selon certains critiques, un signe de bonne santé[1]. Mais y a-t-il vraiment rien de morbide à connaître et à exprimer cette jouissance ? Corneille, Racine, Mme de La Fayette, analysent d'autres émotions, notamment les émotions de l'amour : que ne les traite-t-on eux aussi de malades? Que n'appelle-t-on maladif tout ce qui est conscient, tout ce qui suppose quelque réflexion ? Que ne réduit-on l'homme *sain* à l'animalité primitive?

Du reste, la question n'est pas de savoir si les écrivains du XVIIᵉ siècle aimèrent la nature. Quoi qu'il en soit, leurs œuvres la passent sous silence. Et non seulement dans les genres dont l'objet consiste à peindre les mœurs et les caractères, mais jusque dans ceux qui, comme l'églogue, ont la campagne pour cadre. L'homme social, tel est leur unique modèle.

Ce modèle unique, ils ne le représentent même que par certains côtés. Restreignant la *nature* à la vie mondaine, ils en retranchent maints éléments dont ne sauraient s'accommoder leur austère rationalisme ou leur aristocratisme dédaigneux; ils les expulsent de l'art.

On prétend que Boileau admet « tout ce qui est dans la nature », et l'on veut le prouver en citant

sible? — Cf. le passage des *Amours de Psyché* où, quand les quatre amis (Boileau, Molière, La Fontaine et lui-même) quittent Versailles au déclin du jour, il leur fait remarquer dans le ciel « ce gris de lin, cet orangé, et surtout ce pourpre qui environnent le roi des astres ».

1. Cf. Brunetière, *Études critiques*, t. VI, p. 170.

quelques vers d'une de ses épîtres. Même si ces vers
avaient le sens qu'on leur prête, le reste de son
œuvre suffirait, ce semble, à les démentir. Il écrit
dans l'*Art poétique* :

> Des siècles, des pays, étudiez les mœurs ;
> Les climats font souvent les diverses humeurs [1] ;

en conclurons-nous qu'il répudie par là le principe
capital du classicisme, qu'il conseille de peindre
l'homme de tel pays et de tel siècle, non l'homme
de tous les siècles et de tous les pays? Mais citons
les vers sur lesquels on s'appuie pour faire de Boileau un théoricien du naturalisme :

> ... La nature est vraie et d'abord on la sent.
> C'est elle seule en tout qu'on admire et qu'on aime....
> Chacun pris en son air est agréable en soi [2].

Brunetière déclare que jamais les naturalistes
modernes n'ont formulé leur doctrine d'une façon
plus nette et plus absolue; suivant Boileau comme
suivant eux, « le problème, dit-il, est de trouver
l'air de chacun et de le rendre par des moyens qui
lui conviennent et qui, autant que possible, ne
conviennent qu'à lui [3] ». Or Boileau, dans ces vers,
ne dit rien de pareil, rien même qui concerne l'art.
Relisons seulement le passage antérieur et nous
verrons qu'il parle de la vie civile :

> Vois-tu cet importun que tout le monde évite,
> Cet homme à toujours fuir, qui jamais ne nous quitte?
> Il n'est pas sans esprit; mais, né triste et pesant,
> Il veut être folâtre, évaporé, plaisant;
> Il s'est fait de sa joie une loi nécessaire,
> Et ne déplait enfin que pour vouloir trop plaire.

1. Chant III, v. 113.
2. Épitre IX, v. 86 et suiv.
3. *Études critiques*, t. I, p. 316, 317.

La simplicité plaît sans étude et sans art,
Tout charme en un enfant dont la langue sans fard,
A peine du filet encor débarrassée,
Sait d'un air innocent bégayer sa pensée.
Le faux est toujours fade, ennuyeux, languissant;
Mais la nature est vraie, etc.

Certaines gens, en société, se déguisent ou se composent : Boileau leur remontre que la meilleure
façon d'être agréable consiste à laisser paraître,
fût-on naturellement chagrin, sa naturelle humeur.
C'est là une leçon morale et non point une théorie
littéraire.

Le classicisme, n'en déplaise à Brunetière, élimine une moitié de la nature; ajoutons même que,
des traits par où il peut se définir, aucun n'est plus
caractéristique.

Et d'abord, exclusion du laid. Non pas sans doute
dans tous les genres. Dans la satire notamment,
Boileau l'a parfois représenté; et la comédie, qui,
selon Aristote, se propose « l'imitation du pire »,
comment ne le représenterait-elle pas? Encore,
dans les genres où le laid trouve place, bien des
choses qu'admet le naturalisme moderne sont reje-
tées par l'art classique. Alléguera-t-on Molière?
Mais, trop réaliste à certains égards pour le
XVIIe siècle, Molière en choqua souvent les préjugés
et les conventions. Après avoir fait son éloge, les
critiques contemporains y mêlaient presque tous
des restrictions sur ce que beaucoup de ses pièces
leur paraissaient contenir de grossier, voire d'ignoble. Fénelon se plaint qu'il imite la comédie ita-
lienne [1], et Vauvenargues le blâmera de « prendre

1. *Lettre à l'Académie*, chap. VII.

des sujets trop bas [1] ». Moins délicat que Vauvenargues et Fénelon, Boileau lui reproche pourtant
des « figures » qui « grimacent », une scurrilité
indigne de la scène, et il ne veut pas, dans les *Four-
beries de Scapin*, reconnaître l'auteur du *Misanthrope*[2]. Lorsque le poète comique badine, ce badi-
nage même doit avoir sa « noblesse [3] ».

Quant aux genres « supérieurs », les classiques
y admettent des « objets » horribles. Car, Boileau
le dit :

> Il n'est point de serpent ni de monstre odieux
> Qui, par l'art imité, ne puisse plaire aux yeux [4].

Aussi bien se garde-t-on de le reproduire exactement ; Boileau le dit encore,

> D'un pinceau délicat l'artifice agréable
> Du plus affreux objet fait un objet aimable [5].

Et d'ailleurs, si les classiques ne reculent pas
devant un objet affreux, quittes à le rendre aimable
par les procédés de leur art, ils n'ont jamais pensé
que le laid eût place dans les genres élevés.
Boileau recommande de « donner aux grands cœurs
quelques faiblesses », de laisser à Achille ses « petits
défauts [6] ». Mais quels sont les petits défauts dont
il parle?

> Achille déplairait, moins bouillant et moins prompt [7].

1. *Réflexions critiques.*
2. *Art poétique*, chant III, v. 393 et suiv.
3. *Ibid., ibid.*, v. 405.
4. *Ibid., ibid.*, v. 1.
5. *Ibid., ibid.*, v. 3.
6.   A ces petits défauts marqués dans sa peinture
       L'esprit avec plaisir reconnaît la nature.
>   (*Ibid., ibid.*, v. 107.)
7. *Ibid., ibid.*, v. 105.

Il parle d'une impétuosité qui s'accorde fort bien avec le caractère des héros tragiques ou épiques, qui ne peut en aucun cas le déparer.

Et ce n'est pas seulement le laid que les classiques proscrivent, c'est aussi tout ce qui leur semble plus ou moins trivial.

Saint-Amand, l'auteur du *Moïse sauvé*, montrait, en racontant le passage de la Mer rouge, un enfant

> . . . . qui va, saute, revient,
> Et, joyeux, à sa mère offre un caillou qu'il tient.

« N'imitez pas ce fou », dit Boileau dans son *Art poétique*[1]; et, dans une de ses *Réflexions sur Longin*, après avoir cité les mêmes vers : « De trop s'arrêter aux petites choses, aux circonstances basses, cela, déclare-t-il, gâte tout[2]. » Rien n'est plus juste en soi. Mais souvent les classiques, dont il se fait ici l'interprète, taxent de bas ce que nous qualifions de simple. Dans l'églogue elle-même, le poète atteint, selon Boileau, la perfection du genre, quand son art, toujours préoccupé de noblesse,

> Rend dignes d'un consul la campagne et les bois[3].

Et que veut-il dire par ce vers? Sans doute il le prend chez Virgile ; seulement, on peut bien croire qu'il ne l'entend pas de la même façon. Pour lui, rendre la campagne digne d'un consul, c'est la nettoyer et la symétriser, c'est en bannir, à moins de les déguiser par l'expression[4], les détails de réalité véritablement rustiques, ces détails pris sur le

1. Chant III, v. 261.
2. *Réflexion VI.*
3. *Art poétique*, chant II, v. 36.
4. Cf. le chapitre suivant.

vif que ne saurait souffrir la délicatesse des honnêtes gens. Le *Malade imaginaire* s'ouvre par un prologue où le théâtre figure « un lieu champêtre et néanmoins fort agréable »; la campagne semblait d'autant plus agréable qu'elle rappelait davantage les jardins de Le Nôtre.

Il n'en est pas autrement quant au choix des personnages et à la manière de les peindre.

Si l'églogue doit nécessairement mettre en scène des bergers, les bergers de l'églogue classique ne gardent rien de villageois, pas même le nom. Ce sont de diserts et galants citadins.

La tragédie ne tolère aucun personnage de condition inférieure, sauf les « domestiques » des grands, qui ont une politesse égale à celle de leurs maîtres. Cependant les tragiques grecs ne craignaient pas de représenter des hommes du peuple, et ils leur prêtaient les sentiments, les idées, le langage en rapport avec leur état. Mais, quel que soit au XVIIᵉ siècle le respect de l'antiquité, on n'oserait sur ce point suivre son exemple. Quand Racine emprunte à Euripide quelque personnage d'humble origine, il supprime tous les traits qui accusent son extraction. Dans la préface de *Don Sanche*, Corneille soutient que « les malheurs des personnes de notre condition » nous émeuvent davantage. Il plaidait là pour sa pièce. Et cependant le don Sanche qu'on nous présente comme de naissance obscure est en réalité fils de roi; et, n'apprenant qu'à la fin sa véritable origine, nous la devinons dès le début. Encore s'agit-il ici d'une « comédie héroïque » et non d'une tragédie.

La comédie proprement dite se ressent elle-même des préjugés contemporains. Molière a retracé

d'ordinaire les bourgeois; mais on sait que beaucoup d'honnêtes gens lui reprochèrent d'avoir écrit
cinq actes dont le principal personnage est un
ancien marchand de drap. Quant aux paysans, si
quelquefois il en fait paraître, c'est dans une farce
telle que le *Médecin malgré lui*, ou dans une pièce
irrégulière telle que *Don Juan*. « Le paysan (ou
l'ivrogne), dit La Bruyère, fournit quelques scènes
à un farceur; il n'entre qu'à peine dans le vrai
comique. » Peu importe que « ces caractères soient
naturels »; car « il peut y avoir un ridicule si bas
et si grossier, ou même si fade et si indifférent, qu'il
n'est ni permis au poète d'y faire attention, ni possible au spectateur de s'en divertir [1] ».

Et assurément l'art ne doit pas représenter n'importe quoi. « Par cette règle, continue La Bruyère,
on occupera bientôt l'amphithéâtre d'un laquais
qui siffle, d'un malade dans sa garde-robe, d'un
homme ivre qui dort ou qui vomit : y a-t-il rien de
plus naturel »? C'est là une question de mesure, et
les réalistes modernes sont bien forcés de s'arrêter
à un certain point. Il n'en reste pas moins que les
scrupules et les susceptibilités de l'école classique
l'obligent de proscrire maints éléments du réel qui
méritent leur place dans la littérature; et, si le
réalisme ne consiste point à peindre uniquement
ce que la vie a de vulgaire et de bas, une école ne
saurait être appelée réaliste lorsque, de parti pris,
elle le rejette.

Rejetés par les classiques comme incompatibles
avec leur conception de l'art, le vulgaire, le bas ou

1. *Caractères*, chap. I, § 52.

le laid peuvent cependant avoir un caractère propre
que n'a point le beau convenu, le beau académique, — ils peuvent avoir *du caractère*. Et nous
touchons ici à une des différences essentielles entre
le classicisme et le romantisme : la doctrine du
XVII⁰ siècle exclut le caractéristique, l'exclut aussi
bien quand il n'est ni laid, ni bas ou vulgaire,
l'exclut en tant que « particulier ».

Du reste, et cela va sans dire, l'écrivain réaliste,
non moins que l'écrivain classique, omet les traits
ne concourant pas à l'effet voulu, ne se rapportant
pas au sujet. C'est là un principe élémentaire. Nous
citions tout à l'heure le vers du *Moïse sauvé* où
Saint-Amand nous montre un enfant qui offre à sa
mère un caillou [1]; Boileau, après avoir critiqué ce
détail comme bas, en quoi nous lui avons donné
tort, le critique comme oiseux, en quoi nous lui
donnons sans doute raison. Ainsi qu'il le déclare à
propos du même vers dans sa dixième *Réflexion sur
Longin*, on doit écarter « les circonstances super-
flues ». L'artiste fait un choix parmi les détails que
la nature lui fournit; et, si l'abstraction, poussée
trop loin, ne laisserait plus aucune vie, aucune
figure expressive aux choses et aux êtres, elle est
pourtant un procédé nécessaire de l'art, voire de
l'art réaliste. Mais nous ne blâmons pas Boileau
de condamner les détails insignifiants; nous disons
que le classicisme élimine les détails les plus significatifs, ceux qui distinguent chaque objet de tous
les objets semblables.

Dans la description des choses, les classiques se
contentent de quelques traits généraux. Au surplus

1. Cf. p. 46.

le monde extérieur, on l'a vu, ne les intéresse guère ; c'est surtout dans la représentation de l'homme que nous devons marquer cette tendance à retrancher, soit quand il s'agit du corps, soit quand il s'agit de l'âme, les traits qui déterminent l'individu.

Mme de La Fayette nous présente tel gentilhomme comme « parfaitement bien fait », et cette qualification lui suffit. Le héros de la *Princesse de Clèves* est, — que chacun se le figure à sa guise, — « un chef d'œuvre de la nature ». Et quel portrait Racine nous trace-t-il de cet Hippolyte pour qui Phèdre se meurt d'amour ?

Charmant, jeune, traînant tous les cœurs après soi [1],

Phèdre ne nous en dit pas davantage ; c'est ce que Roxane pourrait dire de Bajazet, Hermione de Pyrrhus. La comédie elle-même, la haute comédie surtout, ne signale pas toujours ses principaux personnages avec plus de précision ; il arrive souvent que nous ne savons à peu près rien de leur individualité physique. Dans le *Misanthrope*, nous ne connaissons d'Alceste, de Philinte ou d'Éliante que leur être moral. Nous ignorons jusqu'à leur âge ; et Alceste, par exemple, qui peut avoir vingt-cinq ans, peut aussi bien en avoir trente ou trente-cinq.

Semblablement pour la peinture des caractères. Au lieu de l'individu, les écrivains classiques préfèrent exprimer le type ; ils représentent l'amant, l'ambitieux, l'avare. Et, d'un autre côté, ils omettent tout ce qui particulariserait un personnage historique, tout ce qui indiquerait sa nationalité, son temps, son milieu ; beaucoup moins sensibles au par-

---

1. *Phèdre*, acte II, scène v.

ticulier qu'au général, ils confondent le passé et le présent. Corneille, sous le costume antique, nous montre des héros modernes, et non seulement dans *Agésilas*, dans *Attila*, mais dans *Œdipe*, où Thésée discute de théologie, dans *Pompée*, où César soupire aux pieds de Cléopâtre, et jusque dans ses chefs d'œuvre, où les Émilie, les Cinna, les Sévère, pensent et sentent comme pensaient et sentaient les grands de son siècle. Racine, du reste, ne fait pas différemment. Si, dans *Bajazet*, Roxane et Acomat semblent « assez turcs », ni Bajazet ni Atalide n'ont sans doute rien d'oriental. Et, parmi ses pièces, celle-là, en exceptant *Athalie*, passe justement pour la plus fidèle aux « mœurs » et aux « coutumes [1] ». Avec tous les classiques, Racine ne se préoccupe guère que de la vérité *humaine*. Quand il tire son sujet de l'histoire turque ou de l'hébraïque, il ne saurait négliger complètement la couleur locale ; partout ailleurs il retrace des figures qui ne sont d'aucun temps ni d'aucun pays, qui sont de n'importe quel pays et de n'importe quel temps. Dans *Alexandre* même, ses rois Indiens, Taxile et Porus, ne se distinguent par aucun trait des héros de tragédie Romains ou Grecs. Saint-Évremond le lui reproche. « Un autre ciel, pour ainsi parler, une autre terre, écrit-il, produisent d'autres animaux et d'autres fruits ; les hommes y paraissent tout autres par la différence des visages, et, plus encore, par une diversité de raison ; une morale, une sagesse singulière à la région y semble régner et conduire d'autres esprits, dans un autre monde » ; et il se plaint de n'avoir point trouvé

---

1. Cf. les deux préfaces de la pièce.

chez Porus « une grandeur d'âme qui nous fût plus étrangère [1] », qui signalât mieux un prince des Indes.

Ce que Saint-Évremond disait de Racine, il le disait aussi des historiens. Nos historiens, déclare-t-il, « ignorent les distinctions particulières qui marquent diversement les qualités selon les esprits où elles se rencontrent ». Et encore : « Nous n'avons qu'un même courage pour tous les gens de valeur, une même ambition pour tous les ambitieux, une même probité pour tous les gens de bien; l'éloge que nous faisons d'un homme de grand mérite pourrait convenir à tous les grands personnages de notre temps [2] ». Quelque genre dont il s'agisse, la littérature de XVIIᵉ siècle représente les figures les plus dissemblables par leurs traits communs.

Saint-Évremond conclut sa dissertation sur l'*Alexandre* de Racine en remarquant que « notre nation ramène tout à elle ». On ne saurait mieux exprimer ce qu'il a tort sans doute d'appeler « un défaut », ce qui est du moins un caractère essentiel de la littérature classique. Ajoutons seulement que, si les écrivains du XVIIᵉ siècle ramènent tout à eux, leur type idéal consiste dans « l'honnête homme ». Or l'honnête homme efface son individualité propre. Et, bien classique sans doute, ce type, par là même n'offre rien de « singulier ». Les personnages que les Corneille et les Racine empruntent à l'histoire de la Grèce ou de Rome ne sont ni Romains ni Grecs; mais, sauf des détails purement extérieurs, ils

---

1. *Dissertation sur Alexandre.*
2. *Discours sur les historiens français.*

sont Français, prenons-y garde, comme étant « humains ».

Si quelques classiques peignent cependant l'homme de leur siècle, on leur en fait grief. La Bruyère, par exemple, consigne dans son livre, sans parler du costume, maintes observations morales ou psychologiques d'une vérité plutôt actuelle. Aussi lui préfère-t-on Théophraste. « Vos portraits, lui dit l'académicien Charpentier en le recevant dans l'illustre Compagnie, ressemblent à de certaines personnes, souvent on les devine; et les siens ne ressemblent qu'à l'homme. Cela est cause que ses portraits ressembleront toujours; il est à craindre que les vôtres ne perdent quelque chose de ce vif et de ce brillant qu'on y remarque, quand on ne pourra plus les comparer avec ceux sur qui vous les avez tirés. » Pourquoi les purs classiques semblent-ils apprécier modérément l'auteur des *Caractères*? C'est peut-être parce que son style a trop de « tour »; mais c'est encore et surtout, comme Charpentier vient de le dire, parce que ses portraits ressemblent à « de certaines personnes » et non aux exemplaires d'humanité générale qui sont les modèles du classicisme[1].

Car Charpentier, lorsqu'il parlait ainsi, se faisait

1. Cependant La Bruyère, aussi bien que les autres classiques, prétend peindre lui-même l'homme de tous les pays et de tous les temps. « Qu'on me permette ici, dit-il dans la préface de son Discours de réception à l'Académie française, une vanité sur mon ouvrage : je suis presque disposé à avouer qu'il faut que mes peintures expriment bien l'homme en général puisqu'elles ressemblent à tant de particuliers... J'ai pris un trait d'un côté et un trait d'un autre, et, de ces divers traits qui pouvaient convenir à une même personne, j'en ai fait des peintures vraisemblables. »

l'interprète de la doctrine classique. Les deux représentants les plus autorisés de cette doctrine sont Chapelain et Boileau; or, tous deux ont pour principe « la réduction à l'universel ».

Dans sa préface de l'*Adone*, Chapelain marque de la façon suivante comment la poésie se distingue de l'histoire. « L'histoire considère le particulier comme particulier, sans autre but que de le rapporter, là où la poésie ne le traite particulièrement qu'en intention d'en faire servir l'espèce à l'instruction du monde et au bénéfice commun. Au lieu que, lisant l'histoire, je ne connais que ce qui est arrivé à César et à Pompée, sans profit assuré et sans instruction morale, lisant la poésie, sous les accidents d'Ulysse et de Polyphème je vois ce qui est raisonnable qu'il arrive en général à tous ceux qui feront les mêmes actions... Par l'abstraction de l'espèce, que la poésie désire de moi, je ne considère pas plus Énée pieux et Achille colère que la Piété avec sa suite et la Colère avec ses effets. Les Anciens, jugeant que la vérité des choses nuisait, par leurs fortuits et incertains événements, à leur intention si louable, tous d'un accord ont banni la vérité de leur Parnasse, les uns composant tout de caprice sans y rien mêler qui fût d'elle, les autres se contentant de la changer et altérer en ce qui faisait contre leurs idées. » Ailleurs, dans un passage capital des *Sentiments de l'Académie sur le Cid*, Chapelain montre que le poète tragique, en vertu de la même doctrine, corrige les invraisemblances dont abonde l'histoire. « S'il est obligé de traiter une matière historique de cette nature [une matière invraisemblable], c'est alors qu'il la doit réduire aux termes de la bienséance sans avoir égard à la vérité,

et qu'il la doit plutôt changer tout entière que de
lui laisser rien qui soit incompatible avec les règles
de son art, lequel, se proposant l'idée universelle des
choses, les épure des défauts et des irrégularités
particulières que l'histoire, par la sévérité de ses
lois, est contrainte d'y souffrir[1]. » Ainsi, dans les
deux grands genres d'imitation, épopée et tragédie,
le classicisme fait prévaloir la vérité philosophique
sur la vérité historique, que le poète altère sans
scrupule. Et il en est de la nature comme de
l'histoire. C'est une maxime essentiellement classique d'amender la nature, d'en supprimer les
« irrégularités » et les « défauts », de la modeler sur
« l'idée universelle des choses ». Les classiques,
négligeant ce qui peut accidentellement se produire, choisissent dans la nature ou dans l'histoire
ce que la raison avoue, et au besoin, ils les rectifient,
ils les « changent tout entières ».

Boileau professe la même poétique que Chapelain.
D'après celui-ci, le poète ne doit pas « avoir égard
à la vérité », et celui-là y voit le principe et la fin

1. Cf. d'Aubignac : « On demande.... jusqu'à quel point il
est permis au poète de changer une histoire quand il la veut
mettre sur le théâtre... Je tiens pour moi qu'il le peut faire non
seulement aux circonstances, mais encore en la principale
action, pourvu qu'il fasse un beau poème... La scène ne donne
point les choses comme elles ont été, mais comme elles devraient
être. » (*Pratique du Théâtre*, II, i.) — Scudéry : « Il est certain
que le poète doit peindre les choses non comme elles ont été
mais comme elles devraient être, et les changer et rechanger
à son gré, sans considérer ni l'histoire ni la vérité, qui ne sont
ni sa règle ni sa fin. (Préface d'*Alaric*.) — Desmarets : « Que
nous importe si Didon a vécu du temps d'Énée, pourvu que leur
rencontre, ou vraie ou feinte, ravisse l'esprit du lecteur?... Virgile savait l'histoire aussi bien que les critiques; mais il savait
bien aussi jusqu'où s'étend le pouvoir de la poésie héroïque,
qui est si noble et si courageuse, qu'elle ne se laisse captiver
ni par le temps ni par les lieux. » (Avis en tête de *Clovis*.)

de l'art : seulement, la vérité dont Chapelain parle, c'est le réel, le particulier, le contingent; et la vérité dont parle Boileau, c'est la vraisemblance, c'est « l'universel ». Dans certains passages de l'*Art poétique* s'opposent, au sens où les emploie Chapelain, les mots de *vraisemblable* et de *vrai*; par exemple, dans ce vers bien connu :

> Le vrai peut quelquefois n'être pas vraisemblable [1].

Quand le vrai n'est pas vraisemblable, ou, en d'autres termes, quand le réel choque notre raison, Boileau déclare, comme Chapelain, qu'il faut préférer le vraisemblable au vrai. D'après lui comme d'après Chapelain, le poète doit, non pas reproduire les choses, non pas imiter la nature, mais composer une œuvre qui s'accorde avec la raison générale.

Certes les écrivains du XVIIe siècle se gardèrent d'appliquer cette doctrine dans sa stricte rigueur et de la pousser à ses conséquences extrêmes; car elle eût fait de la littérature une sorte de géométrie. Mais, de quelque façon qu'ils la concilient avec les conditions de l'art, l'art classique a pour objet *la vérité raisonnable*, une vérité toujours et partout la même, débarrassée des contingences qui lui enlèveraient sa signification idéale.

Ainsi le classicisme ne représente point la nature tout entière, et ce qu'il en représente, il le corrige selon les vues de la raison; après avoir établi la vérité comme principe de sa poétique, il invoque ce

1. Chant III, v. 48.

principe contre le réel. Ne nous étonnons pas dès lors si les romantiques se réclamèrent de la *vérité* et de la *nature* en les opposant à sa doctrine.

Vérité ou nature, tel fut effectivement le symbole des novateurs. Dans la préface de 1824 aux *Odes*, Victor Hugo, taxé de révolutionnaire, proteste que « ce n'est point un besoin de nouveauté qui tourmente les esprits », mais « un besoin de vérité », et que notre littérature, pour être vraie, doit rompre avec les traditions classiques. Dans celle de 1826, il répond aux défenseurs de la « routine » que le poète a un seul modèle, la nature, un seul guide, la vérité. De même, tous les écrivains du *Globe*, expliquant et justifiant la réforme littéraire, répètent sans cesse ce mot de *vérité* que le pseudo-classicisme ne veut pas entendre : l'auteur d'un article sur les études de littérature populaire récemment publiées par Walter Scott et par Fauriel signale en de pareils travaux « un indice du besoin de vrai qui se manifeste aujourd'hui si vivement », qui « est le trait de caractère de notre siècle » ; Thiers montre la peinture « associée au mouvement général des esprits » et remarque que « le goût de la vérité s'y fait sentir comme au théâtre, comme dans la musique, comme partout » ; Sainte-Beuve enfin allègue « le besoin unanime de vérité » que dénotent « tous les arts de notre temps ». Bientôt après, Victor Hugo lance la préface de *Cromwell*, où, traçant le programme du romantisme, il invoque la vérité et la nature contre des modèles qui l'interceptent, des règles qui la contraignent, des préjugés et des conventions qui la faussent; et, deux ans plus tard, Alfred de Vigny n'écrit une sorte de manifeste qu'afin de rétablir dans ses droits « cette vérité » à la défense de laquelle il convie « tous les hommes forts[1] ».

Sur chaque point essentiel, la poétique des nova-teurs, comparée avec celle de leurs adversaires, s'y oppose en vertu de son naturalisme ou de son réalisme. Nous l'avons déjà dit; il nous faut main-tenant le montrer.

La jeune école répudie l'imitation des anciens. Elle la répudie pour deux raisons. D'abord, aucun modèle ne doit dérober la nature à l'artiste. Veut-on, par exemple, peindre une tempête? On n'en cher-chera pas les traits dans Homère ou dans Virgile; on ira voir de ses yeux la mer irritée. Homère, sinon Virgile, faisait-il autrement? Et, de même, veut-on peindre tel ou tel caractère? On n'imitera pas Sophocle ou Euripide; on observera les hommes, comme Euripide et Sophocle les observaient. Telle est la première raison. La seconde, c'est qu'une littérature vraiment réaliste doit exprimer la société où elle se développe, doit vivre de son fonds et non point emprunter ses sujets et ses personnages à des peuples tout différents par la religion, les lois, les idées, les mœurs.

De ces deux raisons, la seconde n'interdirait peut-être pas aux romantiques l'imitation des litté-ratures étrangères modernes. Malgré l'affinité du génie français avec le génie grec ou latin, elles sont, tant celles du Nord que celles du Midi, plus rapprochées de nous en ce qui concerne les

---

1. *Lettre à lord ★★★*, en tête du *More de Venise*.

croyances religieuses, le régime social, les formes
de la civilisation; et Mme de Staël l'avait bien fait
voir dans son *Allemagne*, où elle préconisait même
je ne sais quelle littérature européenne. Mais la
première raison suffit à expliquer que le romantisme
repousse toute imitation; ne voulant pas des
modèles grecs ou romains, il ne veut pas davantage
des modèles anglais ou allemands. Les littératures
étrangères peuvent bien avoir eu sur lui quelque
influence; elles l'eurent par une sorte de contagion
et sans qu'il les imitât volontairement. Alfred de
Vigny donne sa traduction du *More de Venise*
comme une pure « œuvre de forme ». « Il fallait,
dit-il, dans sa *Lettre à lord****, refaire l'instrument
[le style] et l'essayer en public avant de jouer un
air de son invention. Si j'avais connu une histoire
plus racontée, plus lue, plus représentée, plus
chantée, plus dansée, plus coupée, plus enjolivée,
plus gâtée que celle du *More de Venise*, je l'aurais
choisie précisément pour que l'attention se portât
sans distraction sur un seul point, l'exécution »; et
il ajoute : « Un imitateur de Shakespeare serait
aussi faux en notre temps que le sont les imitateurs
d'*Athalie* ». Dans la préface de 1826 aux *Odes et
Ballades*, Victor Hugo taxe de « fléau de l'art » cet
« esprit d'imitation recommandé comme le salut des
écoles »; il condamne l'imitation des écrivains
« dits romantiques » non moins que « celle dont on
poursuit les auteurs dits classiques ». Selon lui, le
poète qui imite un romantique devient par là même
un adepte du classicisme; on est classique dès lors
que l'on n'imite pas directement la nature, on ne
peut être romantique dès lors qu'on imite un
modèle, fut-ce un modèle romantique. Quelques

mois après, dans la préface de *Cromwell*, il reprend
la même idée et l'illustre d'une image expressive.
« Que le poète se garde surtout de copier qui que
ce soit, pas plus Shakespeare que Molière, pas plus
Schiller que Corneille... A quoi bon s'attacher à un
maître? Se greffer sur un modèle? Il vaut mieux
encore être ronce ou chardon, nourri de la même
terre que le cèdre et le palmier, que d'être le fungus
ou le lichen de ces grands arbres... Le parasite d'un
géant sera tout au plus un nain. Le chêne, tout
colosse qu'il est, ne peut produire et nourrir que le
gui. »

Regarder les choses de ses propres yeux et les
rendre chacun selon son tempérament, voilà le
principe capital du romantisme. Victor Hugo,
déclarant qu'il ne voulait imiter personne, fut
accusé d'orgueil par les pseudo-classiques : reconnaissons plutôt dans cette déclaration la sincérité
d'un réalisme qui n'admettait d'autre modèle que
la vie.

Les romantiques libèrent l'art des règles comme
des modèles. Avec Lope de Vega, dont il cite ces
deux vers :

> *Quando he de escrivir una comedia,*
> *Encierro los preceptos con seis llaves,*

Victor Hugo atteste que, « pour enfermer les préceptes », ce n'est pas trop de six clefs[1]. Il faut
d'ailleurs s'entendre. La plupart des règles que
combattit le romantisme convenaient à la société
classique : elles devaient périr dès le moment
où se serait constituée une nouvelle société. Les

---

1. Préface de *Cromwell*.

romantiques prennent soin d'en distinguer « les lois générales qui planent sur l'art [1] ». Et, respectueux de celles-ci, ils ne se font aucun scrupule de rejeter celles-là. Que signifie par exemple la règle des unités à laquelle les théoriciens classiques ont asservi le drame? On veut en vain les autoriser de la raison. S'il n'est pas vraisemblable que le lieu de la scène change ou que l'action dépasse un certain nombre d'heures, ce sont là des invraisemblances purement superficielles; et elles ne nous choquent pas plus que tant d'autres, inhérentes au théâtre, planches peintes qui représentent une forêt, ou feux de la rampe qui simulent la lumière du jour. Mais, observant la règle des unités dans toutes leurs pièces, les classiques méconnaissaient cette règle supérieure par laquelle chaque action doit avoir sa durée, chaque phase de l'action son lieu. En réalité, les seules règles, comme le dit Victor Hugo, « sont les lois générales de la nature et les lois spéciales qui, pour chaque composition, résultent des conditions d'existence propres à chaque sujet »; et, du reste, « ces règles-là ne s'écrivent pas dans les poétiques; le génie extrait, pour chaque ouvrage, les premières de l'ordre des choses, les secondes de l'ensemble du sujet qu'il traite [2]. » Le romantisme, en abolissant des conventions factices et vieillies, revient à la nature, dont ces conventions ne permettent pas de rendre une image fidèle.

Pareillement, la jeune école limite avec beaucoup moins de rigueur les domaines respectifs des différents genres.

1. Préface de *Cromwell*.
2. *Ibid.*

Dans le discours que nous avons cité[1], l'académicien Auger la taxait sur ce point d'une indisci-
pline subversive. « Les genres, disait-il, ont été
reconnus et fixés; on ne peut en changer la nature
ni en augmenter le nombre. » Et il lui reprochait de
composer des poèmes qui excédaient et transgres-
saient les cadres réglementaires, de mêler le lyrisme
et le drame, le comique et le tragique. Mais, sur ce
point encore, elle dégageait la nature d'une poétique
arbitraire.

Certes la théorie en vertu de laquelle les classiques imposaient une rigoureuse séparation des
genres n'est pas purement factice.

D'abord, il y a des arts différents : il y a en particulier celui du peintre, qui s'applique aux couleurs, celui du musicien, qui s'applique aux sons,
celui du littérateur, qui s'applique aux pensées;
et, par exemple, on ne peut ni rendre une pensée
avec des notes de musique, ni peindre un objet
avec des mots. Ensuite, chaque art se présente sous
plusieurs formes; l'éloquence est autre chose que
la poésie, une pièce lyrique est autre chose qu'un
drame. Mais ce sont là des vérités élémentaires
auxquelles les romantiques ne contredisent point.
Ils ne font que rejeter les formules spécieuses et
trop catégoriques où se complaisait le rationalisme
du XVIIe siècle.

Même entre les différents arts, la démarcation ne
saurait être absolue; tout en restant distincts, ils
communiquent l'un avec l'autre. Quoique l'objet
de la peinture ne consiste pas à exprimer des
pensées, les œuvres de certains peintres tirent leur

1. Cf. p. 3.

principale valeur de la pensée qu'elles expriment.
Quoique l'objet de la poésie ne consiste pas à reproduire l'aspect sensible des choses, certains poètes
se sont servis de la plume comme d'un pinceau, et
nous louons leurs vers par des épithètes qui carac-
tériseraient aussi bien les tableaux d'un peintre. A
plus forte raison y a-t-il des relations entre les différents genres d'un même art. Le classicisme voyait
dans ces genres des espèces d'entités; c'est en
vertu de sa méthode rationaliste qu'il n'admettait
entre eux aucun contact. Une telle rigueur n'est
pas de mise quand, au lieu de les considérer dans
leur « idée », on considère les œuvres qui s'y rapportent. Et, quand on envisage l'unité de l'âme
humaine, la distinction radicale des genres, théori-
quement fondée sur une juste analyse, semble tout
à fait conventionnelle; elle est même en contradiction avec l'essence de la poésie, si la poésie consiste
essentiellement dans une sorte de synthèse.

Le romantisme se donne plus de licence. Non
content de mêler le tragique et le comique sur la
scène de la même façon que la réalité les mêle
autour de nous, il laisse aux trois grands genres
poétiques leurs communications. Il ne bannit du
théâtre ni l'élément lyrique, ni même l'élément
épique; il introduit le lyrisme dans l'épopée et
jusque dans le drame.

Lorsque les *Odes et Ballades* parurent, beaucoup de personnes, et dont l'opinion avait du
poids, réprouvèrent, dit Victor Hugo, ces odes
« qui n'étaient pas des odes », ces ballades « qui
n'étaient pas des ballades ». Peu lui importe.
« Qu'on leur donne tel autre titre qu'on voudra,
l'auteur y souscrit d'avance. » Et il ajoute : « On

entend tous les jours, à propos des productions
littéraires, parler de la dignité de tel genre, des convenances de tel autre, des limites de celui-ci, des
latitudes de celui-là; la tragédie interdit ce que le
roman permet, la chanson tolère ce que l'ode
défend, etc. L'auteur de ce livre a le malheur de ne
rien comprendre à tout cela; il y cherche des choses
et n'y voit que des mots; il lui semble que ce qui est
réellement beau et vrai est beau et vrai partout[1]. »

Ne prenons pas trop au sérieux une boutade;
Victor Hugo passait la mesure en réfutant les
critiques mesquines d'adversaires qui renchéris-
saient encore sur la rigueur classique, et sans se
donner la peine de justifier les règles à l'observation
desquelles ils veillaient si jalousement. Lui-même
savait bien que chaque genre a ses lois. Quand il
exposera, peu après, la poétique du drame, il ne
la confondra point avec celle de l'épopée ou celle
du roman; il montrera que l'optique théâtrale
exige plus de relief, et que ce qui est beau dans
un roman ou dans une épopée peut donc ne pas
l'être sur la scène[2].

Mais la nouvelle école protesta non sans raison
contre une séparation trop stricte des genres. Aux
catégories artificielles qu'avait fixées le classicisme,
elle opposa l'imitation de la nature, de la nature
tout entière en sa pleine réalité.

Le drame, d'abord, comme le dit Victor Hugo,
est « la poésie complète »; l'élément épique et
l'élément lyrique doivent y tenir leur place.

Et pourquoi en bannir l'élément épique? Il ne

1. Préface des *Odes et Ballades*.
2. Cf. la préface de *Cromwell*.

faut point substituer le récit à l'action; ce sont
les tragiques du XVIIe siècle qui remplaçaient
l'action par le récit quand elle leur semblait choquer les bienséances de la scène. Mais en vertu de
quel principe voudrait-on exclure du drame ce
que Victor Hugo par exemple y met d'épique, soit
dans le Saint-Vallier du *Roi s'amuse*, le Nangis de
Marion Delorme, le Ruy Gomez d'*Hernani*, « ce
vieillard homérique selon le moyen âge[1] », soit dans
l'action des *Burgraves*, dans la plupart des personnages que le poète y représente, dans les sentiments que ces personnages expriment, dans
l'expression de ces sentiments? Le classicisme, du
reste, ne pouvait même pas invoquer ici les anciens,
car l'élément épique, que le vieil Eschyle allie partout au drame, se retrouve aussi chez Sophocle,
voire chez Euripide, l'un, le plus régulier, et l'autre,
le plus naturel des tragiques grecs.

A l'égard du lyrisme, prenons garde que les
passions dont le spectacle est mis sous nos yeux ne
se traduisent pas seulement en actes : colère, haine,
amour, vengeance, pitié, elles se traduisent en invec-
tives, en plaintes, en effusions de tout genre, qui
relèvent du domaine lyrique ; et assurément les
personnages de théâtre ressemblent plus à la nature
lorsqu'ils crient leurs passions que lorsqu'ils les analysent. « Le côté par lequel le drame est lyrique, dit
avec raison Victor Hugo, c'est son côté humain[2] ».
Si le lyrisme ne doit pas usurper sur l'action, il fait
néanmoins partie intégrante du drame. Ici encore,
l'école romantique aurait pu invoquer l'exemple de

1. Note 1, à la suite de la pièce.
2. Discours prononcé en recevant Sainte-Beuve à l'Académie
française.

l'antiquité. Eschyle, Sophocle, Euripide, mêlent le
lyrisme à la tragédie. Outre les chœurs, qui rappellent le dithyrambe primitif, leurs pièces admettent, et, souvent en pleine action, maintes scènes
d'un mouvement, d'un ton et d'un style lyriques.
La tragédie grecque est un poème où non seulement le récit épique, mais aussi le lyrisme occupent,
chacun pour son compte, presque autant de place
que le drame proprement dit.

Le lyrisme même se répartissait chez les classiques en plusieurs genres qu'ils délimitaient avec
soin. Cette délimitation, la jeune école refuse de la
reconnaître. Nous rappelions tout à l'heure que les
derniers adeptes du classicisme reprochaient à Victor
Hugo des odes qui n'étaient pas des odes, des ballades qui n'étaient pas des ballades. Dorénavant il
répudiera les étiquettes du catalogue traditionnel.
Lamartine, après ses *Méditations*, va donner bientôt
ses *Harmonies* : le titre des prochains recueils que
publiera Victor Hugo, *Feuilles d'automne*, *Chants
du crépuscule*, *Voix intérieures*, *Rayons et Ombres*,
procèdent, non de divisions arbitraires, mais d'une
large unité qui a son siège dans l'âme du poète.

Si le lyrisme, l'épopée et le drame ne sont pas
tellement distincts qu'ils ne puissent tantôt se succéder en une même œuvre, tantôt s'y pénétrer,
comment veut-on interdire aux divers genres lyriques
de communiquer entre eux? L'âme humaine est-elle
divisée en cases dont chacune rendrait pour ainsi
dire des chants spéciaux? Aussi bien les théoriciens du XVIIe siècle n'avaient point réussi à marquer la limite de certains genres que le classicisme
prétendait séparer l'un de l'autre. Quelle définition
Boileau donne-t-il de l'élégie?

> Elle peint des amants la joie et la tristesse [1].

Et quelle définition donne-t-il de l'ode? Lorsque l'ode ne célèbre pas

> Un vainqueur poudreux au bout de la carrière [2],

mais vante

> Un baiser cueilli sur les lèvres d'Iris [3],

en quoi diffère-t-elle de l'élégie qui « peint la joie des amants » ? Les seuls genres lyriques vraiment distincts se distinguent par leur forme extérieure, par un nombre de vers fixe et par une combinaison particulière de mètres ou de rimes. Toute autre division, même si elle se rapporte à certaines catégories de l'esprit, ne répond à rien de réel.

En considérant plus loin le lyrisme, le roman, le drame, l'histoire et la critique pendant la première moitié du xixe siècle, nous montrerons le caractère réaliste de la réforme qu'y opéra la jeune école [4]. Il s'agit, pour le moment, d'esthétique générale, et nous ne ferons ici que toucher les points capitaux sur lesquels sa doctrine est en opposition avec celle du classicisme.

Le classicisme, nous l'avons dit, retranchait de l'art une grande partie de la nature; sauf les restrictions qu'imposent soit des convenances morales,

1. *Art poétique*, chant II, v. 41.
2. *Id.*, *ibid.*, v. 62.
3. *Id.*, *ibid.*, v. 68.
4. Cf. chapitres iii et iv.

soit les nécessités du travail artistique, les novateurs veulent l'exprimer complètement.

En premier lieu, cette nature extérieure dont les
classiques ne disaient presque rien, nous la trouvons chez eux partout : elle est le thème essentiel
de leur lyrisme ; et, quand ils développent d'autres
thèmes, l'amour, la mort, le sentiment religieux, ils
y mêlent encore la nature, ils l'associent à leurs
joies, à leurs tristesses, à leurs rêves, à leurs plus
intimes émotions. Mais ce n'est pas seulement la
poésie lyrique qui s'en inspire : elle remplit *Jocelyn* ;
elle pénètre de toute part la *Légende des siècles*,
où maintes pièces, telles que le *Satyre* et le *Régiment du baron Madruce*, lui donnent le premier
rôle[1]. Sur la scène elle-même, les romantiques nous
peignent l'homme « enveloppé » par la « création ».
« Nul, dit Victor Hugo, ne se dérobe... au ciel
bleu, aux arbres verts, à la nuit sombre, au bruit du
vent ». Et, caractérisant l'œuvre du « poète complet » : « On entendrait, ajoute-t-il, les oiseaux
chanter dans ses tragédies[2] ». Tandis que les classiques éloignent d'eux la nature, elle est la source
la plus féconde où puise le lyrisme des romantiques,
et leur drame comme leur épopée la donne pour
cadre à la vie.

N'exprimant que l'humanité morale, le classicisme n'en exprime aussi qu'une portion, et, dans

1. « L'auteur, en racontant le genre humain, ne l'isole pas
de son entourage terrestre. Il mêle parfois à l'homme, il heurte
à l'âme humaine, afin de lui faire rendre son véritable son, ces
êtres différents de l'homme que nous nommons bêtes, choses,
nature morte, et qui remplissent on ne sait quelles fonctions
fatales dans l'équilibre vertigineux de la création » (Préface de
la *Légende des siècles*.)
2. Préface des *Rayons et les Ombres*.

certains genres, réputés nobles, n'admet rien de laid ni de trivial. Plus réaliste, le romantisme la représente dans tous les genres sous ses divers aspects. La préface de *Cromwell* se ramène à cette idée, que le drame doit mêler le « grotesque » au « sublime ». Faire du laid « un type d'imitation », voilà, y déclare Victor Hugo, « le trait caractéristique, la différence fondamentale qui sépare l'art moderne de l'art antique, la forme actuelle de la forme morte, ou, pour nous servir de mots plus vagues, mais plus accrédités, la littérature romantique de la littérature classique ».

Peu importe si Victor Hugo, attribuant le grotesque au christianisme, a tort de prétendre qu'il ne figurait pas dans la poésie grecque et dans la poésie latine; lui-même du reste allègue peu après Aristophane et Plaute, rappelle le Thersite et le Vulcain d'Homère, qui donnent la comédie, l'un aux hommes, l'autre aux dieux. Peu importe s'il prétend que les classiques excluaient le laid de tout le domaine littéraire. Sur ce point encore il se dément presque aussitôt, lorsque, taxant d'étourdis les pédants aux yeux desquels les laideurs et les trivialités « ne doivent être jamais un objet d'imitation », il leur cite un Tartufe et un Pourceaugnac. Mais, quelque place qu'elles tiennent dans notre littérature classique, Victor Hugo n'en rompit pas moins avec la doctrine du classicisme : il les fit entrer soit dans le drame, dont traite particulièrement la préface de *Cromwell*, soit dans les autres grands genres ; il les allia au beau.

Dès lors, plus de ces personnages abstraits, pures entités morales, que représentait la tragédie; les romantiques peignent des hommes, de véritables hommes ayant un corps, ayant un tempérament, ayant les instincts et les appétits inhérents à l'animalité humaine. Plus de ces figures toujours solennelles, toujours raides, et, cinq actes durant, figées en je ne sais quelle attitude de majesté tragique. Le poète désormais nous montrera un César qui, dans le char de triomphe, a peur de verser, une Élisabeth qui jure et parle latin, un Cromwell qui dit : « J'ai le Parlement dans mon sac et le roi dans ma poche », et, après avoir signé l'arrêt de mort de Charles Ier, s'amuse à barbouiller d'encre le visage d'un régicide[1]. Il exprimera d'ailleurs toutes les conditions; il mettra en scène non pas seulement, comme les classiques, des rois, des princes, des ministres, mais aussi, et mêlés à eux, des bourgeois, des gens du peuple, ouvriers et paysans, chacun avec sa figure propre. C'est bien là une nouvelle forme de théâtre; et Victor Hugo, qui la substitue à la tragédie des Corneille et des Racine, déclare nettement que « le caractère du drame est le réel ».

Les romantiques n'en savent pas moins que le réalisme a ses limites. « Tout ce qui est dans la nature est dans l'art », ose, le premier, soutenir Victor Hugo[2]; et il affirme également que « le poète doit choisir dans les choses ». L'accuserons-nous de contradiction? Non point. On peut représenter n'importe quelle scène, n'importe quel personnage; on ne doit pas représenter intégralement ce personnage ou cette scène. Le plus réaliste des poètes

1. Cf. la préface de *Cromwell*.
2. Préface de *Cromwell*.

« choisit dans les choses », et l'œuvre d'art implique nécessairement ce choix.

La préface de *Cromwell* énonce, à vrai dire, et développe une autre maxime qui est bien peu réaliste. « Le réel, y lisons-nous, résulte de la combinaison toute naturelle de deux types, le sublime et le grotesque. » Sans doute Victor Hugo ne les sépare pas, comme nos classiques, en réservant le grotesque à la comédie, le sublime à la tragédie. Il veut qu'on les unisse en une même œuvre. « Ces deux tiges de l'art, dit-il, si l'on empêche leurs rameaux de se mêler, si on les sépare systématiquement, produisent d'une part des abstractions de vices, de ridicules, de l'autre, des abstractions de crime, d'héroïsme ou de vertu. Les deux types, ainsi isolés et livrés à eux-mêmes, s'en iront chacun de son côté, laissant entre eux le réel, l'un à sa droite, l'autre à sa gauche. » Jusque-là Victor Hugo a bien raison. Mais comment peut-il dire qu'on représente la vie réelle par le mélange du grotesque et du sublime? Ne comportant le plus souvent rien de sublime ni de grotesque, elle échapperait presque tout entière au poète qui combinerait l'un et l'autre élément; et, loin de reproduire la réalité, ce poète mêlerait dans la même œuvre deux formes d'abstraction.

Cependant l'art ne doit pas exprimer ce que l'existence offre d'insignifiant. Victor Hugo distingue en termes décisifs la réalité selon l'art de la réalité selon la nature. Certains, parmi les novateurs, se refusaient à faire cette distinction. Il les appelle des « partisans peu avancés du romantisme [1] ». Moins

1. Préface de *Cromwell*.

avancés ou plus avancés que les autres romantiques,
la question n'est pas là. Remarquons seulement qu'ils
se réclamaient de la nouvelle école ; leur réalisme
les alliait au romantisme dans la lutte contre les
classiques. Victor Hugo, du reste, leur remontrait
justement que l'art modifie la nature, que la vérité
artistique diffère de la réalité telle quelle, que si,
par exemple, le drame a quelque ressemblance
avec un miroir, c'est avec un miroir de concentra-
tion. Et cesse-t-on d'être réaliste quand on refuse
d'assimiler une photographie à un tableau, un mou-
lage à une statue?

Victor Hugo ne dément pas davantage son réalisme
en défendant la poésie de ce qu'il appelle « l'irrup-
tion du commun ». Selon lui, « le vulgaire et le
trivial même doit avoir un accent[1] ». Aussi bien
ce qu'il dit là, comme ce qu'il disait tout à l'heure,
s'applique particulièrement au drame, régi par les
lois d'une optique spéciale. Mais on peut l'appliquer à tous les autres genres. N'exceptons même
pas le genre romanesque, qui, très souvent, exprime
les trivialités et les vulgarités ambiantes. L'auteur
de *Madame Bovary* et de l'*Éducation sentimentale*
nous montre des personnages médiocres, il nous
les montre dans un milieu banal et terne ; la différence entre *Madame Bovary* et tel roman de Paul de
Kock, entre l'*Éducation sentimentale* et tel roman
de Champfleury, consiste en ce que, chez Gustave
Flaubert, la platitude a cet « accent » sans lequel
il n'est pas d'œuvre d'art[2].

---

1. Préface de *Cromwell*.
2. « Ce que j'écris présentement risque d'être du Paul de
Kock si je n'y mets une forme profondément littéraire » (*Corresp.
de Flaubert*, t. II, p. 132.) — Dans une autre lettre (*Ibid.*, p. 189),

Proscrivant le « commun » et faisant un choix parmi les choses, le romantisme s'oppose néanmoins au classicisme : le classicisme choisissait le beau, et le romantisme choisit le caractéristique ; ce sont là deux conceptions de l'art essentiellement contraires. Quand il déclare qu'on doit choisir le caractéristique [1] et non le beau, Victor Hugo résume d'un seul mot une véritable révolution.

Du moment où le romantisme choisit le caractéristique, il s'attache, non pas au général, mais au particulier. L'école classique, nous l'avons vu, représente des types, le type de la Tempête par exemple ou celui de la Bataille, le type de l'Avare ou celui du Jaloux ; elle représente, pour ainsi parler, la Tempête en soi, l'Avare en soi ; elle borne sa peinture à des traits qui se retrouvent dans n'importe quelle tempête, dans n'importe quel avare. Or il n'y a point de tempête typique, il y a telle ou telle tempête, différente des autres par une foule de circonstances qui lui sont propres ; et de même il n'y a point un avare exemplaire et normal, il y a tel ou tel avare, dont l'avarice est marquée de caractères distinctifs selon le milieu, l'état, l'âge, le tempérament. Certes la conception classique a sa grandeur ; mais on risque, en retranchant les traits particuliers, de n'exprimer que des abstractions. Et, tout au contraire, le romantisme peut, en multipliant ces traits, perdre de vue le fond permanent des choses et des êtres ; mais il est incontestablement

Flaubert déclare « vouloir donner à la prose le rythme du vers (en la laissant prose et très prose), et écrire la vie ordinaire comme on écrit l'histoire ou l'épopée ».

1. « Si le poète doit choisir dans les choses — et il le doit — ce n'est pas le beau, c'est le caractéristique » (Préface de *Cromwell*).

réaliste, car le particulier seul existe dans le monde réel, et seuls les détails précis et spéciaux donnent l'impression de la réalité.

Si l'art implique toujours une altération de la nature — *homo additus naturæ* — « l'homme » s'ajoute plus ou moins à l'objet qu'un artiste représente. Or il s'y ajoute beaucoup plus dans les œuvres classiques, où la nature est corrigée d'après les règles de la raison. Nos critiques distinguent le romantisme du classicisme par le rôle qu'y joue le moi. C'est très juste en un certain sens; prenons garde toutefois que les classiques, ne laissant guère de place au moi de chaque artiste, laissent une place prépondérante au moi *humain*, à cette raison qui, suivant eux, doit s'assujettir la nature afin de la rendre elle-même raisonnable.

Il est vrai que le moi romantique réside dans la sensibilité et l'imagination; et, dès lors, tous nos classiques modernes le tiennent pour incapable de reproduire fidèlement « l'objet », de faire œuvre réaliste.

Cependant, malgré la part que l'esthétique du romantisme accorde à l'imagination et à la sensibilité, comment lui opposerions-nous en tant que plus réaliste une esthétique fondée sur le rationalisme et dont le principe est la correction de la nature? Elles peuvent sans doute égarer parfois l'artiste; mais la raison seule n'exprimera jamais rien de vivant.

La raison fournit une définition exacte des choses et ne les représente pas. Distinguons du descripteur, qui enregistre un à un les traits d'une scène, le véritable artiste, qui la recompose, qui, pour ainsi dire, la *refait*. Quelque genre dont il s'agisse, c'est de l'imagination et de la sensibilité que l'art tire sa vie. Parmi tous les écrivains du XVIIᵉ siècle, le plus réaliste sans doute est Saint-Simon. Pourquoi? parce que sa sensibilité et son imagination évoquent les choses à ses regards, même s'il ne les a pas vues. Et nous en dirions autant de nos réalistes contemporains, non seulement des Goncourt par exemple ou d'Alphonse Daudet, mais encore de Gustave Flaubert.

On prétend opposer la raison classique à ce qu'on nomme les extravagances du romantisme : opposons-lui la précision pittoresque et concrète avec laquelle il exprime l'objet réel.

Rien ne choquait davantage, vers 1830, les défenseurs de l'ancienne école. « Depuis que nos poètes, écrit Sainte-Beuve en 1829, se sont avisés de regarder la nature pour mieux la peindre et qu'ils ont employé dans leurs tableaux des couleurs sensibles aux yeux, qu'ainsi, au lieu de dire un *bocage romantique*, un *lac mélancolique*, ils disent un *bocage vert* et un *lac bleu*, l'alarme s'est répandue... et l'on se récrie déjà comme à l'invasion d'un matérialisme nouveau[1] ». Les deux principaux adversaires des novateurs, Gustave Planche et Nisard, leur reprochent un culte grossier de la réalité. Gustave Planche les accuse de ne retracer que « l'univers matériel », de substituer « la matière » à « l'esprit »,

---

1. *Joseph Delorme, Pensées.* — C'est aux disciples de Mme de Staël, c'est à « l'école genevoise » que Sainte-Beuve fait ici allusion; mais les classiques contemporains ne se récriaient pas moins.

« l'art visible » à « l'art intelligent ». Nisard, de
même, réprouve la « sensualité » de leur poésie, qui
veut « colorier avec des mots », qui « transpose
dans le monde des idées les formes des choses concrètes [1] ». Et, vingt ans après, quand il ne fera plus
œuvre de polémiste, il corrigera encore ses éloges
de Victor Hugo en y ajoutant sur ce point de sévères
critiques. « Chez lui, dit-il dans son *Histoire de la
Littérature française*, tout est forme et couleur. La
pensée ne s'y joue pas autour du cœur, elle veut y
entrer de force, et il semble qu'elle y entre par les
sens... Les sentiments sont des sensations, l'abstrait
prend un corps, et l'invisible même veut qu'on le
voie [2] ». Or ces caractères, qui, selon Nisard et
Gustave Planche, définissent la poésie romantique, ne
définissent-ils pas une poésie éminemment réaliste?

Parmi les précurseurs de la nouvelle école, on ne
compte que Jean-Jacques Rousseau et Bernardin de
Saint-Pierre; c'est la considérer en tant que purement lyrique, c'est omettre le réalisme dont témoignent et ses théories et son œuvre.

D'abord, notons-le bien, ceux des classiques que
les novateurs admirent le plus sont les plus réalistes.
On sait quel hommage Victor Hugo rend par
exemple à Molière [3]. Et, combattant la doctrine de
Boileau, il loue chez lui maints passages où se
décèle encore, malgré cette doctrine, son réalisme
originel et franc [4]. Il citait souvent, nous dit-on,

---

1. Article de 1836, recueilli dans les *Essais sur l'École romantique.*
2. T. IV, *Conclusion*, § II.
3. Cf. p. 13.
4. Cf. p. 14.

certains vers de ses satires, notamment le distique
sur la femme coquette,

> *Qui,* dans quatre mouchoirs, de sa beauté salis,
> Envoie au blanchisseur ses roses et ses lis [1].

Mais quel est l'écrivain que nos réalistes et nos
naturalistes modernes regardaient comme leur
premier maître? Ils se réclamaient de Diderot; et
Diderot ne mérite guère moins que Rousseau ou
Bernardin de figurer entre les précurseurs du
romantisme.

Précurseur du romantisme par certains côtés
proprement romantiques au sens ordinaire de ce
mot, soit par son sentiment de la nature et de la vie
universelle, soit par une poétique qui fait procéder
le génie de l'inspiration, de l'enthousiasme, qui le
dispense de suivre les règles [2], il l'est encore, il
l'est aussi bien par son réalisme; et la doctrine,
toute réaliste, au nom de laquelle il s'élève contre
les classiques, a, sur la plupart des points, beaucoup
de ressemblance avec celle dont les romantiques
assureront le succès.

Ce que prêche Diderot comme critique littéraire,
c'est une imitation fidèle et directe de la nature. En
art, il ne perd jamais l'occasion d'opposer la nature
à l'école. Si vous cherchez, dit-il, l'image de la
piété, entrez dans une église et regardez ce dévot
qui prie; si vous cherchez l'image de la colère,
entrez dans une guinguette, et regardez ces deux
hommes du peuple qui se querellent. Aux attitudes
contraintes, aux figures fausses dont l'éducation
académique remplissait la mémoire des artistes,

---

1. Satire X, v. 199.
2. Cf., par exemple, dans l'*Encyclopédie*, l'article sur le Génie.

aux modèles plus ou moins adroitement « manne-
quinés », il veut substituer la vision des choses. Et
pareillement, inventeur d'une dramaturgie nouvelle,
il demande qu'on représente « la moyenne existence », où notre comédie et notre tragédie choisis-
saient des « accidents » ; qu'on remplace les coups
de théâtre par des tableaux ; qu'on supprime les
confidents et les tirades, les « bons mots », les valets ;
qu'on peigne non seulement des caractères, mais
des conditions, en marquant ainsi l'influence du
milieu et en tirant les personnages de l'abstraction
classique. Il approuverait même que, « dans les
moments pathétiques du drame », on se contentât
d'interjections, de monosyllabes, de « je ne sais
quel murmure de la gorge, entre les dents » [1]. Bref,
Diderot combat d'un côté le convenu et le factice,
de l'autre le vrai rationnel et typique ; et, réaliste en
cela, son réalisme même fait de lui un devancier du
romantisme.

Quand on définit le romantisme comme exclusivement lyrique, on néglige un de ses caractères
essentiels. Si nous disions que son rôle fut de substituer le particulier au général, le caractéristique
au beau, cette définition marquerait ce qu'il a de
réaliste [2], et ne l'opposerait pas moins au rationalisme classique.

1. *Second Entretien avec Dorval.*
2. Ce qu'il a de réaliste jusque dans le lyrisme. Cf. chap. III.

CHAPITRE II

LA LANGUE ET LA VERSIFICATION

Les réalistes, qui, durant la seconde moitié du
XIXᵉ siècle, s'insurgèrent contre l'école romantique,
bornaient son œuvre à la rénovation de notre langue
et de notre prosodie. C'est ce que Zola, notamment,
a répété bien des fois dans ses manifestes; selon lui,
« on se battit en 1830 sur le terrain du Dictionnaire [1] ». Cinquante ans plus tôt, maints critiques
exprimaient déjà la même opinion. « La querelle,
déclarait le *Globe*, commença par des questions de
style. Depuis, elle s'est étendue, agrandie; et, après

1. « J'ai étudié à plusieurs reprises l'évolution romantique,
et il est inutile que je recommence une fois encore l'historique
de ce mouvement. Mais je veux insister sur ce fait qu'il a été
une pure émeute de rhétoriciens. Le rôle de Victor Hugo, rôle
considérable, s'est borné à renouveler la langue poétique, à
créer une rhétorique nouvelle. On s'est battu en 1830 sur le
terrain du Dictionnaire. La langue classique se mourait d'ané-
mie; les romantiques sont venus lui donner du sang par la
mise en circulation d'un vocabulaire inconnu ou dédaigné. Mais,
si l'on sort de cette question du langage, on voit que les romantiques ne se séparaient point des classiques. » (*Lettre à la Jeunesse*, p. 65 du volume intitulé *le Roman expérimental*.)

avoir parcouru le cercle, elle revient au point de départ[1]. »

On ne doit pas d'ailleurs oublier[2] que toute révolution de la langue suppose une révolution intellectuelle et morale; ce sont les changements dans la manière de penser ou de sentir qui produisent des changements analogues dans le vocabulaire et dans la syntaxe. Mais nous venons de marquer sur quels points fondamentaux l'esthétique du romantisme contredit celle du classicisme; indiquons maintenant de quelle façon les romantiques modifièrent notre langue et notre versification pour les mettre d'accord avec la nouvelle esthétique.

En disant que la querelle se terminait, comme elle avait commencé, « par des questions de style », le critique du *Globe* pensait sans doute à certaines pages de la préface de *Cromwell*, tout récemment publiée. Victor Hugo y établissait la nécessité d'enrichir et de vivifier la langue; distinguant d'une correction superficielle, « qui fait de Lhomond et de Restaut les deux ailes de son Pégase », une autre correction intime et profonde, « qui s'est pénétrée du génie d'un idiome » et « qui en a sondé les racines », il revendiquait pour le poète le droit d'oser, de hasarder, d'inventer, et, puisque « les langues ni le soleil ne s'arrêtent », de ne pas modeler son style sur celui de Campistron, voire sur celui de Racine.

Quelques pages auparavant, Victor Hugo exprimait des idées analogues touchant la versification. La régularité du rythme traditionnel avait bien pu

---

1. 26 mars 1828.
2. C'est ce qu'oublie Zola dans le passage cité plus haut.

s'accorder avec la poésie classique : il voulait y
substituer une versification dont l'harmonie, plus
riche et plus complexe, n'exclût même pas des
discordances apparentes; et déjà son *Cromwell*
substitue à l'alexandrin de Corneille et de Racine
un alexandrin libre, mobile, revêtant mille figures
diverses sans changer de type.

Ainsi le romantisme, dès qu'il eut pris conscience
de lui-même, s'occupa de réformer la langue et la
métrique. Ce que nous avons à montrer, c'est que
cette réforme, dont Victor Hugo fut le principal
ouvrier, eut pour objet et pour effet de les rendre
plus réalistes.

Nous étudierons successivement la langue et la
métrique du romantisme en la comparant à celles du
classicisme ; la langue dans sa syntaxe, puis dans
son vocabulaire; la métrique dans les différentes
formes de strophes, soit nouvelles, soit renouvelées
par les jeunes poètes, puis dans le rythme des vers
et surtout de l'alexandrin.

Admirable de justesse et de netteté, la syntaxe du
classicisme est aussi peu réaliste que possible; elle
sacrifie à l'ordre, à la rectitude, la représentation
concrète du réel.

Le premier écrivain proprement classique, c'est
Malherbe. Et de même que Malherbe fit, comme
poète, prédominer la raison sur la sensibilité, de
même, comme grammairien, comme régent « des
mots et des syllabes », il disciplina la langue en y
faisant prédominer les règles sur le « génie », le
« sens commun » sur le sens propre; il lui enleva ce

qu'elle avait chez les poètes antérieurs d'individuel, de spontané, d'apte à rendre, fût-ce par des tours irréguliers, la sensation toute vive.

Après Malherbe, l'arbitre attitré en matière de langue fut Vaugelas, « Greffier de l'usage », Vaugelas reçut, quoique irrationnelles, maintes constructions du langage parlé, et toléra ou défendit contre des grammairiens plus rigoureux maints gallicismes dont la raison ne saurait rendre compte. « C'est la beauté des langues, déclarait-il, que les façons de s'exprimer qui semblent sans raison, pourvu que l'usage les autorise[1]. » Mais cet usage, il le restreint à la cour et à « plusieurs personnes de la ville où le prince réside » : ne tenant légitime que ce que « l'oreille a accoutumé d'ouïr » dans les salons, il condamne toute nouveauté, toute expression originale du moi. Si Vaugelas n'est point par lui-même un « tyran », il imposa tyranniquement les arrêts de l'usage ainsi entendu et n'y permit aucune dérogation.

Tandis que ses successeurs réduisaient toujours davantage « l'élite des voix » à laquelle il s'était exclusivement rapporté, une nouvelle école de grammairiens rejeta la méthode d'observation pour appliquer la méthode logique. Sous l'influence de Port-Royal, notre langue, jusque vers la fin du siècle suivant, va de plus en plus se rationaliser[2]. On ne sait pas ou l'on ne veut pas savoir que, primitive-

---

1. De même l'abbé Tallemant disait d'une phrase illogique : « On ne peut mieux prouver que cette phrase est bonne qu'en faisant voir qu'elle aurait moins de grâce en la rendant plus grammaticale ». Et Dacier, dans sa préface des *Vies de Plutarque* : « Souvent rien n'est plus français que ce qui est irrégulier ».

2. Port-Royal édita sa *Grammaire* en 1660.

ment, les langues étaient une sorte de peinture et
une sorte de musique, qu'elles ont leur origine
dans les impressions des sens, dans ce qui tient au
tempérament, à la physiologie. On en fait quelque
chose de purement abstrait. On y voit un système
de signes qu'inventa la raison humaine, qu'établit
je ne sais quel contrat. Et dès lors la grammaire
s'érige en puissance indépendante de l'usage, qu'elle
doit régir; supérieure aux écrivains, elle censure
chez eux, elle traite d'incorrecte toute « phrase »
qui transgresse les règles afin de mieux exprimer
la vie.

Les grammairiens du xviiiᵉ siècle conçoivent
selon cette méthode le type d'une langue logique-
ment parfaite; et la nôtre, se conformant au type
conçu par eux, devient « universelle ». Ce qui la
rend universelle, ce sont ses caractères de langue
raisonnable, ayant pour seul office l'échange des
idées; elle acquiert cette universalité en perdant sa
nationalité propre. « Au caprice national qu'on
appelle l'usage », elle ne laisse, selon l'expression
de Dalembert, « que ce qu'elle ne peut pas lui
ôter [1] ». Et les « philosophes » lui en font honneur.
Seulement, elle est par là même incapable d'exprimer autre chose que la raison objective. Le père
Bouhours comparait déjà « le beau langage » à une
eau pure qui n'a aucun goût. Notre langue, vers la
fin du xviiiᵉ siècle, perd son goût particulier. On la
traite, poussant à bout le rationalisme classique,
comme une sorte d'algèbre.

Les romantiques ne concevaient pas la langue de

1. *Discours préliminaire de l'Encyclopédie.*

cette façon; ils ne la concevaient pas en philosophes, mais en artistes; ils lui demandaient
d'exprimer non la raison commune de l'humanité,
mais le moi, ses sensations et ses émotions.

Pourtant leur chef protesta maintes fois que le
romantisme ne voulait rien changer aux règles
grammaticales. « Plus on dédaigne la rhétorique,
écrit Victor Hugo dans la quatrième préface des
Odes et Ballades, plus on doit respecter la syntaxe.
On ne doit détrôner Aristote que pour faire régner
Vaugelas. » L'année suivante, dans la préface de
Cromwell, il renouvelle cette déclaration en termes
analogues, et, longtemps après, dans une pièce des
Contemplations, il répète encore :

Guerre à la rhétorique et paix à la syntaxe [1] !

Certains romantiques auraient désiré s'affranchir
de la grammaire. Lamartine notamment prétendait,
suivant l'auteur de *Victor Hugo raconté par un
témoin de sa vie*, qu'elle n'obligeât point les poètes.
« La grammaire, disait-il, écrase la poésie; parlons
comme la parole nous vient sur les lèvres. » En
affirmant au contraire qu'il entendait la respecter,
Victor Hugo se prémunissait tout d'abord contre les
attaques des classiques qui accusaient les novateurs
de n'observer aucune règle. Et ce respect, du reste,
était sincère; nul, parmi les romantiques, ne se
soucia davantage de la correction. Mais il distinguait, nous l'avons vu [2], entre deux sortes de
correction très différentes : d'une part, celle du
pseudo-classicisme, convenue et plate; de l'autre,

1. *Réponse à un acte d'accusation*, t. I, l. VII.
2. Cf. p. 80.

celle des vrais artistes, appropriée au génie de la
langue plutôt qu'à une mécanique abstraite. C'était
marquer assez son désaccord avec des puristes
timides ou pédants qui censuraient les licences de
Molière, qui réprouvaient les hardiesses de Racine.

Ici comme ailleurs, la jeune école fait valoir,
contre le rationalisme classique, les droits de l'imagination et de la sensibilité. On peut expliquer par
là toute sa réforme grammaticale. Elle se permit
des constructions libres, vives, accidentées, que
condamnaient les défenseurs d'une grammaire
purement logique, mais qui pouvaient seules rendre
soit les divers mouvements de la passion, soit les
formes sans cesse renouvelées de la réalité ambiante.

Leur procédé capital fut de substituer l'ordre
inversif à ce que les grammairiens, confondant la
nature et la raison, appelaient l'ordre naturel.

Il y a fort peu d'inversions chez les écrivains du
XVIIᵉ siècle. Saint-Évremond observait déjà que
« pour suivre toujours l'ordre de la pensée, on ôtait
à la langue son beau tour[1] ». Fénelon regrette que
notre grammaire impose une méthode trop « scrupuleuse » et trop « uniforme ». « On voit venir,
dit-il, un nominatif substantif qui mène son adjectif
par la main ; son verbe ne manque pas de marcher
derrière, suivi d'un adverbe qui ne souffre rien
entre deux, et le régime appelle aussitôt un accu-
satif qui ne peut jamais se déplacer[2]. » Dans l'ordre
des mots comme sur bien d'autres points, Saint-
Évremond et Fénelon eussent voulu relâcher les

1. *Dissertation sur le mot* vaste.
2. *Lettre à l'Académie*, chap. v.

contraintes de la discipline classique. Mais elle
prédomina de plus en plus contre le moi, contre la
sensibilité individuelle : l'inversion devint de plus
en plus rare ; on la taxait de solécisme.

Rivarol, vers la fin du XVIII⁰ siècle, loue cette
rigueur particulière à notre langue. « Le Français,
remarque-t-il, nomme d'abord le sujet du discours,
puis le verbe, qui est l'action, et enfin l'objet de
cette action ; voilà la logique naturelle de tous les
hommes, voilà ce qui constitue le sens commun...
C'est en vain que les passions nous bouleversent et
nous sollicitent de suivre l'ordre des sensations ; la
syntaxe française est incorruptible [1]. » Et, montrant
là un des caractères principaux qui ont favorisé
la diffusion de notre langue, Rivarol explique
comment ce caractère même n'y permet aucun
réalisme. L'ordre naturel, « si favorable, si nécessaire au raisonnement, est presque toujours contraire aux sensations qui nomment le premier
l'objet qui frappe le premier » ; aussi les peuples, en
dépit de la logique, « ont eu recours aux tournures
plus ou moins hardies, selon que leurs sensations
ou l'harmonie des mots l'exigeait ; et l'inversion a
prévalu sur la terre parce que l'homme est plus
impérieusement gouverné par les passions que par
la raison. » Mais, continue-t-il, la langue française
fait exception entre toutes les langues ; elle seule
observe les lois rationnelles, et « l'on dirait que
c'est d'une géométrie élémentaire qu'elle s'est
formée ». Éminemment propre à exprimer la raison
générale, elle n'a rien que d'intellectuel et comme
de géométrique.

1. *Discours sur l'universalité de la langue française.*

Ces tournures inversives dont le classicisme proscrivait l'usage, les novateurs les introduisirent dans notre syntaxe; ou plutôt ils les y restaurèrent, car la méthode dite naturelle ou directe ne lui avait été imposée que depuis le xviiᵉ siècle. Pour représenter les objets ou pour traduire les sentiments, ils employèrent maints idiotismes, maintes façons de parler irrégulières. Et, même sans anacoluthes, ce qui distingue encore la phrase romantique de la phrase classique, c'est la variété de ses tours, ce sont ses ellipses, ses retraits ou ses saillies, ce sont les accidents d'un rythme qui se modèle sur l'impression. Non seulement chez les poètes, mais chez les prosateurs. Michelet par exemple, le plus romantique d'entre eux, est aussi, dans ses constructions, le moins soucieux de rectitude et de symétrie.

Voici deux ou trois passages que je prends au hasard dans l'*Oiseau* :

La vie, chez ces flammes ailées, le colibri, l'oiseau-mouche, est si brûlante, si intense, qu'elle brave tous les poisons. Leur battement d'aile est si vif, que l'œil ne le perçoit pas; l'oiseau-mouche semble immobile, tout à fait sans action. Un *hour! hour!* continuel en sort, jusqu'à ce que, tête basse, il plonge du poignard de son bec au fond d'une fleur, puis d'une autre, en tirant les sucs, et, pêle-mêle, les petits insectes : tout cela d'un mouvement si rapide, que rien n'y ressemble; mouvement âpre, colérique, d'une impatience extrême, parfois emporté de furie, contre qui? contre un gros oiseau qu'il poursuit et chasse à mort, contre une fleur déjà dévastée, à qui il ne pardonne pas de ne point l'avoir attendu. Il s'y acharne, l'extermine, en fait voler les pétales.

Un peu plus loin :

De tout plumage, de toute couleur, de toute forme, ce grand peuple ailé, vainqueur, dévorateur des insectes, et, dans ses fortes espèces, chasseur acharné des reptiles, s'envole par toute la terre comme le précurseur de l'homme, épurant, préparant son habitation. Il nage intrépidement sur cette grande mer de mort, sifflante, coassante et grouillante, sur les miasmes horribles, les aspire et les défie.

Et, toujours dans le même chapitre :

Le gigantesque jabiru ne travaille pas moins aux déserts de la Guyane... ; la nature [lui] a laissé quelque chose des armures antiques dont les oiseaux furent très probablement munis dans leur lutte contre le dragon. C'est un dard placé sur la tête, un dard sur chacune des ailes. Du premier, il fouille, éveille, remue dans la fange son ennemi. Les autres le gardent et le protègent ; le reptile qui l'étreint, le serre, s'enfonce en même temps les dards, et de sa contraction, de son propre effort, il est poignardé [1].

La phrase, uniforme chez les classiques et fixée d'avance par la raison, procède, chez les romantiques de la sensibilité, qui la diversifie sans cesse, qui la précipite ou l'arrête, la resserre, la brise, lui imprime au besoin des mouvements inégaux et brusques. Et ainsi elle rend mieux ce que les passions ont de vif, de discontinu, de désordonné, ce que peuvent avoir de tumultueux et d'incohérent le monde ou la vie extérieure.

Réaliste quant à la syntaxe, le romantisme l'est aussi quant à son vocabulaire.

Il suffirait, pour s'en rendre compte, de comparer le vocabulaire romantique avec le vocabulaire pseudo-classique, et c'est ce que nous ferons d'abord. Mais nous le comparerons ensuite avec celui du

---

1. Première partie, chap. VII, *le Combat*.

classici;me; et l'on verra que son réalisme ne l'y
oppose guère moins.

Quelques traits essentiels caractérisent le vocabulaire pseudo-classique : il répudie maintes façons
de dire expressives; il emploie l'épithète morale de
préférence à l'épithète pittoresque, et, de préférence
au terme propre, tantôt le terme abstrait, tantôt la
périphrase.

Le pseudo-classicisme répudie les façons de dire
expressives comme suspectes de bassesse. Déjà
Voltaire n'admet dans le style tragique aucune locu-
tion familière et vivante, vivante par sa familiarité
même, aucun mot qui éveille l'idée d'une chose
plus ou moins triviale. Mais rien ne montre mieux
que son *Commentaire sur Corneille* jusqu'où il
pousse le purisme. Citons-en quelques remarques.

LE CID

Mes pareils à deux fois ne se font pas connaître
Et pour leurs coups d'essai veulent des coups de maître.

« *Coups d'essai, coups de maître*, termes qu'on ne
doit jamais employer dans le tragique. »

LES HORACES

Trop faible pour jeter l'un des partis à bas.

« *Jeter à bas* est une expression qui ne serait pas
même admise dans la prose. »

Soit que Rome y succombe ou qu'Albe ait le dessous.

« *Avoir le dessus* ou *le dessous* ne se dit que dans
la poésie burlesque. »

Chaque instant de sa vie, après ce lâche tour.

« *Après ce lâche tour* est une expression trop triviale. »

POLYEUCTE

Qui leur tire en mourant la victoire des mains.

« *Tirer la victoire des mains*, expression un peu basse aujourd'hui. »

Hélas! c'est de tout point ce qui me désespère...
Là, ma douleur trop forte a brouillé ces images.

« *De tout point*, *brouiller des images* sont des termes bannis du tragique. »

POMPÉE

Il fuit et le reproche et les yeux du sénat
Dont plus de la moitié piteusement étale
Une indigne curée au vainqueur de Pharsale.

« *Piteusement*, *curée*, expressions basses en poésie. »

Sur quelque brouillerie en la ville excitée.

« *Brouillerie*, ce mot trop familier ne doit jamais entrer dans la langue poétique. »

RODOGUNE

Piqué jusques au vif contre son hyménée.

« *Piqué jusques au vif*, expression trop familière qu'il faut éviter. »

Ce n'est pas tout d'un coup que tant d'orgueil trébuche.

« *Trébucher* n'a jamais été du style noble. »

Voltaire, d'ailleurs, quand il blâme ces locutions réalistes, se fait l'interprète des gens de goût contemporains. Et, dans la seconde moitié du siècle, le purisme va raffiner encore ses scrupules. A quelque genre qu'appartiennent des ouvrages proprement littéraires, il n'y souffre aucune diction expressive qui compromettrait la noblesse conventionnelle du langage : non content de regratter Corneille, il n'épargne même pas Racine.

En vertu de délicatesses analogues, les pseudo-classiques emploient l'épithète morale plutôt que l'épithète pittoresque. Après avoir marqué chez les jeunes poètes un nouveau « procédé de couleur » et noté par exemple la substitution de *ciel noir et brumeux* à *ciel en courroux* : « Il n'y a que l'abbé Delille, écrivait Sainte-Beuve en 1829, qui puisse dire en croyant peindre quelque chose :

> . . . . Tombez, altières colonnades,
> Croulez, fiers chapiteaux, orgueilleuses arcades [1].

Delille et les poètes de son école semblent ne pas voir les objets. Ils rendent, non la sensation des formes et des couleurs, mais une idée abstraite qui convient à tout objet de même ordre. On ne représente point une colonnade en la qualifiant d'altière ou une arcade en la qualifiant d'orgueilleuse. Ces épithètes ne « peignent rien »; elles mettent je ne sais quel type métaphysique à la place de la réalité précise et vivante.

De même, c'est une règle, chez les écrivains pseudo-classiques, d'user des termes généraux; et Buffon, déjà, l'avait prescrite [2]. On désigne le genre et non pas l'espèce, parce que le genre, étant une pure conception de l'esprit, n'exprime aucune chose réelle. On dit *fer* plus volontiers que *couteau*,

---

1. *Joseph Delorme, Pensées.*
2. Dans son *Discours sur le style.*

demeure plus volontiers que *maison*. Dans ces vers du *Pauvre diable* :

> Le cordonnier, qui vient de ma chaussure
> Prendre à genoux la forme et la mesure,

Rivarol ne peut supporter le mot de *cordonnier*; il voudrait que Voltaire eût dit *l'humble artisan*. On ne nomme même pas un curé de village; celui que Fontanes met en scène dans le *Jour des morts* s'appelle soit *pasteur*, soit *homme sacré* ou *prêtre respectable*, soit *Fénelon rustique*. Le mot *chambre*, hasardé par Pierre Lebrun dans le *Cid d'Andalousie* [1], souleva les murmures des spectateurs, et le *Globe* dut leur rappeler qu'il se trouve chez Racine :

> De princes égorgés la chambre était remplie [2].

Dans une autre pièce de Lebrun, *Marie Stuart*, la reine disait à sa suivante :

> Prends ce don, ce mouchoir, ce gage de tendresse,
> Que pour toi de ses mains a brodé ta maîtresse.

On voit quelles précautions il avait prises. Il glissait le mot redoutable entre un terme général, qui devait y préparer l'auditoire, et une circonlocution, qui devait en atténuer après coup le scandale. Cependant ses amis, quand il lut devant eux la pièce, « le supplièrent à mains jointes » de mettre *tissu* à la place de *mouchoir*; et il leur céda. Ce mouchoir, quoique brodé par les mains d'une reine, « ne pouvait manquer de faire rire toute la salle à l'instant le plus pathétique [3] ». Telles sont encore les suscepti-

1. 1825.
2. *Athalie*, acte I, scène II.
3. Préface de *Marie Stuart*.

bilités du public deux années avant la préface de
Cromwell.

Lorsqu'il n'y a pas de terme abstrait et général
qui puisse remplacer le terme particulier, on use de
la périphrase. Et, souvent aussi, l'on y cherche un
ornement, on en fait une matière à tours ingénieux.

Faut-il citer des exemples? Tel traducteur de
Pindare n'ose prononcer le mot *coq*, qui « gâterait
la plus belle ode du monde » ; ce volatile incongru
devient « l'oiseau domestique dont le chant annonce
le jour et qui n'a que son paillier comme théâtre de
ses exploits ». L'abbé Delille dit, en parlant d'une
fabrique de glaces :

> Là, le sable dissous par les feux dévorants
> Pour les palais des rois brille en murs transparents.

Il ne craint pas toujours de nommer les choses
par leur nom, et même un critique contemporain,
Dussault, regrette qu'il emploie trop fréquemment
des termes techniques. Mais, la plupart du temps,
il s'évertue à trouver d'élégantes périphrases. Le
chat, c'est

> L'animal traître et doux, des souris destructeur;

la poule,

> Cet oiseau diligent dont le chant entendu
> Annonce au laboureur le fruit qu'il a pondu;

le cochon,

> . . . l'animal qui s'engraisse de glands;

et l'oie enfin,

> L'aquatique animal, sauveur du Capitole.

Dans le *Triomphe de nos Paysages*, Lebrun-Pindare célèbre de la façon suivante les moulins à vent de Montmartre, le beurre de Vanves et la porcelaine de Sèvres :

> La colline qui, vers le pôle,
> Borne nos fertiles marais,
> Occupe les enfants d'Éole
> A broyer les dons de Cérès ;
> Vanves, que chérit Galathée,
> Sait, du lait d'Io, d'Amalthée,
> Épaissir les flots écumeux ;
> Et Sèvres, d'une pure argile
> Compose l'albâtre fragile
> Où Moka nous verse ses feux.

Pierre Lebrun appelle une lorgnette

> Le tube qu'on allonge et resserre à son choix.

Chaussard exprime un chapeau de paille en ces termes :

> Le chaume entrelacé dont la voûte légère
> Protège élégamment le front de la bergère.

Ne voulant pas nommer la baïonnette, Millevoye dit :

> Ici frappe de près le poignard de Bayonne ;

et Lalanne, ne voulant pas nommer le chapon :

> Ce froid célibataire, inhabile au plaisir,
> Du luxe de la table infortuné martyr.

Précurseur des romantiques à maints égards et notamment par l'emploi de l'épithète pittoresque, André Chénier a pourtant les mêmes délicatesses ou se complaît aux mêmes enjolivements. On cite de lui la périphrase par laquelle il désigne une serre chaude :

> ... L'art industrieux sous ses maisons de verre
> Des soleils du Midi sait feindre la chaleur [1].

et surtout celle-ci, du *Dernier Iambe* :

> Peut-être avant que l'heure, en cercle promenée,
>   Ait posé sur l'émail brillant,
> Dans les soixante pas où sa route est bornée,
>   Son pied sonore et vigilant.

En voici d'autres moins connues :

>   Au loin fut un ample manoir
> Où le réseau noueux, en élastique égide,
>   Arme d'un bras souple et nerveux,
>   Repoussant la balle rapide,
> Exerçait la jeunesse en de robustes jeux [2].

Qu'est-ce que « le réseau noueux » ? Tout simplement une raquette.

> Mon hôte, maintenant que, sous tes nobles toits,
> De l'importun besoin j'ai chassé les abois,
> Oserai-je à ma langue abandonner les rênes [3] ?

Traduction en termes propres : Maintenant que je n'ai plus faim, puis-je parler ?

> ... Les rapides chars et leurs cercles d'airain
> Effarouchent les vers, qui se taisent soudain [4].

Entendez par *cercles d'airain* les roues des voitures.

> Pourquoi vois-je languir les vins abandonnés,
> Sous le liège tenace encore emprisonnés ? [5]

Moins « poétiquement », on dirait : Que n'avons-nous encore débouché ces bouteilles ?

---

1. *Élégies*, III, vi (édit. Becq de Fouquières).
2. Le *Serment du Jeu de Paume*.
3. Le *Mendiant*.
4. *Élégies*, I, iv.
5. *Ibid.*, II, xi.

> Le gardien de tes murs, ce vieillard qui m'admire,
> M'a vu passer le seuil et s'est mis à sourire [1].

Le gardien de murs en question s'appelle dans le langage ordinaire un portier, ou, si l'on veut, un concierge.

Et ce n'est pas seulement la poésie lyrique ou la poésie descriptive qui affectionnent les périphrases. On croirait que le théâtre dût les bannir : un poète dramatique n'écrit point pour son compte, il fait parler des personnages, et qui n'ont apparemment ni le loisir ni le goût de périphraser. Cependant nous en trouvons de non moins ingénieuses dans la tragédie pseudo-classique. Si, dans le *Cid d'Andalousie*, Pierre Lebrun montre un roi demandant : « Quelle heure est-il? » — le courtisan auquel ce roi s'adresse n'ose pas dire : Minuit, et répond en style noble :

> La tour de Saint-Marcoz, près de cette demeure,
> A, comme vous passiez, sonné la douzième heure.

Dans *Marie Stuart*, il fallait mentionner le journal intime de la reine, qu'un officier anglais lui enlève; ce sont

> . . . . Les sacrés caractères,
> De ses longs déplaisirs tristes dépositaires.

Amusant ses loisirs de jeunesse à parodier les périphrases de l'ancien régime, Gustave Flaubert rendait le plus élégamment possible la ressemblance d'une jeune fille gravée de la petite vérole avec une écumoire.

> . . . . J'ai vu le doux visage,
> Horrible désormais, nous présenter l'image

1. *Élégies*, II, XVIII.

> De ce meuble vulgaire, en mille endroits percé,
> Dont se sert la matrone en son zèle empressé,
> Lorsqu'aux bords onctueux de l'argile écumante
> Frémit le suc des chairs en sa mousse bouillante [1].

Tout aussi ridicules sont maintes périphrases où, même sur la scène, se donne carrière l'adresse des poètes pseudo-classiques. Voici de quelle façon Belloy nous fait savoir par Eustache de Saint-Pierre que les bourgeois de Calais ont mangé jusqu'à leurs derniers chiens :

> Le plus vil aliment, rebut de la misère,
> Mais aux derniers abois ressource horrible et chère,
> De la fidélité respectable soutien,
> Manque à l'or prodigué du riche citoyen [2].

En disant : « Je veux que, tous les dimanches, le paysan puisse mettre la poule au pot », Henri IV exprimait un généreux sentiment d'une façon bien triviale ; Legouvé lui prête ces quatre vers :

> Je veux enfin qu'au jour marqué pour le repos,
> L'hôte laborieux des modestes hameaux
> Sur sa table moins humble ait, par ma bienfaisance,
> Quelques-uns de ces mets réservés à l'aisance [3].

Et comment Melpomène souffrirait-elle un autre langage? La poule l'eût scandalisée et le pot l'eût fait reculer d'horreur.

On peut sans doute railler les susceptibilités du pseudo-classicisme ; mais sachons bien que, s'il renchérissait sur les écrivains du xviiᵉ siècle, il suivait cependant leur exemple. Les procédés de

---

1. *Correspondance*, t. II, p. 100.
2. Le *Siège de Calais*.
3. La *Mort de Henri IV*.

son style sont en accord intime avec la discipline des
classiques, avec leur rationalisme et leur idéalisme,
avec leur aversion de la réalité sensible [1].

Notre langue, au temps de Ronsard et d'Amyot,
avait un vocabulaire très riche, très expressif. Sous
le régime proprement classique, des épurations
successives le spiritualisèrent et le raffinèrent. Corneille emploie beaucoup de mots qu'on ne trouve
plus chez Racine. A la vérité, Racine en hasarde
quelques-uns dont seront choqués les pseudo-classiques [2]; pourtant son vocabulaire est en général
celui qu'emploiera le pseudo-classicisme : il préfère
fange à *boue*, *rameau* à *branche*, *esquif* à *barque*,
guérets à *champs*, *époux* à *mari*, *poudre* à *poussière*,
faix à *fardeau*, *hymen* à *mariage*. Tout comme les
pseudo-classiques, les classiques veulent tenir la
poésie hors du monde réel. Le monde réel présente
à nos regards une multitude d'objets qui nous
rebutent. Par exemple la *boue* est quelque chose de
déplaisant. Et sans doute le mot *fange* a une signification identique à celle de *boue*; mais, ne s'employant pas dans la langue commune, il semble
exprimer une boue de qualité supérieure : la fange,
c'est de la boue idéale. Les objets mêmes qui
n'offrent rien de répugnant, — tels un *fardeau*, une

---

1. Pour ce qui se rapporte dans la suite au vocabulaire classique, cf. un article de nos *Essais de Littérature et de Morale contemporaines*, intitulé le *Style noble et la Tragédie*. On retrouvera
ici quelques-uns des exemples que nous y citons.

2. Cf. p. 10 et 92. Nous pourrions citer d'autres exemples; il ne
craint même pas de montrer Antiochus une échelle à la main :

> Vous seul, Seigneur, vous seul, une échelle à la main,
> Vous portâtes la mort jusque sous leurs murailles.
>> (*Bérénice*, **I**, III.)

barque, une *branche*, — évoquent, ainsi exprimés, les réalités de la vie familière. Quand nous les nommons d'un autre nom, d'un nom réservé au style noble, aussitôt ils s'anoblissent. Un *rameau*, c'est une branche stylisée.

Les précieux avaient proscrit le terme de *poitrine* pour désigner la poitrine humaine, en alléguant qu'il désignait aussi une poitrine de veau; sans aller jusque-là, le purisme des classiques procède de délicatesses semblables. On nomme rarement le cheval dans une épopée et dans une tragédie; car les chevaux que nous avons sous les yeux sont pour la plupart des bêtes d'un aspect peu conforme à la dignité du genre épique ou du genre tragique. On ne nomme jamais le bœuf ou la vache, car leur nom rappelle les vilenies de l'étable, il sent le fumier[1].

Après avoir pris à partie l'abbé Delille sur ses altières colonnades et ses orgueilleuses arcades[2] : « Racine, ajoute Sainte-Beuve, ne peint guère davantage en appelant un monstre marin *indomptable taureau*[3] ». Aussi bien que les pseudo-classiques, nos poètes du XVIIe siècle préfèrent les adjectifs abstraits. Racine exprime d'ordinaire le sentiment que l'objet fait naître et non les caractères propres de l'objet; *affreux*, *charmant*, *funeste*, *odieux*, *aimable*, voilà ses épithètes les plus fré-

---

1. Chez Homère, Achille, querellé par Agamemnon, répond que jamais les Troyens ne lui ont fait tort en prenant ses bœufs ou ses chevaux (*Iliade*, I, 154); chez Racine, il dit :

> Et jamais dans Larisse un lâche ravisseur
> Me vint-il enlever ou ma femme ou ma sœur?
> (*Iphigénie*, IV, vi.)

2. Cf. p. 91.
3. *Phèdre*, acte V, scène vi.

quentes. Pareillement Boileau, sauf dans certains
vers réalistes, tels que ceux dont nous avons fait
mention[1]. Lisez par exemple son épître à Lamoignon
sur les plaisirs de la campagne : ce sont des *prés
délicieux*, c'est un *fortuné séjour*; rien n'y peint
les choses, rien ne les y montre. Entre tous les
écrivains classiques, aucun ne décrit la nature avec
autant de complaisance que Fénelon; mais, si les
tableaux qu'il nous en donne ont beaucoup de
grâce et de charme, n'y cherchons aucun trait de
réalité concrète. Presque toujours il emploie,
comme Boileau, comme Racine, l'épithète morale.
Et du reste, quand ses épithètes expriment une
qualité de l'objet même, cette qualité appartient à
tous les objets analogues. Il nous dit d'une source
qu'elle est fraîche, ou d'une moisson qu'elle est
fertile.

Nous rappelions plus haut la règle qu'énonce
Buffon dans son *Discours sur le style* : « Nommer
les choses par les termes généraux[2] ». Certains
critiques interprètent cette règle comme si Buffon
proscrivait seulement l'emploi des vocables particuliers aux techniciens. « Les termes généraux,
écrit Ferdinand Brunetière, ne sont pas... les termes
vides, inconsistants et décolorés d'une rhétorique
banale, ce sont tout simplement les termes du
commun usage[3]. » Et dans un autre article : « Buffon
a voulu dire qu'aussi longtemps que les géomètres
et les physiciens, les théologiens et les jurisconsultes, les érudits et les philologues, tous les spé-

1. Cf. p. 20, 21, 77.
2. Cf. p. 91.
3. *Nouveaux Essais de Littérature contemporaine*, p. 323-324.

cialistes en un mot ne se serviraient que du langage
technique de leur science ou de leur art, aussi
longtemps on leur refuserait cette intelligente
curiosité, cet intérêt, cette sympathie générale qui
leur sont cependant nécessaires... Il leur conseille
d'être hommes avant d'être embryogénistes ou
hébraïsants[1]. » Est-ce là le sens de la règle qu'a
prescrite Buffon? Pas le moins du monde. La phrase
même dans laquelle il la prescrit ne permet aucune
équivoque. « A cette première règle dictée par le
génie[2], si l'on joint du scrupule sur le choix des
expressions, de l'attention à ne nommer les choses
que par les termes les plus généraux, le style aura,
dit-il, *de la noblesse.* » Il ne se contente point de
prohiber les termes techniques dont un honnête
homme peut mal connaître le sens : selon lui, —
telle est la signification du précepte qu'il formule, —
on doit employer les termes généraux afin de « bien
parler », de rendre le style « noble ». Et d'ailleurs,
si nous concevions à sa manière la noblesse du
style, nous ne pourrions nous empêcher de lui
donner pleinement raison.

Or, le précepte de Buffon ainsi entendu n'avait
rien de nouveau. Selon Brunetière l'exclusion des
termes propres « date au plus loin du milieu du
xviiie siècle » ; et, honnissant ce siècle des « philosophes », il explique « le dépérissement du style »
par « l'appauvrissement de la pensée » et « l'abais-
sement des caractères[3] ». Ce qui est vrai, c'est que,

1. *Études critiques*, t. V, p. 263.
2. Que l'écrivain possède pleinement son sujet, y réfléchisse
assez pour voir clairement l'ordre de ses pensées, en forme une
suite, une chaîne continue, etc.
3. *Études critiques*, t. I, p. 262, 263.

si Buffon formula le premier cette règle, il pouvait la fonder sur l'exemple de tous les classiques.

Dans leur répugnance pour la réalité matérielle, les classiques, nous venons de le voir, bannissent les termes expressifs qui leur semblent suspects de bassesse et préfèrent les épithètes morales aux épithètes pittoresques; la même répugnance leur fait préférer le terme général au terme propre. Comme les pseudo-classiques, ils disent par exemple *fer* ou *acier* plus volontiers que *couteau, siège* plus volontiers que *chaise* ou *fauteuil, pasteur* plus volontiers que *bouvier* ou *porcher*. Nous trouvons le mot *bouc* et le mot *chien* dans Racine : mais on lui reprocha d'avoir nommé un animal aussi peu noble que le chien, de n'avoir pas mis *victime* au lieu de *bouc*. Et, sachons-le bien, il ne s'agit pas seulement de mots évoquant des images laides et désagréables; on n'en admet aucun qui exprime, qui rappelle les choses du milieu réel. La langue tragique emploie le terme général d'*arbre*; elle évite de nommer un de ces arbres avec lesquels se font les meubles ou que débitent les marchands de bois. Pareillement elle emploie le terme général d'*oiseau* [1] et ne désigne jamais par leur propre nom des oiseaux familiers; tous ceux qui vivent autour de nous dans les rues ou dans les champs, elle les appelle, sans distinction, passereaux.

Rien ne nous ferait aussi bien comprendre qu'une traduction d'Homère par Boileau comment les classiques entendaient la noblesse de la langue épique. Les *Réflexions sur Longin* contiennent du

---

1. A moins d'y substituer une périphrase; par exemple, elle dira volontiers *les habitants de l'air*. Cf. la page suivante.

moins quelques vers de l'*Iliade* et de l'*Odyssée*
rendus à sa façon. Il les avait écrites pour venger
Homère de Charles Perrault ; mais, chez lu¹ et chez
Perrault, c'est la même conception du style noble.
Le chef « des modernes » raille le vieux poète
sur la « bassesse » de son langage, et le chef
des « anciens », prétendant que la traduction
citée n'est pas exacte, y en substitue une autre,
conforme à la dignité du genre. Là où cette
traduction dit que Télémaque met ses beaux souliers, Boileau remplace *beaux souliers* par *magnifique chaussure*. Dans un autre endroit, quand elle
dit qu'Ulysse, menacé de faire naufrage, « s'attache,
comme une chauve-souris, à un figuier qui sortait
du rocher », Boileau, semblablement, remplace le
terme particulier par le terme général, *chauve-souris*
par *oiseau de nuit* ; et quand, deux ou trois vers
plus loin, elle dit que le héros, voyant peu à peu
remonter son mât, est « aussi aise qu'un juge qui
se lève de dessus son siège pour aller dîner », il
traduit *quitte sa séance pour aller prendre sa réfec-
tion*¹.

Ce dernier exemple nous amène du terme général
à la périphrase. Ici surtout, on signale une différence entre le classicisme et le pseudo-classicisme.
Et les romantiques la signalèrent tout les premiers.
« Loin de repousser, comme la véritable école française, les trivialités et les bassesses de la vie, la
muse pseudo-classique, dit Victor Hugo dans la
préface de *Cromwell*, les recherche au contraire et
les ramasse avidement. Une scène du corps de

---

1. Cf. les *Réflexions VI* et *IX*.

garde, une révolte de populace, le marché aux
poissons, le bagne, le cabaret, la *poule au pot* de
Henri IV, sont une bonne fortune pour elle. Elle
s'en saisit, elle débarbouille cette canaille et coud
à ces vilenies son élégance et ces paillettes. » Mais,
lors même qu'on aurait raison de distinguer par là
les classiques des pseudo-classiques, le souci de
parler toujours avec noblesse leur faisait employer
très souvent les périphrases plutôt que les mots
propres.

La périphrase est un des procédés au moyen
desquels les poètes de la Pléiade, Ronsard notamment et du Bellay, prétendirent rehausser leur style.
Dans la *Défense et illustration de la langue française*, celui-ci recommande « d'user souvent de la
figure Antonomasie, aussi fréquente aux anciens
poètes comme peu usitée, voire inconnue des
Français ». « La grâce d'elle, ajoute-t-il, est quand
on désigne le nom de quelque chose par ce qui lui
est propre, comme *le Père foudroyant* pour *Jupiter*,
le Dieu deux fois né pour *Bacchus*, *la Vierge chasse-
resse* pour *Diane*. Cette figure a beaucoup d'espèces, que tu trouveras chez les Rhétoriciens, et a
fort bonne grâce, principalement aux descriptions,
comme *Depuis ceux qui voient les premiers rougir
l'Aurore jusque là où Thétis reçoit en ses ondes le fils
d'Hypérion*[1]. » Quant à Ronsard, il blâme l'abus de
la périphrase, mais il en conseille l'usage. « Les
excellents poètes, dit-il dans la seconde préface de
la *Franciade*, nomment peu souvent les choses par

---

1. Livre II, chap. IX. — Sur ce point, l'auteur du *Quintil censeur* reproche à du Bellay de vouloir qu'on périphrase hors de
propos « en disant *fils de vache* pour *veau* ou *bœuf*, de peur de
faire la moue ».

leur nom propre... *Labourer*, *vertere terram* ; le pain, *dona laboratae Cereris*... Telles semblables choses sont plus belles par circonlocution que par leur propre nom ».

A cet égard comme à tant d'autres, les classiques du xvii⁰ siècle suivent l'exemple de la Pléiade. Nous rencontrons chez eux un grand nombre de périphrases, même chez Boileau et chez Racine, qu'on nous donne entre tous pour réalistes. On cite le vers de Boileau :

> J'appelle un chat un chat et Rolet un fripon[1].

Il faudrait citer aussi les précédents, qui en expliquent le sens véritable :

> ...Moi, vivre à Paris! Eh! qu'y voudrais-je faire?
> Je ne sais ni tromper, ni feindre, ni mentir...
> Pour un si bas emploi ma muse est trop altière.
> Je suis rustique et fier et j'ai l'âme grossière ;
> Je ne sais rien nommer si ce n'est par son nom.

Nous le voyons, ce couplet ne se rapporte point au style. Le poète y atteste sa franchise dans les relations de la vie ; et le vers qu'on allègue a une signification toute morale.

Non seulement Boileau admet la périphrase, mais, comme les pseudo-classiques, il la recherche, il en tire gloire. Nul autre talent ne lui semble supérieur à celui de bien exprimer « les petites choses ». « Plus les choses, déclare-t-il, sont malaisées à dire, plus elles frappent quand elles sont dites... avec cette élégance qui fait proprement la poésie ». Et il ajoute : « Quand je fais des vers, je songe toujours à dire ce qui ne s'est pas encore dit dans notre

---

1. Satire I, v. 52.

langue¹ ». N'était-ce pas assez pour autoriser les
tours d'adresse pseudo-classiques?

Mentionnons quelques-unes des périphrases où
s'est complu son ingéniosité.

Voici, d'abord, un passage de la quatrième épître
dans lequel il « parle noblement de notre artil-
lerie ² » :

> . . . . . Le plomb vole à l'instant
> Et pleut de toute part sur l'escadron flottant.
> Du salpêtre en fureur l'air s'échauffe et s'allume,
> Et des coups redoublés tout le rivage fume³.

Dans l'épître *A mes vers*, il marque son âge de la
façon suivante :

> Mais aujourd'hui qu'enfin la vieillesse venue,
> Sous mes faux cheveux blonds déjà toute chenue,
> A jeté sur ma tête avec ses doigts pesants
> Onze lustres complets surchargés de deux ans⁴.

« Tous ceux à qui j'ai récité cette épître⁵, écrit-il à
Maucroix⁶, en sont aussi frappés que d'aucun autre
de mes ouvrages. Croiriez-vous, Monsieur, qu'un des
endroits où ils se récrient le plus, c'est un endroit
qui ne dit autre chose sinon qu'aujourd'hui que j'ai
cinquante-sept ans, je ne dois plus prétendre à
l'approbation publique? Cela est dit en quatre vers
que je veux bien vous écrire ici, afin que vous me
disiez si vous les approuvez. » Et, citant ces quatre
vers, il s'applaudit d'avoir « frondé assez heureusement la perruque ». Mais n'est-ce pas ainsi que

---

1. Lettre à Maucroix, 29 avril 1695.
2. *Mémoires* de Louis Racine sur la vie de son père.
3. V. 119.
4. Épître X, v. 25.
5. Elle n'avait pas encore paru.
6. Dans la lettre citée plus haut.

Chaussard et Lebrun frondaient, l'un le chapeau de paille, l'autre la lorgnette [1] ?

Enfin la première épître au roi contient une périphrase dont Boileau semble également satisfait, et qu'il « veut bien » transcrire aussi dans la même lettre. « Je me souviens, déclare-t-il, que M. de la Fontaine m'a dit plus d'une fois que les deux vers de mes ouvrages qu'il estimait davantage, c'étaient ceux où je loue le roi d'avoir établi les manufactures de points de France, à la place des points de Venise :

> ... Nos voisins frustrés de ces tributs serviles
> Que payait à leur art le luxe de nos villes [2]. »

Et, après avoir ajouté qu'Homère, Virgile et Horace « sont divins » pour leur talent d'exprimer les petits détails en beau style, il se retourne contre ceux « qui ne disent rien que des choses vagues ». Exprimer les détails vulgaires avec noblesse, c'est là, selon lui, le triomphe du poète.

Si Boileau fait souvent des périphrases par virtuosité, Racine en fait par respect des bienséances tragiques. Ses périphrases ne sont guère moins nombreuses que celles des Jouy et des Viennet.

Voici comment Néron peint Junie, qu'il a enlevée la nuit précédente :

> Belle sans ornements, dans le simple appareil
> D'une beauté qu'on vient d'arracher au sommeil [3].

---

1. Cf. p. 94.

2. Épître I, v. 141. — Peut-être s'étonnera-t-on que La Fontaine ait tellement admiré ces deux vers. Mais, écrivant dans un genre qui lui laissait toute sa franchise naturelle d'expression, il n'en appréciait pas moins, dans les genres « relevés », l'art de dire noblement les choses triviales; et ses *Fables* elles-mêmes renferment bien des périphrases par lesquelles nous voyons qu'il a subi l'influence du goût contemporain.

3. *Britannicus*, acte II, scène II.

Quand Bérénice, encore toute défaite, va recevoir
Titus, sa confidente, craignant qu'il ne la surprenne
ainsi : Souffrez, la prie-t-elle,

Souffrez que de vos pleurs je répare l'outrage [1].

Œnone, reprochant à Phèdre de ne prendre depuis
trois jours ni repos ni aliments, lui débite ce
couplet :

Les ombres par trois fois ont obscurci les cieux
Depuis que le sommeil n'est entré dans vos yeux,
Et le jour a trois fois chassé la nuit obscure
Depuis que votre corps languit sans nourriture [2].

Sur le point de s'étrangler avec son bandeau,
Monime l'appelle d'abord *fatal tissu* [3]. Roxane,
ordonnant l'exécution de Bajazet, n'a garde de
nommer la corde par laquelle celui-ci doit périr ;
elle dit :

Que la main des muets s'arme pour son supplice ;
Qu'ils viennent préparer ces nœuds infortunés
Par qui de ses pareils les jours sont terminés [4] ;

plus loin, Osmin apprend en ces termes à Acomat la
mort du jeune prince :

Son amante en furie
Près de ces lieux, Seigneur, craignant votre secours,
Avait au nœud fatal abandonné ses jours [5] ;

et Atalide enfin, lorsqu'elle s'accuse d'avoir causé
la perte de son amant, emploie une circonlocution
non moins élégante :

1. *Bérénice*, acte IV, scène II.
2. *Phèdre*, acte I, scène III.
3. *Mithridate*, acte V, scène I.
4. *Bajazet*, acte IV, scène V.
5. *Ibid.*, acte V, scène XI.

> Oui, c'est moi, cher amant, qui t'arrache la vie...
> Moi seule j'ai tissé le lien malheureux
> Dont tu viens d'éprouver les détestables nœuds [1].

On trouve pourtant chez Racine et nous l'avons déjà vu, quelques termes dont les pseudo-classiques proscrivent l'usage, ceux par exemple de *lit* [2], de *chambre* [3], de *boucs*, de *chiens* [4]. Mais le lit dans lequel il met Claude est un lit d'impératrice, et la chambre qu'il nomme, « remplie de princes égorgés », ne saurait donc évoquer aucun objet trivial ou vulgaire. Après le mot *boucs*, il a soin d'en placer un autre qui est d'usage noble :

> Ai-je besoin du sang des boucs et des génisses [5] ?

Quant au mot *chiens*, les critiques contemporains le lui pardonnaient en faveur de l'épithète *dévorants* :

> Des lambeaux pleins de sang et des membres affreux
> Que des chiens dévorants se disputaient entre eux [6].

On peut citer encore, il est vrai, deux endroits d'*Athalie* où le même mot se rencontre sans qu'aucune épithète l'accompagne :

> Sous les pieds des chevaux cette reine foulée,
> Dans son sang inhumain les chiens désaltérés [7].

> Les chiens à qui son bras a livré Jézabel,
> Attendant que sur toi sa fureur se déploie,
> Déjà sont à ta porte et demandent leur proie [8].

1. *Bajazet*, acte V, scène XII.
2. Cf. p. 10.
3. Cf. p. 92.
4. Cf. p. 102.
5. *Athalie*, acte I, scène I.
6. *Ibid.*, acte II, scène V.
7. *Ibid.*, acte I, scène I.
8. *Ibid.*, acte III, scène V.

Mais, remarquons-le, désaltérés dans le sang de Jézabel ou demandant leur proie à la porte de Mathan, ces chiens font vraiment figure de bêtes féroces ; ils ne compromettent pas plus la noblesse de la tragédie que des tigres et des loups.

Au reste, si, en certains genres, les classiques usent des périphrases et des termes généraux ou abstraits, s'ils évitent autant que possible les mots exprimant la réalité matérielle, gardons-nous de le leur reprocher ; un vocabulaire réaliste ne saurait convenir à des genres nobles. Selon Racine, c'est une « véritable faiblesse de n'oser nommer des veaux, des vaches, un porcher » ; et il accuse « notre langue » de ne « rien souffrir[1] ». Notre langue souffrait fort bien ces mots dans d'autres genres ; mais peut-on s'étonner que la tragédie les rejette ?

Dans la tragédie, le langage doit nécessairement s'approprier à la convention idéaliste qui la régit tout entière. Ainsi que le fait observer Alfred de Vigny, cette convention forçait les poètes de « déguiser le mot simple sous le manteau des périphrases » ; et lui-même, après s'être moqué de la périphrase sous le manteau de laquelle le mot d'*espion* avait été déguisé par un poète pseudo-classique :

> Ces mortels dont l'État gage la vigilance,

il ajoute très sensément : « Lorsqu'on a dit pendant cinq actes *hymen* pour *mariage*, *immoler* en place d'*assassiner*, et mille gentillesses pareilles, comment proférer le mot tel qu'*espion*? Il faut bien dire

---

1. *Remarques sur l'Odyssée.*

un mortel, et je ne sais quoi de long et de doux à la suite [1]. » Mais les bienséances des genres nobles n'expliquent pas seulement l'emploi de la périphrase ; elles justifient la préférence donnée par les tragiques aux termes généraux et à tous ceux qui, n'ayant, pour ainsi parler, aucun contact avec les objets réels, en représentent une sorte de type idéalisé.

Quoi qu'affirme Victor Hugo [2], il y a toujours eu, il y aura toujours des mots « nobles » et des mots « bas ». Et, si les mots bas sont d'ordinaire plus expressifs, c'est par là qu'ils sont moins nobles. Rappelons-nous ces vers, précédemment cités [3], dans lesquels Œnone reproche à Phèdre de ne pas se nourrir. Les périphrases dont elle use sont blâmés par nos commentateurs modernes ; voudraient-ils donc qu'elle dît :

> Voilà trois jours entiers que vous ne mangez pas ?

Appliqué à la Phèdre de Racine, le mot *manger* nous scandaliserait nous-mêmes, il nous semblerait ignoble. Et pareillement ni Roxane ni Atalide ne peuvent prononcer celui de *corde* [4]. Les *nœuds infortunés* ou le *lien malheureux* nous font sourire ; pourtant le mot *corde* nous choquerait dans une tragédie, comme mal approprié au ton et au milieu, comme incompatible avec les convenances du genre.

On sait le couplet d'Hippolyte confessant son amour pour Aricie :

1. *Lettre à lord ****.
2. Par exemple, dans la *Réponse à un acte d'accusation, Contemplations*, t. I, I, VII.
3. Cf. p. 108.
4. Cf. même page.

> Mon arc, mon javelot, mon char, tout m'importune;
> Je ne me souviens plus des leçons de Neptune [1], etc.

Victor Hugo, paraît-il, ne voyait là qu' « une vide et pompeuse rhétorique ». « Quoi de plus affecté, lui fait-on dire, que ce grand nigaud importuné par son char? » Mais, citant les vers de Pradon :

> Depuis que je vous vois, je n'aime plus la chasse,
> Et, si j'y vais, ce n'est que pour penser à vous,

il les jugeait, nous assure-t-on, « humains et vrais, pleins de grâce et de sensibilité [2] ». Devons-nous croire que Victor Hugo ait jamais émis une semblable appréciation? Pure boutade en tout cas, et trop pieusement recueillie. Les vers de Pradon seraient plats n'importe où; et comment les supporter dans la bouche d'un personnage tragique?

Allons même plus loin. Beaucoup des mots et des locutions blâmés chez Corneille par Voltaire dérogent en effet à la dignité de la tragédie. Parmi ceux que nous indiquons plus haut [3], tels sont *après ce lâche tour* ou *piqué jusques au vif*. Et en voici quelques autres, tirés de *Polyeucte* [4] :

> Que tu discernes mal le cœur d'avec la mine !

> Je sais des gens de cour quelle est la politique,
> J'en connais mieux que lui la plus fine pratique.

> . . . . . . C'est en vain qu'il tempête.

> Et, s'il avait affaire à quelque maladroit,
> Le piège est bien tendu, sans doute il le perdrait.

Nous avons beau être fort éloignés des préjugés classiques; ces façons de parler nous paraissent

1. *Phèdre*, acte II, scène II.
2. Paul Stapfer, *les Artistes juges et parties*.
3. Cf. p. 89 et 90.
4. Acte V, scène I.

malséantes à nous-mêmes autant qu'elles le paraissaient à Voltaire. Tout se tient dans une tragédie,
et le langage doit forcément y être en rapport avec
les conventions du genre.

Au reste, ce n'est pas là la question. Il s'agit de
savoir si l'on peut qualifier de réaliste un genre dont
les conventions exigent une pareille noblesse de
style.

« Nous ne dirons pas, déclare Brunetière dans
un article déjà cité sur le Naturalisme au xviie siècle,
que, quand Racine prête à ses Agrippine ou à ses
Mithridate un langage d'un ou deux degrés *plus
noble* que la réalité, Racine cesse d'être naturaliste...,
nous dirons... qu'il se conforme aux lois mêmes du
genre tragique, dont l'une des conditions est justement cet anoblissement [1]. » Certes Racine a raison,
et nous en convenions tout à l'heure, d' « anoblir
le langage de ses héros ». Mais comment peut-on
prétendre qu'il ne cesse pourtant pas d'être naturaliste? Naturaliste, il ne l'est sur aucun point et il ne
saurait l'être, car le genre tragique répugne au
naturalisme dans la peinture des personnages et
dans l'action comme dans le style. On ne montre pas
que la tragédie classique imite la nature en montrant que partout elle l'anoblit.

Et ce n'est pas seulement la tragédie qui s'élève
« d'un ou deux degrés » au-dessus du réel, ce sont
aussi les autres genres tenus pour nobles; ' st
l'églogue elle-même, que Boileau, dans l'*Art poétique*, met au dernier rang de la hiérarchie, qu'il
caractérise par son « humble style [2] ». Rappelant

1. *Études critiques*, t. I, p. 333, 334.
2. Chant II, v. 5.

quelques vers de l'*Iliade* où la joie des compagnons
d'Ulysse, quand ils le retrouvent enfin, est comparée
à celle des veaux quand ils voient leur mère revenir du pâturage, Racine observe que les termes de
veau et de *vache*, employés par les Grecs dans
l'épopée, ne sont pas admis chez nous dans l'églogue[1].
Et Boileau, parlant du même genre : « Le mot de
génisse, note-t-il, y est fort bon; *vache* ne s'y peut
souffrir[2] ». Ainsi, la délicatesse du goût classique
interdisait de nommer, dans le genre où l'on met
des bouviers en scène, les animaux que ces bouviers font métier de paître.

L'école romantique n'opéra pas d'un seul coup la
réforme du vocabulaire. C'est en matière de langue
que les préjugés du classicisme étaient surtout
enracinés et qu'ils se maintinrent le plus longtemps.
Malgré bien des inventions et des hardiesses,
Chateaubriand reste un pseudo-classique par l'habi-
tude générale de son style. On trouve dans les *Méditations* de Lamartine un grand nombre de mots
nobles et de périphrases, et, dans les *Harmonies*, il
n'y en a guère moins. Alfred de Vigny, qui, le premier, nomma un mouchoir sur la scène tragique,
rivalise parfois avec les poètes de l'Empire; voici
une périphrase tirée du *Trappiste* :

> C'est un de ces guerriers dont la constante veille
> Fait qu'en ses palais d'or la royauté sommeille,

et en voici une autre, de *Dolorida* :

1. *Remarques sur l'Odyssée.*
2. *IXᵉ Réflexion sur Longin.*

> Dolorida n'a plus que ce voile incertain,
> Le premier que revêt le pudique matin,
> Et le dernier rempart que, dans sa nuit folâtre,
> L'Amour ose enlever d'une main idolâtre.

Sainte-Beuve, dans les *Poésies de Joseph Delorme*, met *nef* pour *navire* [1], *rameau* pour *branche* [2], *voler en char* pour *aller en voiture* [3]. Victor Hugo lui-même emploie à ses débuts le vocabulaire du pseudo-classicisme, voire la périphrase ; et ne loua-t-il pas Delille de son élégance [4] ? Dans les *Odes et Ballades*, il écrit :

> L'écharpe aux sept couleurs que l'orage en la nue
> Laisse comme un trophée au soleil triomphant [5] ;

ou encore :

> Couvre-toi du tissu, trésor de Cachemire [6].

Aussi bien ce premier recueil, malgré la vigueur et la puissance dont y témoignent nombre de pièces, diffère très peu par la langue de ceux qu'avaient publiés les Jean-Baptiste Rousseau et les Lebrun-Pindare. Dans les *Orientales*, où son originalité d'écrivain se fait jour, on trouve les mots *trépas* [7], *esquif* [8], *couche* (au sens de *lit*) [9], et maints autres du même genre. Dans les *Feuilles d'automne*, *nef* [10], *bords* (au sens de *pays*) [11], *poudre* (au sens de *pous-*

---

1. *Au Loisir.*
2. *Le Soir de la Jeunesse.*
3. *Ma Muse.*
4. Cf. le *Conservateur littéraire*, t. II, p. 16.
5. *Son nom.*
6. *Promenade.*
7. *Les Têtes du Sérail.*
8. *Ibid.*
9. *La Douleur du Pacha.*
10. *A M. de Lamartine.*
11. XV.

sière) [1], *coursier prudent* [2], *étoiles des chars* pour
lanternes de voitures [3]. Le mot *hymen* se rencontre
au premier acte d'*Hernani* [4] ; et il n'y détonne pas
moins que ne détonnerait un mot « bas » dans le
style de Racine.

Cependant le romantisme se dégagea peu à peu
de ce vocabulaire convenu. Victor Hugo, dès la préface de *Cromwell*, prétendait réformer la langue en
l'accordant avec un art qui devait peindre la réalité ; et ce fut son œuvre et celle des romantiques.

Les novateurs n'usent guère de néologismes ;
Victor Hugo, dans la préface de 1826 aux *Odes et
Ballades*, qualifiait le néologisme de « triste ressource pour l'impuissance ». Mais ils remettent
notre idiome en possession de ses richesses. Ils res-
taurent, d'une part, beaucoup de mots que l'école
classique avait laissé perdre et qu'ils vont quérir
chez Ronsard par delà Racine, chez Regnier par
delà Boileau. Et, d'autre part, beaucoup de ceux
qu'elle avait bannis du style noble comme vulgaires,
il les admettent dans n'importe quel genre ; ils préfèrent la précision significative à une noblesse
froide et superficielle, et la même raison qui faisait
rejeter ces termes par l'école classique est justement
celle qui les fait employer par la nouvelle école.

Après les *Odes et Ballades*, Victor Hugo publie
successivement les *Orientales* et *Hernani* ; or ces
deux œuvres, quoique nous y trouvions encore des

1. *A un Voyageur.*
2. XVI.
3. *Soleils couchants.*
4. Scène II.

traces de pseudo-classicisme, n'en dénotent pas moins une véritable révolution. La langue y est essentiellement réaliste; elle ose employer une multitude de termes que les adversaires de la jeune école, fidèles aux traditions classiques, taxent de triviaux et de bas. Faut-il citer quelques exemples? Dans les *Orientales* :

> Le feu qui foudroie
> Crève les toits plats [1].

Comme un grand poisson mort dont le ventre flottant
Argente l'onde verte [2].

Allons, que des brûlots l'ongle ardent se prépare [3] !

Son cheval hennissant mâche un frein blanc d'écume [4].

Dans le premier acte d'*Hernani* :

Cette boîte [5] !

Serait-ce l'écurie où tu mets d'aventure
Le manche de balai qui te sert de monture [6] ?

. . . . . Josefa, fais sécher le manteau [7].

Vieillard, va-t'en donner mesure au fossoyeur [8].

Entendre, en allaitant un enfant qui s'éveille,
Les balles des mousquets siffler à votre oreille [9].

Arrière ! Lavez donc vos mains, hommes sans âmes [10] !

. . . . Ayons l'aigle, et puis nous verrons
Si je lui laisserai rogner les ailerons [11].

1. *Le Feu du ciel.*
2. *Canaris.*
3. *Les Têtes du sérail.*
4. *Marche turque.*
5. Scène I. — L'armoire où va se cacher don Carlos.
6. *Ibid.*
7. Scène II.
8. *Ibid.*
9. *Ibid.*
10. Scène III.
11. *Ibid.*

> Le roi François premier, c'est un ambitieux.
> Le vieil empereur mort, vite! il fait les doux yeux
> A l'empire [1].

> Notre homme a la mine attrapée [2].

> Jamais chiens de palais, dressés à suivre un roi,
> Ne seront sur tes pas plus assidus que moi [3].

Il y avait certes là de quoi scandaliser les défenseurs du « bon goût » et de la saine langue; et, quelques mois après, Victor Hugo répondait à leurs protestations en se déclarant « le dévastateur du vieil ABCD ».

> Les mots, bien ou mal mis, vivaient parqués en castes.
> Les uns, nobles, hantant les Phèdres, les Jocastes,
> Les Méropes, ayant le décorum pour loi
> Et montant à Versaille aux carrosses du roi ;
> Les autres, tas de gueux, drôles patibulaires,
> Habitant les patois ; quelques-uns aux galères,
> Dans l'argot, dévoués à tous les genres bas...
> Alors, brigand, je vins ; je m'écriai : « Pourquoi
> Ceux-ci toujours devant, ceux-là toujours derrière ? »
> Et sur l'Académie, aïeule et douairière,
> Cachant sous ses jupons les tropes effarés,
> Et sur les bataillons d'alexandrins carrés,
> Je fis souffler un vent révolutionnaire.
> Je mis un bonnet rouge au vieux dictionnaire.
> Plus de mot sénateur, plus de mot roturier [4].

Cette révolution, dont Victor Hugo donna le signal, devait accorder le vocabulaire avec l'esthétique du romantisme. Comme la jeune école veut exprimer non le beau, mais le caractéristique, la qualité essentielle des mots est à ses yeux leur vertu expressive.

1. Scène III.
2. *Ibid.*
3. Scène IV.
4. *Contemplations*, *Réponse à un acte d'accusation*, t. I, I, VII ; 1834.

Et c'est aussi pourquoi les romantiques usent beaucoup plus rarement que les classiques de l'épithète morale.

Ils se gardent toutefois de la bannir. Après avoir indiqué l'emploi de l'adjectif pittoresque comme un procédé de la nouvelle poésie[1], Sainte-Beuve ajoute que l'épithète morale n'y en a pas moins sa place ; et, citant le vers de Lamartine :

Assis aux bords déserts des lacs mélancoliques,

il déclare qu'aucun *lac bleu* « n'équivaudrait à cela[2] ». De même aucune épithète pittoresque n'équivaudrait à l'épithète morale dans le vers suivant des *Feuilles d'automne* :

Là, des saules pensifs qui pleurent sur la rive[3].

Ces deux adjectifs, du reste, ont une valeur de suggestion ; et cela suffit à les distinguer de ceux qu'employait Delille.

Les romantiques cependant préfèrent en général l'épithète pittoresque[4]. Souvent ils transposent le sentiment dans l'ordre de la sensation[5] ; presque toujours ils expriment l'objet matériel en rendant sa forme et sa couleur. C'est le procédé naturel

1. Cf. p. 91.
2. *Joseph Delorme*, *Pensées*.
3. XXXIV.
4. Leurs adversaires ne manquaient pas de les en railler. Dans une sorte de pamphlet versifié, le *Classique et le Romantique*, Baour-Lormian, pour couvrir de ridicule le poète romantique qu'il représente, lui fait dire *les arbres verts* et *la lune ronde et large*.

. . . . Les mauvaises pensées
Qui passent dans l'esprit comme une ombre sur l'eau.

5.   Afin que mon cœur soit innocent et splendide
   Comme un pavé d'autel qu'on lave tous les soirs.
      (*Feuilles d'automne*, *la Prière pour tous*.)

de Victor Hugo et de Théophile Gautier; et l'école parnassienne, qui fait de la poésie une notation du monde sensible, les reconnut, on le sait, comme ses maîtres. Mais Lamartine et Alfred de Vigny eux-mêmes, malgré leur idéalisme, s'opposent encore aux descripteurs pseudo-classiques pour ce que leurs épithètes, quand ils peignent la nature, ont de plus précis, de plus concret, en un mot de plus réaliste.

Semblablement les romantiques préfèrent le terme particulier au terme général. Alfred de Vigny, dans la *Lettre sur la soirée du 24 octobre*, rappelle « par quels degrés a passé la muse tragique française avant de se décider à dire tout haut *un mouchoir* »; comment Voltaire changea le mouchoir d'*Othello* en un billet [1]; comment Ducis y substitua un bandeau de pierreries; comment Pierre Lebrun fit paraître le mouchoir « lui-même », mais en le nommant *tissu* [2]; enfin, comment « Melpomène » osa, le 24 octobre 1829, prononcer ce mot fatal « à l'épouvante et évanouissement des faibles, qui jetèrent des cris longs et douloureux ». Certes, les classiques, puisqu'ils recherchaient avant tout la noblesse, n'avaient pas tort d'employer le terme général. Mais les romantiques se souciaient peu d'écrire « noblement »; et pour eux le terme particulier avait sur le terme général cet avantage qu'il évoque l'objet réel.

A plus forte raison la nouvelle école devait-elle remplacer la périphrase par le mot propre.

1. Dans *Zaïre*.
2. Cf. p. 92.

Ici, faisons d'abord une distinction. Pascal lui-
même[1] ne condamne pas en tout cas la périphrase.
« Il y a des cas où il faut appeler Paris Paris et
d'autres où il la faut appeler capitale du royaume[2]. »
Aucun écrivain, sous prétexte de réalisme, ne répudie les périphrases qui ajoutent quelque chose à
l'idée ou au sentiment. On dira *capitale du royaume*
plutôt que *Paris*, si l'on envisage Paris comme étant
la capitale du royaume. Par exemple : *Les ennemis
s'avancèrent jusqu'à cinquante lieues de la capitale.*
Dans ces vers de *Britannicus :*

> Quoi? tandis que Néron s'abandonne au sommeil,
> Faut-il que vous veniez attendre son réveil[3] ?

s'abandonne au sommeil est une périphrase expressive qui met la tranquillité de Néron en contraste
avec l'inquiétude d'Agrippine. Et dans celui-ci :

> La mère de César veille seule à sa porte[4],

Albine dit *la mère de César* pour avertir Agrippine
qu'elle compromet sa dignité de mère et d'impératrice. La périphrase se définit d'ordinaire comme
exprimant par plusieurs mots ce qui pourrait
s'exprimer par un seul. Or elle exprime souvent ce
que n'exprimerait pas le mot propre; elle équivaut
au mot propre précisé ou relevé par un trait caractéristique sur lequel on appelle l'attention. *Les
ennemis s'avancèrent jusqu'à cinquante lieues de
Paris, la capitale du royaume. — Tandis que Néron
dort d'un sommeil auquel il s'abandonne. — Agrip-*

---

1. Un classique sans doute, mais mathématicien et janséniste.
2. *Pensées*, édit. Havet, VII, § 20.
3. Acte I, scène i.
4. *Ibid.*

pine, *la mère de César*. Dans tous ces exemples, la périphrase, loin d'être une sorte de pléonasme, est une sorte d'ellipse; elle fait en réalité l'économie du mot propre.

Mais les périphrases que nous citions plus haut[1] chez les pseudo-classiques et chez les classiques appartiennent à un tout autre genre; comme on l'a vu, elles s'expliquent soit par la nécessité de ménager certaines délicatesses, soit par le désir de rehausser ou d'enjoliver son style.

On trouve chez les romantiques des périphrases de bienséance. Cependant on en trouve beaucoup moins chez eux que chez les classiques, qui évitaient de nommer dans les genres nobles un objet vulgaire ou même familier. Quant aux périphrases d'ornement, le romantisme les exclut sans rémission; et c'est surtout ce que veut dire Victor Hugo lorsqu'il dit :

> J'ai de la périphrase écrasé les spirales[2].

Substituer la périphrase au mot propre, c'était « masquer la nature et la déguiser[3] ». En usant du mot propre, la nouvelle école ramenait le style à la nature, masquée et déguisée par les classiques.

Quelques grands écrivains du XVIIe siècle sont, il faut le reconnaître, plus ou moins réalistes. Mais on ne les admirait point alors comme tels, et leur

---

1. Cf. p. 93 et suiv., 106 et suiv.
2. *Réponse à un acte d'accusation*, *Contemplations*, t. I, l. VII, — Par le mot *spirales* Victor Hugo entend sans doute les arabesques, les élégantes circonvolutions que les classiques substituaient aux mots propres.
3. Pascal, *Pensées*, édit. Havet, VII, § 20.

réalisme, bien au contraire, offensait le goût du temps.

Pascal, pour commencer par lui, laissa des fragments et des notes que ses amis de Port-Royal corrigèrent avant de les imprimer sous le titre de *Pensées*. Et ils ne les corrigèrent pas seulement par scrupule théologique; ils se croyaient obligés de polir et de châtier la langue de Pascal soit en retranchant maints termes dont la hardiesse les choquait, soit en soumettant à la syntaxe normale maintes constructions insolites. Du reste ces changements n'empêchèrent pas que les *Pensées*, durant toute l'époque classique, ne fussent tenues de beaucoup inférieures aux *Provinciales;* et Condorcet [1] y blâme encore un grand nombre de tours qu'il taxe d'incohérents ou d'abrupts.

Bossuet, après avoir subi l'influence de Paris et de la cour, resta cependant plus réaliste que ne le permettait la discipline classique. Et pourquoi ne l'estima-t-on pas le premier des sermonnaires contemporains? Est-ce uniquement parce qu'il prêche le dogme dans toute sa sévérité, ou même dans sa rigueur scolastique, parce que, ne faisant aucune concession au goût du public, il s'interdit ces portraits, ces analyses de sentiments et ces tableaux de mœurs qui diversifiaient et agrémentaient les sermons d'autres prédicateurs? Si Bossuet fut moins admiré que de nos jours, il faut surtout l'expliquer par les témérités et par les irrégularités de sa langue, par les impétueuses saillies où son imagination l'emportait. Voilà la principale raison

---

1. Dans l'édition « philosophique » qu'il en procura selon le texte de Port-Royal.

pour laquelle on lui préféra soit Bourdaloue soit
Massillon : Bourdaloue, qui tenait en chaire les
yeux fermés, afin de mieux suivre, ligne après
ligne, le manuscrit laissé sur sa table de travail;
Massillon, dont le meilleur sermon, disait-il, était
celui qu'il avait le mieux appris. Les principaux
critiques du XVIIIe siècle considèrent Bossuet comme
un sermonnaire « médiocre », c'est le mot de La
Harpe, ou jugent du moins, c'est le mot de Rollin,
qu'il « ne se soutient pas ». Dussault trouve ses
sermons « infectés de la rouille d'une époque... où
l'éloquence française était encore sauvage. » Au
libraire chez lequel les Bénédictins en préparent
l'impression, Maury recommande de supprimer
beaucoup de passages qui lui paraissent incor-
rects; il veut que les éditeurs témoignent leur respect pour ce génie sublime et inégal en dissimulant
ses « chutes ».

Deux écrivains du XVIIe siècle peuvent s'appeler
proprement réalistes : Molière et Saint-Simon. Or
de quelle manière leur style fut-il apprécié par les
classiques?

Fénelon déclare que Molière « parle souvent
mal » et qu'il se sert « des phrases les plus for-
cées »; Térence, ajoute-t-il, « dit en quatre mots,
avec la plus grande simplicité, ce que celui-ci ne
dit qu'avec une multitude de métaphores qui appro-
chent du galimatias[1] ». Selon Vauvenargues, ses
meilleures comédies renferment tant de négligences
et d'expressions bizarres ou impropres, qu'il n'y a
guère de poètes « moins corrects et moins purs[2] ».

---

1. *Lettre à l'Académie*, chap. VII.
2. *Réflexions critiques sur quelques poètes.*

Et sans doute Fénelon et Vauvenargues, l'un si
délicat, l'autre qui estime avant tout la netteté et le
poli, devaient être particulièrement sensibles à ses
défauts. Mais La Bruyère même lui reproche de ne
pas « éviter le jargon et le barbarisme », de ne pas
« écrire purement [1] »; et l'admiration qu'il professe
pour le poète comique rend plus significative encore
la sévérité avec laquelle il juge l'écrivain. Quant à
Saint-Simon, ceux qui, pendant le xviiie siècle,
eurent connaissance de ses manuscrits n'y virent
qu'un affreux griffonnage [2]. Lorsqu'on les publia,
en 1824, telle fut aussi l'opinion des classiques
contemporains; et Chateaubriand, quelques éloges
qu'il fasse de ce « sujet peu académique », l'appelle
un barbare.

La nouvelle école envisagea tout autrement les
questions de langue et de style. Elle osa préférer
les *Pensées* de Pascal à ses *Provinciales* : « Admirable quand il achève, dit Sainte-Beuve, Pascal est
encore supérieur là où il fut interrompu [3] ». A
l'égard des Bossuet, des Molière, des Saint-Simon,
elle ne leur tint pas rigueur de ce que blâmaient
chez eux les classiques; elle leur donna l'avantage
sur des écrivains plus soutenus ou plus châtiés.

Dès lors Bossuet obtient sa véritable place, fort
au-dessus des sermonnaires contemporains, ou,
pour mieux dire, hors de comparaison entre eux et
lui; et cela non point malgré les hardiesses et les
brusqueries que lui reprochaient les classiques,
mais à cause de ces brusqueries et de ces har-

1. *Caractères*, I, § 38.
2. Mme du Deffand, par exemple, en déclare le style « abomi-
nable ».
3. *Port-Royal*, livre III.

diesses, par où il accorde instinctivement sa langue
aux images qui surgissent dans son cerveau et aux
émotions qui agitent son cœur. De même, sans nier
que Molière n'écrit pas toujours bien, on se rend
compte que les auteurs dramatiques ne doivent pas
« bien écrire », qu'ils doivent représenter des personnages parlant à peu près comme on parle dans
la conversation journalière [1]; on lui pardonne ses
défauts en faveur d'une qualité, la vie, qui, sur la
scène, prime toutes les autres. De même enfin,
convenant que Saint-Simon serait un détestable
modèle de style, les romantiques le mettent au
premier rang de nos écrivains pour l'intensité avec
laquelle, fût-ce en dépit de la syntaxe, ce peintre
incomparable rend la sensation du réel.

L'école classique appréciait surtout la rectitude,
l'ordre, la noblesse; le romantisme aime mieux
moins de rectitude et plus de relief, moins d'ordre
et plus de mouvement, moins de noblesse et plus
d'expression; il veut que le style se modèle libre-
ment sur la nature. Tel est le sens dans lequel il
modifia soit la syntaxe, soit le vocabulaire, et l'on
peut dire que son réalisme a transformé notre
langue.

Non moins importante fut la révolution de la
métrique. Marquons-en tout de suite les deux points
capitaux : d'une part, les romantiques employèrent

---

1. « Les pièces, dit Molière, sont faites pour être jouées »
Préface de l'*Amour médecin*).

un grand nombre de strophes tombées depuis
Malherbe en désuétude ; de l'autre, ils assouplirent
le rythme de l'alexandrin. Dans la versification
aussi bien que dans la langue, ils préféraient à la
cadence monotone des classiques une diversité parfois irrégulière, mais toujours significative.

La Pléiade avait créé ou restauré maintes formes
de strophes ; elle avait déjà rendu l'alexandrin plus
mobile. Quoi que prétendent nos critiques, la conception qu'elle se faisait de la poésie n'est pas sans
ressembler à celle que s'en fit le romantisme ; voilà
pourquoi il y a aussi quelque ressemblance entre la
versification des romantiques et la sienne. Sans
doute Ronsard et ses amis fondèrent le classicisme ;
mais leur poésie renferme beaucoup d'éléments dont
le XVIIᵉ siècle ne s'accommoda pas, et que, deux
cents ans après, nous retrouvons chez les romantiques. C'est de Malherbe que date le classicisme
proprement dit. Malherbe substitua l'expression du
général à celle du particulier, et de là dérive toute
sa réforme. Il réforma la versification comme la
langue en lui imposant une sévère discipline. Il
exigea rigoureusement soit l'uniformité de la
strophe, soit la symétrie du vers, et, pendant deux
siècles, « ses lois [1] » ne subirent aucune atteinte.

Parmi les strophes de la Pléiade, le classicisme
retint celles dont la simplicité et la régularité
s'accordaient le mieux avec une conception rationnelle de la poésie. Les autres disparurent de l'usage,

1. Cf. Boileau :

Tout reconnut ses lois...
                                    (Art poétique, I, 139.)

et, tant que nos poètes restèrent fidèles à cette conception, ils n'éprouvèrent pas le besoin de varier
leurs rythmes.

Lyrique et non plus oratoire, le romantisme multiplie d'abord les formes de strophe. Il en invente [1],
il en emprunte surtout à la Pléiade : ainsi chaque
état de l'âme peut dès lors s'exprimer par un rythme
approprié.

Souvent les romantiques emploient dans la même
pièce des strophes différentes. Et rien là qui fût
nouveau ; mais ce genre de poèmes dénote chez eux
un sens du rythme qu'on ne trouve ni chez les Jean-
Baptiste Rousseau ni chez les Malherbe. Il faudrait
en analyser ici quelques-uns. Les *Djinns*, qu'on
prend toujours pour exemple, sont un exercice de
pure virtuosité. Victor Hugo a voulu, par des
mètres de plus en plus longs, puis de plus en plus
courts, y rendre l'impression d'un bruit qui croît
peu à peu dans les huit premières strophes et peu à
peu décroît dans les sept dernières. C'est donc un
procédé tout mécanique ; et d'ailleurs le nombre des
vers et la combinaison des rimes y restent inva-
riables. En étudiant de préférence, si cette étude ne
demandait un trop long détail, des pièces telles
que *Soleils couchants*[2], *A la colonne*[3], *Napoléon II*[4],
on verrait avec quel sentiment de l'harmonie rythmique le poète accorde les diverses strophes à ses
inspirations successives.

D'ordinaire les romantiques, comme les clas-

---

1. Notamment la strophe de douze vers où les huit derniers
forment deux groupes de trois rimes féminines suivis chacun
d'une rime masculine.
2. *Feuilles d'automne*, XXXV.
3. *Chants du crépuscule*, II.
4. *Ibid.*, V.

siques, n'emploient qu'une seule forme de strophe
dans une même pièce. Mais ils ont le choix entre
un plus grand nombre de formes, et ils choisissent
celle qui convient au thème général. On peut citer
ici des exemples. En voici plusieurs tirés de Victor
Hugo.

Dans *Vieille chanson du jeune temps*, c'est un
rythme doux, facile, léger, et qui caresse l'oreille :

> Je ne pensais point à Rose ;
> Rose au bois vint avec moi.
> Nous parlions de quelque chose,
> Mais je ne sais plus de quoi [1].

Dans *Ibo*, le rythme est allègre et bondissant :

> Que le mal détruise ou bâtisse,
> Rampe ou soit roi,
> Tu sais bien que j'irai, Justice,
> J'irai vers toi [2].

Dans la pièce intitulée *En frappant à une porte*,
après trois vers de huit syllabes, le dernier, qui
n'en a que quatre, donne la sensation de je ne sais
quoi d'incomplet, de brisé :

> J'ai perdu mon père et ma mère,
> Mon premier né, bien jeune, hélas !
> Et pour moi la nature entière
> Sonne le glas [3].

Dans *Booz endormi*, la strophe de quatre alexandrins
à rimes embrassées exprime une gravité sereine :

> Booz ne savait point qu'une femme était là
> Et Ruth ne savait point ce que Dieu voulait d'elle.
> Un frais parfum sortait des touffes d'asphodèle ;
> Les souffles de la nuit flottaient sur Golgotha [4].

1. *Contemplations*, t. I, I, xix.
2. *Ibid.*, t. II, VI, ii.
3. *Ibid.*, *ibid.*, xxiv.
4. *Légende des siècles.*

Dans la chanson suivante, les cinq premiers vers de la strophe, qui sont alexandrins, forment un tableau, et les deux derniers, qui sont hexasyllabiques, marquent une sorte de revirement brusque, l'indignation du poète éclatant soudain contre ceux qu'il vient de nous peindre au milieu de leurs honteux plaisirs :

> Courtisans ! attablés dans la splendide orgie,
> La bouche par le rire et la soif élargie,
> Vous célébrez César, très bon, très grand, très pur ;
> Vous buvez, apostats à tout ce qu'on révère,
> Le chypre à pleine coupe et la honte à plein verre.
> Mangez ; moi, je préfère,
> Vérité, ton pain dur [1].

Sur la rectitude impersonnelle et abstraite à laquelle s'attachait le classicisme, les romantiques font prévaloir le besoin de traduire par le rythme les mouvements de la sensibilité. L'harmonie telle qu'ils la conçoivent ne consiste pas en un parfait équilibre des éléments rythmiques qui composent la strophe, mais elle admet des accidents, voire des discordances, par où, dérogeant à je ne sais quel type d'uniformité normale, elle rend soit les diverses émotions de l'âme, soit ce que les choses ont de complexe, ce qu'elles peuvent avoir de tumultueux et de disparate.

Il en est pour l'alexandrin comme pour les strophes. Les romantiques, en vertu du même principe, veulent le rendre plus flexible et plus varié.

Malherbe, soumettant l'alexandrin à une cadence fixe, avait défendu les enjambements d'un vers sur

---

1. *Châtiments*, I, x.

l'autre ou du premier hémistiche sur le second;
cette symétrie donne à l'expression des vérités
générales une certitude catégorique. On peut lire
son *Commentaire de Desportes* pour voir à quel
point il poussait la sévérité. Il ne se contentait pas
d'exiger un long repos sur la césure finale; il voulait encore que les hémistiches fussent absolument
distincts. En réalité, le vers de douze syllabes consiste selon lui dans la juxtaposition de deux vers
hexasyllabiques.

Boileau, son disciple, prescrivit avec tout autant
de rigueur et la césure finale et la césure médiane.
A l'exemple de Malherbe, il ne souffre entre les
deux moitiés de l'unité métrique aucune communication.

> Que toujours dans vos vers le sens, coupant les mots,
> Suspende l'hémistiche, en marque le repos [1].

S'il a écrit quelques alexandrins où le sens ne
suspend pas l'hémistiche [2], lui-même les déclarait
fautifs.

> Sais-tu pourquoi mes vers sont lus dans les provinces?
> Ce n'est pas . . . .
> Qu'en plus d'un lieu le sens n'y gène la mesure
> Et qu'un mot quelquefois n'y brave la césure [3].

Il s'écartait aussi rarement que possible de la régu-

---

1. *Art poétique*, I, 105.
2. Par exemple :
   > Mais je ne trouve rien de beau dans ce Voiture.
   > > (Satire III, v. 181).
   > Ne fait point appeler un aigle à la huitaine.
   > > (Satire VIII, v. 140).
   > Et qu'Horace, jetant le sel à pleines mains.
   > > (Satire IX, v. 277).
3. *Épître IX*, v. 47 et suiv.

larité métrique, et comme d'un idéal où la faiblesse humaine ne saurait toujours atteindre.

Certains poètes classiques dérogent plus souvent que Boileau à cette stricte correction. Sans parler de La Fontaine, — car la fable avait ses licences, — on trouve chez Racine un assez grand nombre de vers dans lesquels la césure médiane s'atténue. Ceux-ci, par exemple, du premier acte de *Britannicus* :

> Il ne finisse ainsi qu'Auguste a commencé [1].
>
> Ai-je donc élevé si haut votre fortune [2] ?
>
> Qui croit voir son salut ou sa perte en ma main [3].
>
> N'ose-t-il être Auguste et César que de nom [4] ?
>
> En vain, pour détourner ses yeux de sa misère [5].

Les vers de ce genre semblent annoncer déjà l'alexandrin ternaire du romantisme. Mais ils sont très peu nombreux, au moins dans les grands genres, chez les poètes du xviie siècle, sauf chez Racine. Et notons que les acteurs, en dépit du sens, les coupaient toujours par le milieu. Épris avant tout de symétrie, le classicisme n'admit point une pareille transgression ; et la règle de la césure fut rigoureusement observée jusqu'à Victor Hugo [6]. Un pseudo-classique de 1830, Auger, relevant chez Molière, — bien que le genre comique tolérât, comme la fable, plus de liberté, — quelques alexan-

---

1. Scène i.
2. Scène ii.
3. *Ibid.*
4. *Ibid.*
5. *Ibid.*
6. Il faut mettre à part Chénier, que les romantiques du reste considéraient comme leur précurseur.

drins où le premier hémistiche enjambe sur le
second, ne les lui pardonne qu'en considération
de la promptitude avec laquelle il composait ses
pièces.

Les romantiques se dispensèrent à l'occasion
d'observer soit la césure médiane — de là l'enjambement intérieur, — soit même la césure finale —
de là l'enjambement d'un vers sur l'autre; et cette
diversité de rythme leur fournit de nouveaux
moyens d'expression.

Voici, dans Victor Hugo, quelques exemples :
Enjambements intérieurs :

Mais tu ne prendras pas demain à l'Éternel [1].

Lazare, notre ami, dort; je vais l'éveiller [2].

Sire, c'est un manant heureux qu'un laboureur [3].

L'arbre, tout pénétré de lumière, chantait [4].

La plus belle s'était épanouie en femme [5].

Enjambements d'un vers sur l'autre :

Le taureau blanc l'emporte. Europe sans espoir
Crie [6].

Ils sont partis,.pareils au bruit qui sort des lyres;
Et nous restons là, seuls, près du gouffre où tout fuit,
Tristes; et la lueur de leurs charmants sourires
Parfois nous apparaît vaguement dans la nuit [7].

---

1. *Chants du crépuscule, Napoléon II.*
2. *Légende des siècles, Première rencontre du Christ avec le tom-*
beau.
3. *Ibid., Aymerillot.*
4. *Ibid., le Sacre de la femme.*
5. *Ibid., ibid.*
6. *Contemplations,* t. I, *le Rouet d'Omphale.*
7. *Ibid.,* t. II, VI, VIII, *Claire.*

. . . . Ils répondirent : Vois,
Lui montrant de la main, dans un champ, près d'un bois,
A côté du torrent qui dans les pierres roule,
Un sépulcre [1].

Le mortier des marquis, près des tortils ducaux
Rayonne [2].

Tout en parlant ainsi, le Satyre devint
Démesuré [3].

Quelquefois les deux sortes de rejets se combinent. En voici des exemples, pris également dans Victor Hugo :

. . . . O terreur! corps à corps
D'un homme contre un tas de gueux épouvantable [4] !

Il rit quand l'équinoxe irrité le querelle
Sinistrement avec son haleine de grêle [5].

. . . . Et la voix qui chantait
S'éteint comme un oiseau se pose; tout se tait [6].

On entendait le bruit des décharges, semblable
A des écroulements énormes [7].

Pas n'est besoin de montrer quelle vertu expressive donne à ces vers l'altération du type normal, et comment l'effet rythmique s'y produit au détriment de la symétrie.

Encore ne sont-ils qu'irréguliers; d'autres sont plus ou moins discordants :

Je lui rends Naple. Ayons l'aigle, et puis nous verrons [8]...

Mais moi, qui me fera grand? qui sera ma loi [9] ?

1. *Légende des siècles, Première rencontre du Christ avec le tombeau.*
2. *Ibid., Éviradnus.*
3. *Ibid., le Satyre.*
4. *Ibid., le Petit roi de Galice.*
5. *Ibid., Éviradnus.*
6. *Ibid., ibid.*
7. *Ibid., le Cimetière d'Eylau.*
8. *Hernani*, acte I, scène III.
9. *Ibid.*, acte IV, scène II.

> . . . . . . L'usage, il faut que je le dise,
> Veu! que ce soit d'abord moi qui l'ouvre et la lise [1].

> Et que tout cela fasse un astre dans les cieux [2] !

> Ses archers d'autant plus lâches qu'ils sont plus braves [3].

> Dieu, pour qui les méchants mêmes sont transparents [4].

> Comme par une main noire, dans de la nuit
> Nous nous sentîmes prendre [5].

Les mots *l'aigle, grand, moi, un astre, lâches, mêmes, noire*, ont, dans ces exemples, une valeur toute particulière, et c'est l'irrégularité du rythme qui les met en relief.

Il peut arriver aussi que l'effet porte, non pas sur tel ou tel mot, mais sur l'idée ou l'image qu'exprime le vers entier :

> Tout semblait presque hors de la mesure éclore [6].

> L'un penche en avant, l'autre en arrière se jette [7].

> Ladislas furtif prend un couteau sur la nappe [8].

> Le coup passa si près que le chapeau tomba
> Et que le cheval fit un écart en arrière [9].

> Hors du monde, au delà de tout ce qui ressemble
> A la forme de quoi que ce soit [10].

On voit assez ce que marque, dans chacun de ces exemples, la dissymétrie rythmique : dans le premier, c'est l'énormité des types primitifs ébau-

1. *Ruy Blas*, acte II, scène III.
2. *Contemplations*, t. I, III, XI.
3. *Légende des siècles*, le *Régiment du baron Madruce*.
4. *Ibid., Puissance égale Bonté*.
5. *Ibid.*, le *Cimetière d'Eylau*.
6. *Légende des siècles*, le *Sacre de la femme*.
7. *Ibid., Éviradnus*.
8. *Ibid., ibid.*
9. *Ibid., Après la bataille*.
10. *Ibid.*, la *Trompette du Jugement*.

chés par la nature; dans le second, c'est le désordre
et l'enchevêtrement des cimiers comparés à une
forêt de monstres; dans le troisième, c'est la sour-
noiserie et en même temps la rapidité du geste que
fait Ladislas; dans le quatrième, c'est l'écart d'un
cheval effrayé; dans le cinquième enfin, c'est
« l'informe » d'abîmes insondables où l'œil ne
perçoit que brume et ténèbres.

Souvent les discordances du rythme l'appro-
prient, sans effets particuliers, au caractère général
d'un passage qui retrace des émotions violentes ou
une scène de désordre et de confusion.

Citons comme exemple, pour le premier cas, ces
vers des *Pauvres gens* :

Quand elle fut rentrée au logis, la falaise
Blanchissait; près du lit elle prit une chaise
Et s'assit toute pâle; on eût dit qu'elle avait
Un remords, et son front tomba sur le chevet,
Et par instants, à mots entrecoupés, sa bouche
Parlait, pendant qu'au loin grondait la mer farouche.
« Mon pauvre homme! ah! mon Dieu! que va-t-il dire? il a
Déjà tant de souci! Qu'est-ce que j'ai fait là?
Cinq enfants sur les bras! ce père qui travaille!
Il n'avait pas assez de peine; il faut que j'aille
Lui donner celle-là de plus. — C'est lui? — Non. Rien.
— J'ai mal fait. — S'il me bat, je dirai : Tu fais bien.
— Est-ce lui? — Non. — Tant mieux. La porte bouge, comme
Si l'on entrait. — Mais non. — Voilà-t-il pas, pauvre homme,
Que j'ai peur de le voir rentrer, moi, maintenant! »

Et, comme exemple du second cas, citons les vers
suivants du *Satyre* :

Il dit la guerre; il dit la trompette et le glaive;
La mêlée en feu, l'homme égorgé sans remord,
La gloire, et, dans la joie affreuse de la mort,
Les plis voluptueux des bannières flottantes.
L'aube naît; les soldats s'éveillent dans les tentes;
La nuit, même en plein jour, les suit, planant sur eux;
L'armée en marche ondule au fond des chemins creux;

La baliste en roulant s'enfonce dans les boues ;
L'attelage fumant tire, et l'on pousse aux roues ;
Cris des chefs, pas confus ; les moyeux des charrois
Balafrent les talus des ravins trop étroits.
On se rencontre, ô choc hideux ! les deux armées
Se heurtent, de la même épouvante enflammées,
Car la rage guerrière est un gouffre d'effroi.
O vaste effarement ! chaque bande a son roi.
Perce, épée ! ô cognée, abats ! massue, assomme !
Cheval, foule aux pieds l'homme, et l'homme, et l'homme, et
                                                   [l'homme !
Hommes, tuez, traînez les chars, roulez les tours ;
Maintenant, pourrissez, et voici les vautours !

La prosodie, dans de tels morceaux, semble ne connaître presque aucune règle : elle procède par des secousses successives, elle imprime à la phrase une continuelle trépidation ; et ce déséquilibre du rythme marque, soit, dans le premier, l'inquiétude dont le cœur de Jeannie est troublé, soit, dans le second, le tumulte et les heurts sanglants de la guerre.

Souvent même, il ne s'agit que de dégourdir le vers. Stendhal comparait un couple d'alexandrins à une paire de pincettes brillantes et dorées, mais droites et raides ; la solennité des alexandrins classiques les rendait incapables d'exprimer les menus détails. Aussi la jeune école, surtout dans le drame, qu'elle conçut comme un fidèle tableau de la réalité, dut leur donner plus de souplesse, et, parfois, les assimiler à la prose.

La préface de *Cromwell* nous apprend que certains novateurs prétendaient bannir les vers de la scène ; d'après eux, « les éléments de notre langage poétique étaient incompatibles avec le naturel. » Victor Hugo leur remontre que « le caractère de notre poésie » permet fort bien la libre expression de toutes les choses vraies. Seulement, il fallait d'abord réformer l'alexandrin, et c'est ce que fit Victor Hugo lui-même.

On se rappelle l'enjambement qui se trouve au début d'*Hernani* :

> Serait-ce déjà lui ? C'est bien à l'escalier
> Dérobé.

Les enjambements de cette sorte ont pour seul effet de rompre la monotonie de l'alexandrin. Un drame comporte maints détails soit presque indifférents, soit plus ou moins vulgaires, auxquels ne saurait convenir le rythme classique. C'est souvent pour les exprimer que Victor Hugo fait usage de césures irrégulières. Et les classiques se récriaient. Nous savons que le rejet du mot *dérobé* les « mit tout de suite en fureur [1] ». Un de leurs chefs, Jay, appelle la langue d'*Hernani* « jargon bâtard, qui n'a ni la mesure du vers, ni le mouvement naturel de la prose [2] ». Mais, en altérant le vers de la tragédie, le poète l'accommodait au drame.

Même dans la poésie lyrique, l'alexandrin, lorsqu'il s'agit de rendre quelque tableau familier, transgresse les règles traditionnelles. Rappelons-nous par exemple le passage suivant d'une poésie de Victor Hugo, *la Vie aux champs* :

> Les petits, — quand on est petit, on est très brave, —
> Grimpent sur mes genoux ; les grands ont un air grave.
> Ils m'apportent des nids de merles qu'ils ont pris,
> Des albums, des crayons qui viennent de Paris ;
> On me consulte, on a cent choses à me dire ;
> On parle, on cause, on rit surtout ; j'aime le rire,

---

1. « Un jeune peintre ayant riposté, des *chut !* énergiques, des *à la porte !* le firent taire. » (A. Barbou, *Victor Hugo et son temps*).
2. *La Conversion d'un romantique.*

Non le rire ironique aux sarcasmes moqueurs,
Mais le doux rire honnête, ouvrant bouches et cœurs,
Qui montre en même temps des âmes et des perles.
J'admire les crayons, l'album, les nids de merles,
Et quelquefois on dit, quand j'ai bien admiré :
« Il est du même avis que Monsieur le curé. »
Puis, lorsqu'ils ont joué tous ensemble à leur aise,
Ils font soudain, les grands s'appuyant à ma chaise,
Et les petits toujours grimpés sur mes genoux,
Un silence, et cela veut dire : Parle-nous [1].

Si ces alexandrins ont pour la plupart un rythme
irrégulier, c'est que la régularité de l'alexandrin
classique ne saurait convenir à de pareilles scènes.
Elle s'accorde avec le ton de la tragédie, avec celui
de l'épître morale ; elle n'est plus de mise quand
on nous peint une bande de petits garçons riant et
jouant.

Réformé par les romantiques, l'alexandrin,
comme le déclare Victor Hugo, devient « aussi
beau que de la prose [2]. » *Aussi beau que de la prose*,
tel était le plus grand éloge que les philosophes du
XVIIIᵉ siècle pussent donner à des vers. Et du reste
Malherbe et Boileau n'en auraient pas voulu
d'autre pour leurs meilleurs alexandrins, qui sont
de la prose exactement rythmée. Mais Victor Hugo
ne l'entendait pas ainsi. Ce que louaient par là les
philosophes, ce que Malherbe et Boileau tiennent
pour le triomphe de leur art, c'est un vers exprimant la raison avec une droiture parfaite, à laquelle
ne nuisent ni les difficultés de la mesure ni celles de
la rime ; et Victor Hugo, lui, parle d'un alexandrin
qui « ose tout exprimer », qui « parcoure toute la

1. *Contemplations*, t. I, I, vi.
2. Préface de *Cromwell*.

gamme poétique, aille de haut en bas, des idées les plus élevées aux plus vulgaires [1] ». Ce vers-là est le vers d'une poésie réaliste, où, comme il le dit encore, peuvent entrer sans déguisement, sans altération, « la nature et le vrai ».

1. Préface de *Cromwell*. — Cf. *Toute la Lyre*, *l'Art* :

> L'hexamètre, pourvu qu'en rompant la césure,
> Il montre la pensée et garde la mesure,
> Vole et marche; il se tord, il rampe, il est debout;
> Le vers coupé contient tous les tons ; il dit tout.

CHAPITRE III

LES GENRES LITTÉRAIRES : LYRISME, ROMAN, THÉATRE

Il faut maintenant examiner quelles modifications le romantisme fit subir aux divers genres.

Nous étudierons dans ce chapitre les genres proprement littéraires, lyrisme, roman, théâtre, et, dans le chapitre suivant, l'histoire, puis la critique, qui participent à la fois de l'art et de la science. On verra ce que les romantiques y introduisirent de réaliste.

I. — LE LYRISME.

Parmi les thèmes lyriques, la nature est un des plus féconds. Et la jeune école, on le sait, y a puisé une poésie toute nouvelle. Mais il ne s'agit pas de cela. Il s'agit de savoir si c'est en réalistes que les romantiques la représentent.

Remontons d'abord aux précurseurs du lyrisme moderne : Jean-Jacques Rousseau, Bernardin de Saint-Pierre et Chateaubriand, de quelle façon la représentent-ils?

Peintre de la nature, Jean-Jacques Rousseau est réaliste en premier lieu comme retraçant non pas seulement ce qu'elle offre de grandiose et de sublime, mais aussi ses aspects les plus familiers. Il aime par-dessus tout la campagne et se plaît à la décrire. Son rêve, c'est d'avoir, sur le penchant de quelque colline bien ombragée, une modeste maison blanche aux contrevents verts, avec une basse-cour, une étable et des vaches. A Paris, « dans la sensualité des soupers, dans l'éclat des spectacles, dans la fumée des glorioles », il regrette les prés, les bois, les ruisseaux, le bruit des chars rustiques, le mugissement des bœufs, le dîner frugal chez un paysan qui le régalait de laitage et de « grisses » ; et lorsque, sorti par hasard de la grande ville, il « lorgne du coin de l'œil » un simple buisson d'épines, une haie, une grange, lorsqu'il hume, en traversant un hameau, la vapeur d'une bonne omelette au cerfeuil, lorsqu'il entend de loin la chanson d'un laboureur, il « donne au diable » les élégances factices de la société mondaine. La *Nouvelle Héloïse* et les *Confessions* renferment maints petits tableaux champêtres[1] : c'est la vendange ou la cueillette des cerises, c'est le repas de midi en plein air, c'est la visite aux abeilles qui reviennent de la picorée, ce sont les soins du colombier, du jardin, de la laiterie. Et, dans tous ces tableaux, il ne craint pas de marquer les circonstances les plus menues, les plus insignifiantes si l'on veut, mais par lesquelles chacun a son caractère distinctif, son caractère vraiment réel.

1. Un grand nombre des sujets que Rousseau proposa pour l'illustration de *la Nouvelle Héloïse* sont empruntés à la vie agreste ou domestique.

Quand, au lieu de la vie rustique, Rousseau peint des paysages, sans doute, moins artiste que poète, il ne les peint pas tant pour eux-mêmes que pour les émotions dont le spectacle de la nature affecta toujours sa sensibilité. Cependant les traits en sont exacts. Rien chez lui de vague ou de flottant. Il veut, comme le remarque Sainte-Beuve, « que la scène dont il se souvient ou qu'il invente, que le personnage qu'il introduit, s'encadre et se meuve dans un lieu bien déterminé, dont les détails se puissent graver et retenir[1] ». Il indique très nettement les contours des objets et leurs reliefs; il applique la couleur sur un dessin très « poussé ». On a souvent dit que Rousseau nous inocula le sentiment de la nature; on peut dire avec Sainte-Beuve qu'il nous inocula aussi « le sentiment de la réalité[2] ».

Beaucoup de ses descriptions se bornent aux caractères généraux; ce sont celles qu'il imagine, celles qu'il dispose pour l'effet. Toutes les fois qu'il représente des choses vues et qu'aucune préoccupation de grand style ne gêne son naturel, il indique jusqu'aux moindres détails. Et ce goût du particulier s'accusa chez lui toujours davantage. Lisons par exemple la *Cinquième Promenade* des *Rêveries d'un Promeneur solitaire* : nous y voyons comment il conçut, pendant sa retraite dans l'île de Saint-Pierre, le projet d'une *Flora peninsularis* à laquelle il voulait consacrer « le reste de ses jours ». « J'aurais fait un livre, dit-il, sur chaque gramen des prés, sur chaque mousse des bois, sur chaque lichen

---

1. *Lundis*, t. III, p. 91.
2. *Ibid., ibid.*

qui tapisse les rochers. » Et, nous racontant ses
excursions matinales, il décrit les plus humbles
plantes, brunelles aux longues cornes ou balsamines
dont la capsule éclate entre les doigts. Après
avoir contemplé la nature comme « un beau système » ; il en vient à l'observer « par parties »
sans s'y confondre, et, suivant son expression, à
en « détailler le spectacle. »

Pourtant la description de Rousseau, si précise
soit-elle, reste ordinairement assez large ; et, du
reste, il use souvent, encore classique par là, des
épithètes sentimentales, qui ne montrent rien, des
épithètes générales, qui conviennent à tous les
objets analogues. Bernardin de Saint-Pierre, son
disciple, serre la nature de plus près. Il se plaignait
que les délicatesses de notre langue littéraire ne per-
missent pas de rendre fidèlement les choses, et lui-
même l'enrichit d'un grand nombre de termes qu'il
prenait jusque dans les dictionnaires techniques.
« Essayez, remarquait-il, de faire la description
d'une montagne de manière à la faire reconnaître ;
quand vous aurez parlé de la base, des flancs et des
sommets, vous aurez tout dit... Que de variétés en
ces formes bombées, arrondies, aplanies, car-
rées! etc. Vous ne trouvez que des périphrases[1]. »
Le vocabulaire classique avait pu suffire à des
écrivains qui se contentaient de noter les traits
principaux, qui décrivaient *la* montagne et non pas
telle ou telle montagne ; mais Bernardin de Saint-
Pierre renouvela, même après Rousseau, le genre
descriptif, en y appliquant une observation minu-

1. *Voyage à l'Ile de France.*

tieuse. Il exprime les différentes formes des nuages et les divers chants des oiseaux, il distingue les nuances les plus fines, le blanc de la marguerite qui rappelle « celui de la cornette d'une bergère », le blanc de l'hyacinthe « qui tient de l'ivoire », le blanc du lis « demi-transparent et cristallin » comme « de la pâte de porcelaine ». Aucun écrivain jusqu'alors ne s'était préoccupé à ce point de rendre chaque objet par ses caractères propres.

Avec Chateaubriand, la description redevient ample; Bernardin disait : « Je n'ai qu'un pinceau, M. de Chateaubriand a une brosse. » D'ailleurs ses tableaux, surtout ceux que nous étalent si complaisamment *le Génie du Christianisme* et *les Martyrs*, trahissent le souci de l'effet, une rhétorique spécieuse et fallacieuse. Et il ajoute ou retranche sans aucun scrupule. Il écrit à son ami Joubert : « Un petit bout du croissant de la lune était dans le ciel tout justement pour m'empêcher de mentir; car je sens que, si la lune n'avait pas été réellement là, je l'aurais toujours mise dans ma lettre ». Comment traitera-t-il donc ses paysages de style? Il les apprête et les concerte à sa guise. Peu lui importent les inexactitudes; il ne se soucie que de la beauté, d'une beauté souvent factice[1]. Enfin il mêle souvent à ses descrip-

---

1. « Les critiques qu'on a faites des premières pages d'*Atala* quant au peu de fidélité du dessin et des couleurs nous démontrent que l'auteur n'a pas cherché l'exactitude pittoresque réelle; qu'après une vue générale et rapide, il a remanié d'autorité ses souvenirs et disposé à son gré les riches images, réfléchies moins encore dans sa mémoire que dans son imagination; qu'il ne s'est pas fait faute de transporter à un fleuve ce qui est vrai d'un autre, de dire du Meschacébé ce qui serait plus juste de l'Ohio, d'inventer en un mot, de combiner, d'agrandir » (Sainte-

tions je ne sais quel symbolisme moral. Ce n'est plus alors la peinture des choses elles-mêmes; il ne les décrit pas telles quelles, il arrange et dispose sa scène, il la « truque » selon l'idée ou le sentiment dont il veut qu'elle soit comme la figuration.

On rencontre pourtant chez lui bien des tableaux où la nature est fidèlement exprimée, et jusque dans le détail, sans procédés conventionnels, sans rien de postiche, sans aucune intention symbolique. *Le Génie du Christianisme* et *les Martyrs* en renferment eux-mêmes d'une justesse originale et significative. Parmi les procédés et les lieux communs de la description consacrée, maints traits décèlent, outre l'artiste, un observateur attentif. Relisons notamment la tempête du dix-neuvième chant des *Martyrs*. Les contemporains y goûtèrent surtout ce qu'elle a trop souvent de pompeux et de banal; mais certaines parties en sont admirables pour leur expressif réalisme. « L'azur du ciel, traversé de bandes verdâtres, semble se décomposer dans une lumière louche et troublée; des sillons plombés s'étendent sans fin dans une mer pesante et morne. » Et, un peu plus loin : « Le soleil, descendant derrière les nuages, les perce d'un rayon livide, et découvre des profondeurs menaçantes. » Cette tempête n'est plus la tempête *classique*, toujours la même et comme stéréotypée; Chateaubriand, qui la vit de ses yeux, en retrouve et sait en rendre la sensation directe. Du reste, c'est surtout dans l'*Itinéraire de Paris à Jérusalem* qu'il se montre un grand peintre; désintéressé le plus souvent de préoccupations étrangères,

Beuve, *Chateaubriand et son groupe littéraire*, t. I, VII⁰ leçon, p. 207).

il ne veut qu'y reproduire la nature, et il l'y reproduit, sous ses diverses formes, avec ce que chacune présente de particulier et de caractéristique. Le romantisme apprit à son école l'art de peindre. Et son influence ne s'exerça pas seulement sur les romantiques de la première génération ; les parnassiens aussi la subirent, fût-ce par l'intermédiaire de Victor Hugo.

Si, comparés aux parnassiens, les romantiques n'ont pas autant de précision et de curiosité, il suffirait de les comparer aux pseudo-classiques et aux classiques eux-mêmes pour se rendre compte que le réalisme pittoresque date chez nous du romantisme.

A vrai dire, quelques-uns d'entre eux, notamment Alfred de Vigny, évoquent le monde extérieur plutôt qu'il ne le peignent. Foncièrement idéaliste, Vigny est peu touché des apparences sensibles. On pourrait citer de lui maints passages où il décrit les objets, et souvent des objets minuscules, en y appliquant un soin très délicat. Mais les tableaux de ce genre figurent dans ses premiers recueils ; il n'avait pas encore pris conscience de son génie original, il imitait André Chénier[1]. Le véritable Alfred de Vigny répugnerait à lutter de couleur avec la peinture par le prestige des mots. Il n'est point un peintre ; il est surtout un contemplateur. Nous savons comment, romancier, il traite l'histoire : voulant donner aux faits une signification

---

1. Cf. *le Bain* (fragment d'un poème de *Suzanne*), *le Bain d'une dame romaine*, *la Dryade*, etc.

morale, il les altère afin de les « perfectionner ».
Poète, il traite la nature de la même façon ; il ne la
rend pas, il exprime « l'âme des choses », — en
d'autres termes, sa propre âme ; et c'est pourquoi
les symbolistes, voilà quinze ou vingt ans, reconnurent en lui leur premier maître. Sa poésie est
beaucoup moins pittoresque que subjective. Vigny
répudiait le pittoresque comme trop matériel, et sa
Muse, lui-même le dit, n'a pas de corps[2].

Devons-nous excepter aussi Lamartine ? Certes,
on ne saurait le qualifier de réaliste. Ses paysages
sont encore des effusions lyriques. « La poésie,
déclare-t-il, chante bien, mais elle décrit mal. Le
moindre coup de crayon d'un dessinateur ou d'un
peintre vaut pour les yeux tout Homère, tout Virgile, tout Théocrite[3] ». Admirable interprète des
émotions que fait naître en lui le spectacle de la
nature, il nous la montre d'ordinaire sans netteté,
il la spiritualise au lieu d'en fixer la forme visible.
Et cependant, même chez Lamartine, quelle différence avec les pseudo-classiques ! Dans les *Méditations*, il y a déjà bien des traits précis : il y a dans
Jocelyn des figures et des scènes d'un caractère
franchement réaliste. Se souvient-on du prêtre que
l'abbé Delille prend pour héros d'un de ses poèmes
les plus connus ?

> Là vit l'homme de Dieu dont le saint ministère
> Du peuple réuni présente au ciel les vœux,
> Ouvre sur le hameau tous les trésors des cieux, etc.

1. Préface de *Cinq-Mars*.
2. « O ma muse, tu n'as pas de corps, tu es une âme » (*Journal
d'un Poète*).
3. *Harmonies* ; commentaire de l'*Harmonie X*, livre 1.

Cet homme de Dieu n'a rien que d'insignifiant et de
« poncif ». Mais la physionomie de Jocelyn, les mille
détails de son existence, son habitation, ses entours,
sont exprimés avec une vérité particulière et sensible. Dès le prologue, nous nous sentons dans un
milieu réel, reproduit d'après nature, et la première
« époque » renferme quelques scènes que l'on a pu
justement comparer aux toiles des petits maîtres
hollandais. Telle est la description du début. Reli-
sons-en par exemple le morceau suivant :

> Les filles du village, à ce refrain joyeux,
> Entr'ouvraient leur fenêtre en se frottant les yeux,
> Se saluaient de loin du sourire et du geste,
> Et, sur les hauts balcons penchant leur front modeste,
> Peignaient leurs longs cheveux qui pendaient au dehors
> Comme les écheveaux dont on lisse les bords.
> Puis elles descendaient, nu-pieds, demi-vêtues
> De ces plis transparents qui collent aux statues,
> Et cueillaient sur la haie ou dans l'étroit jardin
> L'œillet et le lilas tout baignés du matin ;
> Et les gouttes des fleurs, sur leur sein découlées,
> Y roulaient comme autant de perles défilées.

Dans les autres « époques » se rencontrent çà et
là des tableaux familiers, des épisodes de la vie
domestique ou rurale, qui ne sont pas moins
empreints de réalité. Voici comment le poète nous
peint la cour attenant au presbytère de Jocelyn :

> Une cour le précède, enclose d'une haie
> Que ferme sans serrure une porte de claie.
> Des poules, des pigeons, deux chèvres et mon chien,
> Portier d'un seuil ouvert et qui n'y garde rien,
> Qui jamais ne repousse et qui jamais n'aboie,
> Mais qui flaire le pauvre et l'accueille avec joie,
> Des passereaux montant et descendant du toit,
> L'hirondelle rasant l'auge où le cygne boit,
> Tous ces hôtes, amis du seuil qui les rassemble,
> Famille de l'ermite, y sont en paix ensemble ;
> Les uns, couchés à l'ombre en un coin du gazon,
> D'autres se réchauffant contre un mur au rayon ;

Ceux-ci, léchant le sel le long de la muraille,
Et ceux-là, becquetant ailleurs l'herbe ou la paille ;
Trois ruches au midi sous leurs tuiles ; et puis,
Dans l'angle, sous un arbre, au Nord, un large puits
Dont la chaîne rouillée a poli la margelle
Et qu'une vigne étreint de sa verte dentelle [1].

Et voici encore quelques vers, tirés du morceau sur le labourage :

La terre qui se fend sous le soc qu'elle aiguise
En tronçons palpitants s'amoncelle et se brise...
Ses reptiles, ses vers, par le soc déterrés,
Se tordent sur son sein, en tronçons torturés.
L'homme les foule aux pieds, et, secouant le manche,
Enfonce plus avant le glaive qui les tranche.
Le timon plonge et tremble, et déchire les doigts.
La femme parle aux bœufs du geste et de la voix ;
Les animaux, courbés sur leur jarret qui plie,
Pèsent de tout leur front sur le joug qui les lie ;
Comme un cœur généreux, leurs flancs battent d'ardeur ;
Ils font bondir le sol jusqu'en sa profondeur.
L'homme presse ses pas, la femme suit à peine ;
Tous au bout du sillon arrivent hors d'haleine.
Ils s'arrêtent ; le bœuf rumine ; et les enfants
Chassent avec la main les mouches de leurs flancs [2].

Sans doute les scènes de ce genre contiennent plus d'un trait qui décèle l'idéalisme de Lamartine [3]; mais son idéalisme instinctif ne l'empêche pas d'y reproduire maints détails familiers et caractéristiques.

Chez Alfred de Musset le monde extérieur n'eut jamais une grande place. Pourtant les *Contes d'Espagne et d'Italie* renferment certains tableaux d'un réalisme ingénu et vigoureux. Sans parler des clas-

---

1. *Sixième Époque.*
2. *Neuvième Époque.*
3. Par exemple, dans le second des passages cités, le cygne buvant dans l'auge ne peut guère être... qu'une oie.

siques contemporains qu'y choqua la « bassesse »
de l'expression, Sainte-Beuve lui-même y relève
quelques trivialités[1]. Tel que nous le montre ce
recueil, le jeune poète est, de tous les romantiques,
le plus naturellement et le plus hardiment réaliste.
Rien encore chez ses aînés ne pouvait se comparer
pour la forte précision de la touche à telles scènes
de *Don Paez*, à la description du corps de garde, ou
bien encore à celle de la maison borgne où le jeune
homme va trouver Bélisa. Elles nous rappellent ce
Regnier dont il célébra le mâle génie —,

Otez votre chapeau, c'est Mathurin Regnier[2] —,

et qu'il pratiquait alors comme d'autres romantiques avaient pratiqué Ronsard. Si, brusquement
saisi par la passion, Alfred de Musset ne fera bientôt
qu'en crier les ardeurs et les souffrances, il lui
arrive cependant de revenir çà et là, dans bien des
pièces, à cette première veine; et jusque dans ses
chants d'amour, on trouve quelquefois de courts
passages où se marque le don inné de rendre les
choses avec une exactitude significative.

Ce qui distingua d'abord Sainte-Beuve entre les
romantiques, c'est qu'il exprimait « des détails pittoresques jusqu'alors trop dédaignés[3] ». Joseph
Delorme avait pour toute distraction ses promenades, à la nuit tombante, sur le boulevard extérieur près duquel il demeurait. « Longs murs noirs,
haies mal closes laissant voir, par des trouées,
l'ignoble verdure des jardins potagers, tristes allées

1. *Portraits contemporains*, t. II, p. 186.
2. *Sur la Paresse.*
3. *Vie de Joseph Delorme.*

monotones, ormes gris de poussière, et, au-dessous, quelque vieille accroupie au bord d'un fossé,
quelque invalide attardé regagnant d'un pied chan-
celant la caserne, parfois, de l'autre côté du chemin, les éclats joyeux d'une noce d'artisans », voilà
ce qu'il avait sous les yeux et ce qu'il retraçait; et il
demande qu'on lui pardonne « la vérité un peu crue
de certains tableaux[1] ». Si bientôt il élargit son
cadre, c'est pour « mener à fin le même procédé »;
il « ne cesse pas d'agir sur le fond de la réalité la
plus vulgaire[2] ». Quarante ans après, lorsque la
réaction naturaliste se marquera jusque dans la
poésie, des poètes que l'on oppose aux romantiques
reprendront le « procédé » de Sainte-Beuve. A
Joseph Delorme se rattachent les *Promenades et
Intérieurs* de François Coppée; et, là comme
ailleurs, le romantisme avait préparé, avait devancé
le réalisme.

En un certain sens, Théophile Gautier est moins
réaliste que Sainte-Beuve. Il éloigne de sa vue les
choses vulgaires ou ternes : il ne veut rendre que la
beauté de la nature ou de la vie. Mais, plus réaliste
en un autre sens, ce qui caractérise ses descriptions,
c'est un art exclusivement pittoresque. Lui-même
s'appelait « le peintre de la bande romantique ».
« Toute ma valeur, déclarait-il, est que je suis un
homme pour qui le monde extérieur existe »; et il
comparait son cerveau à une chambre noire. Il
disait encore : « Je n'ai fait que bien regarder la
nature, la dessiner, la peindre comme je l'ai vue ».

1. *Vie de Joseph Delorme.*
2. Préface des *Consolations.*

Le sensitif que trahissent chez lui maintes pièces de sa jeunesse, sera de plus en plus évincé par le pur artiste ; dans *Émaux et Camées*, il ne veut que noter exactement les contours et les couleurs.

A l'égard de Victor Hugo, nul ne conteste son étonnante faculté de voir et d'exprimer les formes sensibles. Dès qu'il se fut dégagé des influences pseudo-classiques, les *Orientales* la révélèrent avec un éclat nonpareil.

Certains critiques lui reprochent d'y peindre des pays où il n'est pas allé, et, partant de là, comparent à la fantaisie de son art l'exactitude de l'art réaliste. Ainsi, sans parler des historiens, on devrait, pour être un romancier réaliste, représenter seulement des faits dont soi-même on a été témoin, des personnages qu'on a soi-même connus. Mais qui voudra cependant le prétendre ? Qui voudra soutenir que Mérimée par exemple n'est pas réaliste dans sa *Chronique de Charles IX*, que Balzac ne l'est pas dans les romans où il met en scène des hommes de la Révolution et du premier Empire ? Gustave Flaubert l'est dans *Madame Bovary* ; cesse-t-il de l'être, dans *Salammbô*, en reconstituant la Carthage d'Hamilcar ? Ce qui fait un écrivain réaliste, ce sont avant tout ses procédés artistiques. Si Victor Hugo, quand il écrivait les *Orientales*, allait souvent se promener dans les environs de Paris au coucher du soleil, et si les couleurs hébraïques, espagnoles, grecques ou turques, venaient d'elles-mêmes, « empreindre toutes ses pensées [1] » la plupart des pièces qui composent ce recueil n'ont pour-

---

1. Préface des *Orientales*.

tant pas été faites d'après nature. Mais peu importe.
Sans avoir vu les pays qu'il retrace, il sait nous en
rendre les aspects avec une netteté de dessin et une
vivacité de coloris qu'aucun parnassien ne surpassa.

Du reste, plus il prend conscience de ses apti-
tudes propres, plus il exprime directement la sensation des choses ; et, depuis les *Orientales* jusqu'aux
Contemplations, son réalisme gagne toujours
davantage en vérité sincère et sentie. Les *Orientales*
ont souvent, reconnaissons-le, quelque chose d'artificiel ; bien des paysages y laissent paraître la rhétorique d'un virtuose. Dans les recueils postérieurs,
le poète représente la nature telle que ses yeux la
perçoivent, sans aucun placage, sans rien de factice.
On n'attend pas sans doute que nous donnions ici
des exemples ; citons seulement quelques vers au
hasard du souvenir.

> Soit que juin ait verdi mon seuil ou que décembre
> Fasse autour d'un grand feu vacillant dans la chambre
>   Les chaises se toucher [1].

> Les dragons chevelus, les grenadiers épiques,
> Et les rouges lanciers fourmillant dans les piques
> Comme des fleurs de pourpre en l'épaisseur des blés [2].

> Devant la blanche ferme. . . . . - .
> Où cent poules gaîment mêlent leurs crêtes rouges [3].

> Les moutons hors de l'ombre, à travers les bourrées,
> Font bondir au soleil leurs toisons éclairées [4].

> Par moments apparaît, au sommet des collines,
> Livrant ses crins épars au vent âpre et joyeux,
> Un cheval effaré qui hennit dans les cieux [5].

1. *Feuilles d'automne*, XIX.
2. *Chant du crépuscule, Napoléon II.*
3. *Les Voix intérieures, la Vache.*
4. *Les Châtiments, Aube.*
5. *Ibid., Éblouissements.*

Relevée en tombant, sa chemise d'acier
Laisse nu son poitrail de prince carnassier,
Cadavre au ventre horrible, aux hideuses mamelles ;
Et l'on voit le dessous de ses noires semelles [1].

L'eau miroitait, mêlée à l'herbe, dans l'ornière [2].

. . . . Quelque humble vaisselle
Aux planches d'un bahut vaguement étincelle [3].

Il sent s'ouvrir sous lui l'ombre et l'abîme, et songe
Au vieil anneau de fer du quai plein de soleil [4].

Après l'exil, Victor Hugo mit son imagination en liberté. Aussi l'a-t-on souvent taxé de visionnaire. Et cependant, même lorsqu'il agrandit ou grossit les objets, il ne les déforme point ; il ne fait qu'en exagérer le relief. Les tableaux les plus amplifiés de ses dernières œuvres gardent l'empreinte et donnent l'impression de la réalité sensible [5]. Instinctive-

---

1. *Légende des siècles, le Petit roi de Galice.*
2. *Ibid., le Crapaud,*
3. *Ibid., les Pauvres gens.*
4. *Ibid., ibid.*
5. Lisons entre autres, dans *la Fin de Satan,* les épisodes qui s'intitulent *Hors de la Terre*; nous y trouvons des exemples presque à chaque page :

> Les ténèbres sans bruit croissaient dans le néant.
> L'opaque obscurité fermait le ciel béant,
> Et faisait, au delà du dernier promontoire,
> Une triple fêlure à cette vitre noire.
> Les trois soleils mêlaient leurs trois rayonnements.
> Après quelques combats dans les hauts firmaments,
> D'un char de feu brisé l'on eût dit les trois roues.
> Les monts hors du brouillard sortaient comme des proues.
>> (*Hors de la Terre,* I.)
> L'astre, au fond du brouillard, sans air qui le ranime,
> Se refroidissait, morne et lentement détruit.
> On voyait sa rondeur sinistre dans la nuit ;
> Et l'on voyait décroître, en ce silence sombre,
> Les ulcères de feu sous une lèpre d'ombre.
> Charbon d'un monde éteint ! flambeau soufflé par Dieu !
> Les crevasses montraient encore un peu de feu,
> Comme si par les trous du crâne on eût vu l'âme.
> Au centre palpitait et rampait une flamme

ment réaliste, il l'est jusque dans la manière dont il rend les idées abstraites; car l'idée, chez lui, naît en général sous la forme d'une image.

Quelque place que les lyriques du romantisme donnent au monde extérieur, ils expriment surtout le moi et ses passions. Et l'on peut sans doute leur opposer les poètes qui, l'exaltation romantique une fois tombée, se replieront sur eux-mêmes pour analyser leur âme avec une curiosité réfléchie et sagace. Mais n'ont-ils fait que pousser des cris? Ont-ils seulement chanté leurs joies ou lamenté leurs peines?

A vrai dire, nous ne trouvons chez la plupart d'entre eux rien qui se puisse qualifier de « psychologique ».

Dans les pièces de ses premiers recueils où il

> Qui par instants léchait les bords extérieurs,
> Et de chaque cratère il sortait des lueurs
> Qui frissonnaient ainsi que de flamboyants glaives
> Et s'évanouissaient sans bruit comme des rêves.
>
> > *(Hors de la Terre,* I.)
>
> La géhenne s'ouvrit comme un œil chassieux.
> Tout le plafond, pendant en haillons formidables
> S'éclaira. L'on put voir le fond de l'insondable
> Et les recoins confus du grand cachot souillé;
> L'abîme frissonna comme un voleur fouillé.
> On distinguait les bords des précipices traîtres;
> Les brouillards qui flottaient prirent des formes d'êtres
> Monstrueux, qui semblaient ramper et vivre là;
> La menace qu'on sent dans les lieux noirs sembla
> Plus fauve, et le visage irrité des décombres,
> Le blanchissement vague et difforme des ombres,
> Se hérissaient, montrant des aspects foudroyés;
> Tous les renversements en arrière, effrayés,
> Se dressaient; les granits remuaient sous la nue;
> L'obscurité lugubre apparut toute nue;
> On eût dit qu'elle ôtait l'ombre qui la revêt,
> Que le masque hideux de l'enfer se levait
> Et qu'on voyait la face effroyable du vide.
>
> > *(Ibid.,* III)

n'est pas exclusivement un peintre, Théophile Gautier n'est qu'un élégiaque. Alfred de Musset, dans *Lorenzaccio*, dans *On ne badine pas avec l'amour*, dans *les Caprices de Marianne*, a montré les plus délicates qualités de l'analyste ; mais, poète lyrique, il clame son amour, et, « lorsque sa main écrit, c'est son cœur qui se fond [1] ». Mal faite pour décrire les aspects de la nature, la poésie, telle que Lamartine la conçoit, n'est pas moins impropre à l'étude morale. Elle consiste en un chant tout spontané, presque involontaire :

> Je chantais, mes amis, comme l'homme respire,
> Comme l'oiseau gémit, comme le vent soupire,
> Comme l'eau murmure en coulant [2].

On connaît le vers de Sainte-Beuve :

> Lamartine, ignorant, qui ne sait que son âme [3];

Non, Lamartine ne sait même pas son âme; il l'épanche sans la savoir. A l'égard de Vigny, le symbolisme d'où ses plus belles pièces empruntent leur valeur et leur portée philosophiques exclut l'analyse du moi. Foncièrement « égotiste », quoi qu'on en dise, et toujours préoccupé de lui, il ne laisse pourtant pas voir ce que sa sensibilité a de proprement individuel, — ni dans *Moïse*, quand il montre le génie maudissant une grandeur qui l'isole des autres hommes, ni dans *le Mont des oliviers*, quand il répond par un froid silence au silence de Dieu, ni dans *la Colère de Samson*, quand il lance l'anathème sur la femme. Il est beaucoup moins un

---

1. *Namouna*, II, IV.
2. *Secondes Méditations, le Poète mourant.*
3. *Pensées d'août, A M. Villemain.*

psychologue qu'un philosophe, et, suivant sa
propre expression, qu' « une sorte de moraliste
épique[1] ».

Cependant les réalistes qui, dans la seconde
moitié du XIXᵉ siècle, feront ce qu'on appelle de la
poésie psychologique, relèvent sans nul doute du
romantisme ; ils se rattachent à Sainte-Beuve ou à
Victor Hugo.

Observant la nature de près, Sainte-Beuve fut un
observateur non moins attentif de l'âme humaine,
et c'est par là aussi qu'il définissait son originalité
propre[2]. Il exprima avec une fine exactitude ce que
l'âme peut recéler de plus secret et de plus subtil.
Pourquoi ses personnages, les Marèze, les Monsieur
Jean, les Doudun, ont-ils des figures peu vivantes ?
Il se borne à noter les divers états de leur moi. L'élan
lui manque, et le souffle, et l'essor ; mais il porte
dans la poésie toutes les qualités de précision, de
délicatesse et de tact grâce auxquelles il renouvel-
lera la critique : ses meilleures pièces sont des
études, ou, comme il le dit, des élégies d'analyse ;
et, si le nom de psychologue peut convenir à un
poète, aucun autre ne le mérite mieux que lui.

Dans Victor Hugo les *Orientales* nous montrent
le peintre du monde extérieur, et ses recueils
d'après l'exil nous montreront l'hiérophante et le

1. *Journal d'un poète.*
2. « André Chénier nous révèle son âme dans ses dispositions
les plus délicates, mais sans tomber dans la psychologie...
Après André Chénier, il y a encore de quoi moissonner pour
tous les talents... Et moi aussi, je me suis essayé dans ce genre
de poème, et j'ai tâché, après mes devanciers, d'être original
à ma manière, humblement et bourgeoisement, observant la
nature et l'âme de près » (*Joseph Delorme, Pensées*).

mage. Mais les *Feuilles d'automne* surtout et *les Voix intérieures*, et aussi *les Chants du crépuscule*, *les Rayons et les Ombres*, voire les *Contemplations*, renferment un grand nombre de pièces qui révèlent les intimes profondeurs de sa conscience. Lamartine exhalait aussitôt toute impression faite sur sa sensibilité prompte à mettre en branle; Victor Hugo se recueille avant de chanter et descend en lui-même. *La Tristesse d'Olympio* par exemple n'est point, ainsi que *le Lac*, une élégie, une romance, la plus exquise des romances et la plus adorable; ce qui prête à ce poème sa supérieure beauté, ce n'est pas je ne sais quelle mélancolie douce et tendre, c'est ce que nous y sentons d'intense et de concentré, de longuement mûri dans le sanctuaire de l'âme, c'est une gravité fervente, une émotion pathétique à la fois et méditative.

Il faut pourtant convenir que la poésie romantique se traduit d'ordinaire par des effusions sentimentales. Mais en cela justement consiste le caractère du lyrisme.

Objectera-t-on le lyrisme classique, celui de Malherbe ou de Jean-Baptiste Rousseau? Les odes de Rousseau et de Malherbe se rapportent beaucoup moins au genre proprement lyrique qu'au genre oratoire. Et, quant aux poètes qui, dans la seconde moitié du précédent siècle, ont dérobé leur moi pour exprimer, comme Leconte de Lisle, l'âme de l'humanité, ils font, à vrai dire, œuvre épique ou descriptive. Leconte de Lisle, impatient de sa discipline, poussa quelquefois un cri d'angoisse ou d'épouvante; alors seulement, on peut l'appeler un poète lyrique. Des pièces telles que *la Légende des*

Nornes et *le Massacre de Mona* sont de petites épopées. Les cinq premières strophes de *Midi* décrivent un paysage :

> Midi, roi des étés, épandu sur la plaine,
> Tombe en nappes d'argent des hauteurs du ciel bleu...

Il n'y a là rien qui relève du lyrisme; il n'y a de lyrique da..s *Midi* que les trois dernières strophes, où le poète exprime son horreur de vivre, ses aspirations vers le néant.

> Homme, si, le cœur plein de joie ou d'amertume,
> Tu passais vers midi dans les champs radieux,
> Fuis! la nature est vide et le soleil consume;
> Rien n'est vivant ici, rien n'est triste ou joyeux.
>
> Mais, si, désabusé des larmes ou du rire,
> Attéré de l'oubli de ce monde agité,
> Tu veux, ne sachant plus pardonner ou maudire,
> Goûter une suprême et morne volupté,
>
> Viens! le soleil te parle en paroles sublimes;
> Dans sa flamme implacable absorbe-toi sans fin;
> Et retourne à pas lents vers les cités infimes,
> Le cœur trempé sept fois dans le néant divin [1].

Et de même, *la Ravine Saint-Gilles* relève presque tout entière du genre descriptif; elle ne devient lyrique qu'avec la seizième strophe, lorsque, parlant en son propre nom, Leconte de Lisle nous invite à faire de notre cœur

> Un gouffre inviolé de silence et d'oubli [2].

Mais le lyrisme des romantiques, ce lyrisme essentiellement subjectif, ne semble-t-il pas incompatible avec le réalisme?

1. *Poèmes antiques.*
2. *Poèmes barbares.*

Quand les romantiques peignent la nature, leur subjectivité, dit-on, les rend inhabiles à en reproduire une juste image. Nous pourrions répondre que la déformation même de la nature est quelque chose de naturel, tout comme les sentiments sous l'influence desquels l'artiste la déforme. La joie, la tristesse, l'enthousiasme, le désespoir, ne le sont-ils point? Et pourquoi l'image des objets cesserait-elle de l'être lorsque l'artiste les a rendus sous l'influence de ces sentiments? Ce qui nous apparaît, c'est le reflet de notre âme. Dira-t-on que les passions violentes dont s'exalte le lyrisme ne représentent pas l'état normal de l'âme humaine? On devrait, en vertu du même principe, défendre à l'art naturaliste de décrire ce que la nature nous offre de plus ou moins anormal. Or y a-t-il aucun théoricien du naturalisme qui voulût interdire la description d'une tempête ou d'un tremblement de terre?

Au reste, les romantiques, quelque idée qu'on se fasse d'eux, ne sont pourtant pas toujours dans un état d'égarement. Leur précision pittoresque renouvela, fond et forme, notre poésie : c'est apparemment que le moi, même le moi romantique, n'exclut pas le sens de la réalité.

On oppose le théâtre au lyrisme comme genre réaliste en tant qu'impersonnel. Prenons tel couplet amoureux d'une tragédie : quelle différence y aurait-il, si le poète exprimait ses propres sentiments? Et l'on ne peut pas dire, que, comparées avec les passions dont la tragédie se fait l'interprète, celles de l'âme romantique soient plus violentes. Hermione, à certains moments, perd conscience de soi :

> Où suis-je? qu'ai-je fait? que dois-je faire encore [1]?

Se croyant poursuivi par les Furies vengeresses, Oreste, sur leurs têtes, entend siffler les vipères; il voit autour de lui couler à flots le sang :

> Pour qui sont ces serpents qui sifflent sur leurs têtes?...
> Dieux! quels ruisseaux de sang coulent autour de moi [2]!

Phèdre, dans son délire, s'écrie :

> . . . . . Insensée, où suis-je et qu'ai-je dit?
> Où laissé-je égarer mes vœux et mon esprit [3]?

Pourquoi Racine, en peignant de telles passions, devrait-il être considéré comme plus réaliste que s'il traduisait les troubles de son cœur?

Au XVII° siècle, on jugeait le moi haïssable. Bossuet taxe d'hérésie « celui qui a une opinion »; dans la vie sociale, celui qui paraissait différent de « tout le monde » était une sorte d'hérétique. Encore aujourd'hui nous disons d'un maniaque : « Quel original! » Mais, sous l'ancien régime, le mot d'*original* s'employait presque toujours en ce sens, et l'on nommait originalité ce que nous nommons bizarrerie ou extravagance [4]. « Un homme d'esprit me racontait, lit-on chez Mme de Staël, qu'un soir de bal masqué il passa devant une glace, et que, ne sachant comment se distinguer lui-même

---

1. *Andromaque*, acte V, scène I.
2. *Ibid.*, *ibid.*, scène V.
3. *Phèdre*, acte I, scène III.
4. Cf. par exemple cette phrase de *Gil Blas* : « Il me regarda longtemps avec surprise : puis il se mit à rire de toute sa force en se tenant les côtes. Ce n'était pas sans raison : j'avais un manteau qui traînait à terre, avec un pourpoint et un haut de chausses quatre fois plus longs et plus larges qu'il ne fallait. Je pouvais passer pour une figure originale et grotesque » (livre II, chap. III).

de tous ceux qui portaient un domino pareil au sien, il se fit un signe de tête afin de se reconnaître ; on peut en dire autant de la parure que l'esprit revêt dans le monde ; on se confond avec les autres, tant le véritable caractère de chacun se montre peu [1] ». Le XVIIe siècle a pour idéal cet « honnête homme » qui doit effacer son individualité propre, qui, lui-même, ne reconnaît pas ses traits. A l'individu réel l'honnête homme substitue un type factice, un personnage d'emprunt modelé sur *les autres*, et dont la règle est de ne penser, de ne sentir que d'après eux.

Les écrivains classiques, suivant le mot de Pascal, couvrent leur moi [2]. Ils ont souffert, ils ont aimé comme les lyriques du romantisme. Ils ont éprouvé sans doute d'aussi fortes émotions. Parce qu'ils les cachent, parce qu'ils ne nous en disent rien, sont-ils donc plus réalistes ?

Quelques-uns, à vrai dire, expriment ce moi haïssable : Pascal tout le premier dans les *Pensées*, et encore La Fontaine, que Sainte-Beuve appelle le seul poète personnel du temps [3]. Mais, si Pascal eût achevé et publié son livre, il en aurait sans doute retranché ou modifié bien des pages, celles-là justement où se trahissent les secrets de sa conscience ; et, quant à La Fontaine, ce n'est peut-être pas assez de cinq ou six fables et de quelques épîtres dans lesquelles il confesse son humeur volage ou son goût de la solitude pour en faire un poète personnel.

1. *L'Allemagne*, première partie, chap. x.
2. *Pensées*, édit. Havet, VI, § 20.
3. « La Fontaine est notre seul grand poète personnel avant André Chénier », *Portraits littéraires*, t. I, p. 59.

D'autres écrivains du XVIIe siècle laissent plus ou moins deviner leur moi.

On peut citer notamment La Bruyère. Nous ne le reconnaissons pas seulement sous les traits de ce philosophe toujours prêt à interrompre ses méditations quand on vient lui demander conseil[1]. Les *Caractères* décèlent en maints endroits le fond de son âme, son mépris des vaines grandeurs, l'amertume secrète qu'il ressent d'une inique disproportion entre son état et son mérite, et aussi, malgré tant de portraits satiriques et de maximes chagrines, sa tendresse, sa pitié, une sympathie humaine bien rare à cette époque. Mais, lui qui écrivait « par humeur[2] », lui qui « tirait de ses entrailles ce qu'il exprimait sur le papier[3] », il n'en a pas moins dissimulé partout et voilé son moi ; et, quoique les *Caractères* soient très souvent une sorte de journal intime, l'intimité de l'auteur ne s'y montre jamais à découvert.

Chez Racine, nous trouvons toutes les qualités d'un poète lyrique. Corneille, qu'il avait consulté sur l'*Alexandre* avant de le mettre à la scène, jugea son talent mieux fait pour le lyrisme que pour la tragédie. Et sans doute la différence des deux conceptions dramatiques peut nous expliquer en partie ce jugement ; car, bien que le jeune poète, dans *Alexandre*, imitât encore son aîné, cette pièce laisse déjà prévoir un nouveau théâtre, dont *Andromaque*, deux ans après, sera la révélation. Cependant le génie de Racine, — beaucoup moins impropre à la tragédie que ne le pensait Corneille ! — se fût

1. *Caractères*, chap. VI, § 12.
2. *Ibid.*, chap. I, § 17.
3. *Ibid.*, *ibid.*, § 64.

peut-être dans le lyrisme déployé avec autant
d'éclat [1]. Outre les poésies de sa première jeunesse,
que leur facilité un peu molle n'empêche pas
d'avoir souvent un grand charme, les chœurs
d'*Esther* et d'*Athalie* suffisent à en témoigner, et
surtout ces *Cantiques spirituels* [2] où la foi lui
inspire de si beaux accents :

> Mon Dieu! quelle guerre cruelle!
> Je trouve deux hommes en moi :
> L'un veut que, plein d'amour pour toi,
> Mon cœur te soit toujours fidèle,
> L'autre, à tes volontés rebelle,
> Me révolte contre ta loi.
>
> L'un, tout esprit et tout céleste,
> Veut qu'au ciel sans cesse attaché
> Et des biens éternels touché,
> Je compte pour rien tout le reste ;
> Et l'autre, par son poids funeste,
> Me tient vers la terre penché.
>
> Hélas! en guerre avec moi-même,
> Où pourrai-je trouver la paix ?
> Je veux, et n'accomplis jamais ;
> Je veux, mais, ô misère extrême!
> Je ne fais pas le bien que j'aime,
> Et je fais le mal que je hais.
>
> O grâce, ô rayon salutaire,
> Viens me mettre avec moi d'accord ;
> Et, domptant par un doux effort,

---

1. La Fontaine dit de Racine et de lui-même que l'un et
l'autre « penchaient vers le lyrique ». — « Il (Racine) aimait
extrêmement les jardins, les fleurs, les ombrages. Polyphile
(La Fontaine) lui ressemblait en cela, mais on peut dire que
celui-ci aimait toutes choses. Ces passions qui leur remplissaient
le cœur d'une certaine tendresse se répandaient jusqu'en leurs
écrits et en formaient le principal caractère. Ils penchaient
tous deux vers le lyrique, avec cette différence qu'Acante
(Racine) avait quelque chose de plus touchant, Polyphile de
plus fleuri » (*les Amours de Psyché*).

2. Composés pour Saint-Cyr, en 1694.

> Cet homme qui t'est si contraire,
> Fais ton esclave volontaire
> De cet esclave de la mort [1] ?

Racine, au temps du romantisme, eût été sans doute un poète élégiaque. Mais la discipline du XVII° siècle prohibait tout lyrisme vraiment personnel. Il ne chanta ni les ivresses et les violences de l'amour, ni plus tard, les douceurs du foyer domestique, les joies et les deuils de la famille. Il versa des larmes silencieuses et des prières muettes [2]. Ce que son cœur renfermait de tendre et de passionné, il ne le laissa paraître qu'en peignant la tendresse d'Andromaque ou de Monime, la passion d'Hermione, de Roxane ou de Phèdre. On veut que Racine soit réaliste : l'eût-il été moins, encore une fois, s'il avait chanté ses propres émotions?

Un des grands poètes romantiques, Alfred de Vigny, ne traduit les siennes qu'indirectement. « Le mot de la langue le plus difficile à prononcer, dit-il, c'est *moi* [3]. » Quoique ne se déprenant presque jamais de sa personne, il ne la montre point de face, il la transpose au moyen d'un détour épique ou dramatique ; il l'exprime par la bouche de Moïse,

---

1. *Plaintes d'un chrétien sur la contrariété qu'il éprouve au dedans de lui-même.*
2.

> Jean Racine, le grand poète,
> Le poète aimant et pieux,
> Après que sa lyre muette
> Se fût voilée à tous les yeux,
> Renonçant à la gloire humaine,
> S'il sentait en son âme pleine
> Le flot contenu murmurer,
> Ne savait que fondre en prière,
> Pencher l'urne dans la poussière
> Aux pieds du Seigneur, et pleurer.
>
> (Sainte-Beuve, *Consolations*, *les Larmes de Racine*.)

3. *Journal d'un Poète.*

de Samson ou du Christ. Or, certains critiques
peuvent bien voir dans Vigny un précurseur du
naturalisme[1] : il est au contraire, et nous l'avons
déjà dit, le moins réaliste des romantiques. Mais ce
n'est pas seulement pour sa conception tout idéaliste de l'art. C'est encore parce qu'il déguise son
moi ; et il le déguise du reste en vertu même de son
idéalisme, qui lui fait concevoir la poésie comme
essentiellement symbolique.

On oppose le réalisme au romantisme sous prétexte que, d'une part, la représentation des « individus » ne saurait se concilier avec un art réaliste,
et que, de l'autre, le lyrisme romantique représente leurs caractères les plus « singuliers ». Ces
deux assertions sont également insoutenables : la
première se fonde sur une théorie fausse ; mais,
quant à la seconde, l'œuvre de certains poètes déjà
tombés dans l'oubli ne la justifie point, et celle des
grands romantiques la dément.

D'abord, le réalisme, quoi qu'on en dise, a pour
matière propre l'individualité. Se rappelle-t-on les
pages où Guy de Maupassant nous parle de l'éducation que lui donna Gustave Flaubert? « Il me
forçait à exprimer en quelques phrases un être ou
un objet de manière à le particulariser nettement,
à le distinguer de tous les autres êtres ou de tous
les autres objets de même race ou de même espèce.
Quand vous passez, me disait-il, devant un épicier

1. Cf. notamment Brunetière, *Évolution de la Poésie lyrique*,
t. II, IXᵉ leçon, et *Manuel de l'histoire de la Littérature française*,
livre III, ɪɪɪ, p. 470 et suiv.

assis sur sa porte, devant un concierge qui fume sa
pipe, devant une station de fiacres, montrez-moi cet
épicier et ce concierge... de façon à ce que je ne les
confonde avec aucun autre épicier ou aucun autre
concierge, et faites-moi voir d'un seul mot en quoi
un cheval de fiacre ne ressemble pas aux cinquante
autres qui le suivent ou le précèdent [1]. » Telle avait
été la méthode de Gustave Flaubert, et ce fut aussi
celle de Maupassant ; tous les deux résument le
réalisme dans la notation des traits par lesquels se
caractérise chaque personne ou chaque chose.

Rien de plus juste ; et, nous l'avons vu, si les
classiques ne sont pas réalistes, c'est qu'ils font
abstraction de ces traits [2]. Au reste, en ce qui concerne la peinture de la personne humaine, remarquons que le progrès social détermine toujours
entre les hommes ce que les biologistes appellent
des différenciations. La discipline de l'ancien
régime maintenait certaines classes et fixait ainsi
certains types. Sous le régime moderne, chaque
individu, se développant et se manifestant avec une
liberté inconnue des précédents siècles, offre à l'observateur des caractères purement individuels.
Comment donc une littérature réaliste négligerait-
elle de les marquer, de les préciser aussi exactement que possible ?

Sans doute le réalisme ne consiste point dans la
représentation des étrangetés et des anomalies.
Mais les caractères qui distinguent un concierge et
un épicier des autres épiciers et des autres con-

1. Préface de *Pierre et Jean.*
2. Cf. p. 49-56.

cierges ont-ils forcément quelque chose d'étrange
ou d'anomal? Ni Gustave Flaubert ni Guy de Maupassant ne retracent des monstres. Quoique tout
soit dans la nature, on ne saurait pourtant qualifier
les bizarreries de naturelles. Aussi l'écrivain réaliste
n'en fait-il point la matière de son œuvre. Romancier ou auteur de théâtre, il reproduit de préférence
la vie ordinaire et l'homme moyen; poète lyrique, il
exprime des sentiments où nous reconnaissons les
nôtres.

Or, quelle est la nature des sentiments exprimés
par les lyriques du romantisme?

Tout au plus en citerait-on deux, Sainte-Beuve et
Charles Baudelaire, dont le moi puisse sembler
exceptionnel.

« Dire ce que nul n'avait encore dit et ce que nul
autre que nous ne pourrait rendre », voilà, déclare
Sainte-Beuve « l'objet et la fin de tout écrivain
original[1]. » Et l'on ne saurait nier que ses recueils
poétiques ne dénotent une sensibilité particulièrement raffinée et subtile. Mais reportons-nous au
temps où parurent *Joseph Delorme*, les *Consolations*,
les *Pensées d'août*. Sainte-Beuve n'y fait qu'analyser une forme spéciale de ce qui s'appelait alors
le mal du siècle, et beaucoup de ses contemporains
y retrouvèrent leur propre moi.

Quant à Baudelaire, est-ce bien un romantique?
C'est du moins un romantique de la « décadence »,
d'une décadence où il se complaît et dont il tire
gloire. « Un peu de charlatanisme, disait-il, est
permis au génie ». Dans une note des *Fleurs du
mal*, il nous avertit qu'il a dû, « parfait comédien »,

---

1. *Notes et Pensées*, au t. XI des *Lundis*, p. 512.

affecter « tous les sophismes et toutes les corrup-
tions ». Du reste, comme son masque colle sur sa
peau, on ferait malaisément la différence de ce qu'il
a vraiment senti et de ce qu'il feignait en vue de
mystifier le public ou de se singulariser. Pourquoi
même écrivait-il les *Fleurs du mal*? Le domaine
entier de la poésie était occupé; il voulut con-
struire « par delà les confins du romantisme » un
kiosque bizarre, « la folie-Baudelaire[1] ». Et dès lors
il érigea en principe le dégoût du naturel, du
« sain », il s'ingénia à des simulations artificieuses
et chercha l'originalité dans l'excentricité.

Quelque personnelles que soient leurs œuvres,
tous les autres romantiques, depuis Jean-Jacques
Rousseau et Chateaubriand, y traduisent presque
toujours des sentiments généraux.

Sans doute Rousseau et Chateaubriand se glori-
fient de ne pas ressembler au commun des hommes
Le premier écrit dans le préambule des *Confessions* : « Je ne suis fait comme aucun de ceux que
j'ai vus ; j'ose croire n'être fait comme aucun
de ceux qui existent. » Et le second, dans *les
Natchez* : « C'est toi seul, dit-il, en invoquant l'Être
suprême, qui me créas tel que je suis, et toi seul
me peux comprendre. » Pourtant, ni Chateaubriand ni Rousseau ne sont des êtres aussi excep-
tionnels qu'ils se l'imaginent. On le montrerait
aisément. Mais il y suffit sans doute de la prodigieuse influence que l'un et l'autre ont exercée.

De même, les grands lyriques du romantisme, en
exprimant leur âme, expriment l'âme contemporaine.

---

1. Sainte-Beuve, *Nouveaux Lundis*, t. I, article intitulé *Des pro-
chaines élections de l'Académie*. p. 401.

On connaît les vers d'Alfred de Musset :

Venez après cela crier d'un ton de maître
Que c'est le cœur humain qu'un auteur doit connaître.
Toujours le cœur humain pour modèle et pour loi !
Le cœur humain de qui ? le cœur humain de quoi ?
Celui de mon voisin a sa manière d'être ;
Mais, morbleu ! comme lui, j'ai mon cœur humain, moi ! [1]

Prendrons-nous au sérieux cette saillie? On ne saurait appeler *humain* que le cœur où notre *humanité* se retrouve. Aussi bien, nous la retrouvons partout chez Musset; dans la *Lettre à Lamartine*, dans les *Nuits*, dans *Souvenir*, il chante les souffrances de tous ceux que blessa l'amour.

Alfred de Vigny a beau ne pas sortir de sa tour d'ivoire. Replié sur soi, il épure ses émotions, les dégage des nerfs et du sang, les organise en forme d'idées générales. *Éloa*, *Moïse*, *le Mont des Oliviers*, *la Colère de Samson*, *la Bouteille à la mer*, sont des poèmes philosophiques et symboliques; il y domine de haut les « accidents » et les « contingences », il y donne à ce qui émut sa sensibilité propre un caractère véritablement humain.

Pourquoi les *Méditations*, du jour même où Lamartine les fit paraître, eurent-elles un tel retentissement? Il y exhalait les joies, les tristesses, les espérances, les rêves de sa génération. Un éditeur lui en renvoya le manuscrit pour la raison qu' « elles ne ressemblaient à rien de ce qui était recherché ». Non sans doute, elles ne ressemblaient point aux productions des rimeurs pseudo-classiques. Mais le public y reconnut pourtant le nouveau poète qu'il « attendait [2] ». Ballanche, dans une conversation

1. *Namouna*, I, xix.
2. Cf. la préface des *Méditations*.

avec Sainte-Beuve, lui demandait un jour comment
Lamartine pouvait être à la fois « si élevé » et « si
populaire ». « M. de Lamartine, répondit-il, part
toujours d'un sentiment commun... Il est un cygne
s'enlevant du milieu de la foule qui l'a vu et aimé
pendant qu'il marchait et nageait à côté d'elle; elle
le suit jusque dans le ciel où il plane comme l'un
des siens, ayant seulement de plus le don du chant
et des ailes[1]. » Lorsque parurent les *Méditations*,
Cuvier les comparait à des chants mélodieux qu'un
promeneur entend dans la solitude et qui lui ren-
voient un écho de ses impressions les plus secrètes,
les plus profondes. Et l'on en dirait autant des
recueils postérieurs; on le dirait encore mieux des
Harmonies, car « les particularités individuelles » y
ont encore moins de place[2] et le poète ne fait qu'y
traduire les émotions de toutes les âmes religieuses
en célébrant la nature et en louant le Créateur.

Quant à Victor Hugo, convenons qu'il évolua du
« subjectif » vers l' « objectif ». Mais son subjectivisme n'a rien qui l'excepte de la foule des hommes,
et c'est durant la première partie de sa carrière qu'il
leur ressemble davantage. D'ailleurs, lisons les critiques dont le jugement lui fut le plus sévère.
M. Jules Lemaître et Brunetière s'accordent à le
taxer de banalité. L'un réduit son œuvre en
apophthegmes tels que ceux-ci : « Soyons bons. —
Évitons même les petites fautes. — Dieu est grand.
— La nature est mystérieuse. — L'âme est immor-
telle, etc.[3] » L'autre assure qu' « un des traits à la
fois de son caractère et de son génie poétique »

1. *Portraits contemporains*, t. I, p. 287 (note).
2. *Ibid,, ibid.*, p. 302.
3. *Les Contemporains*, t. IV, p. 116.

consiste dans « sa complaisance pour les idées communes »; « nul moins que lui, ajoute-t-il, n'a eu l'horreur de penser ou plutôt de sentir comme tout le monde[1] ».

Pourtant Brunetière n'a presque jamais rien écrit sur les romantiques sans leur reprocher un individualisme « irréductible » et « bizarre ». Selon lui, ils se chantent eux-mêmes parce qu'ils croient leurs impressions « originales », et, en revendiquant la liberté de l'art, ils revendiquent le droit pour chacun d'opposer sa manière de voir, de sentir ou de penser à celle des autres[2]. Or, soit des romantiques en général, soit en particulier de Victor Hugo, on peut dire exactement le contraire. Dans la pièce qui ouvre les *Feuilles d'automne*, il se compare à un écho sonore. Dans la préface des *Rayons et les Ombres*, il atteste que « la profonde peinture du moi est peut-être l'œuvre la plus large et la plus universelle qu'un penseur puisse faire ». Dans celle des *Contemplations* : « Nul de nous, déclare-t-il, n'a l'honneur d'avoir une vie qui soit à lui. Ma vie est la vôtre, votre vie est la mienne, vous vivez ce que je vis... Hélas! quand je vous parle de moi, je vous parle de vous. Comment ne le sentez-vous pas? Ah! insensé, qui crois que je ne suis pas toi! » Et enfin, une pièce du même recueil caractérise le poète par ce vers :

Il est génie, étant plus que les autres-homme [3].

En vérité, ce ne sont pas les grands lyriques du romantisme qui expriment un moi exceptionnel, et

1. *Nouveaux Essais de littérature contemporaine*, p. 64.
2. *Évolution de la Poésie lyrique*, t. I, p. 176.
3. I, I, IX.

j'aimerais mieux dire que ce sont les parnassiens. Ce n'est ni Lamartine, ni Victor Hugo, ni Musset, ni même Vigny; ce sont les Leconte de Lisle et les Sully Prudhomme, qu'on leur oppose pourtant comme réalistes.

Y a-t-il rien de si peu commun que le moi de Leconte de Lisle? Cette révolte contre la honte de vivre, contre l'horreur d'être un homme, ces appels au néant, cette crainte que la mort elle-même ne soit une dernière illusion, voilà de quoi procède son lyrisme. Et ses plus beaux poèmes, ceux où il se représente tantôt enviant le repos de la tombe et tantôt entendant rugir, dans l'infini des temps, la vie éternelle, combien d'entre nous sont vraiment sensibles, le sont personnellement, à l'émotion qui les inspire? Leconte de Lisle méprisa le « siècle assassin »; il fit de son âme un sanctuaire inaccessible, et ne montra guère de lui que ce qui le rend différent des autres.

Sully Prudhomme commence son premier recueil en se plaignant que tout soit dit. Il répétera donc les romantiques. Mais il les répétera avec plus de curiosité [1]. Tandis que Victor Hugo, Lamartine et Alfred de Musset avaient célébré en vers magnifiques l'espoir d'une vie future, il écrit la petite pièce des *Yeux* :

> Bleus ou noirs, tous aimés, tous beaux,
> Ouverts à quelque immense aurore,
> De l'autre côté des tombeaux
> Les yeux qu'on ferme voient encore [2].

Tandis que la plupart des romantiques avaient

---

1. Cf. Jules Lemaître, *les Contemporains*, t. 1, p. 37 et suiv.
2. *La Vie intérieure.*

traduit ce qu'ont de généralement humain les souffrances du doute, il dira, dans *la Grande Ourse* :

> Ta précise lenteur et ta froide lumière
> Déconcertent la foi ; c'est toi qui la première
> M'as fait examiner ma prière du soir [1].

Bien souvent les idées et les sentiments qu'exprime Sully Prudhomme dénotent je ne sais quelle délicatesse mièvre et recherchée. Il voudrait savoir d'où proviennent les « joies sans causes » :

> C'est peut-être un bonheur ignoré qui voyage,
> Et, se trompant de cœur, ne nous luit qu'un moment [2].

Devant les stalactites d'une grotte, il pense aux âmes dans lesquelles dorment des amours anciennes :

> Toutes les larmes sont figées ;
> Quelque chose y pleure toujours [3].

Quand il croit aimer, quand les pleurs lui montent aux yeux, pourquoi n'ose-t-il rien dire ?

> J'ai peur, en sentant que je l'aime,
> De mal sentir ;
> Dans mes yeux une larme même
> Pourrait mentir [4].

Partout ce sont chez lui des impressions rares, des tristesses ou des inquiétudes d'une susceptibilité maladive. Chez ses aînés, la poésie s'étalait en larges nappes ; elle se divise chez Sully Prudhomme en mille filets ténus et subtils.

Comparant le moi des romantiques à celui des

1. *Les Épreuves.*
2. *Les Solitudes, Joies sans causes.*
3. *Ibid., les Stalactites.*
4. *Ibid., Scrupule.*

poètes qui leur succédèrent, on peut sans paradoxe soutenir qu'il se complaît beaucoup moins dans l'originalité de ses émotions.

Mais d'ailleurs, si l'on n'est pas réaliste quand on exprime des émotions singulières, on ne l'est pas davantage quand en traite sans accent personnel des lieux communs. Réalistes en ce que leur moi a de semblable au moi des autres, les romantiques le sont encore, et l'on nous dispensera d'y insister, pour avoir marqué chacun de son empreinte les thèmes traditionnels, pour se les être appropriés en y mettant chacun l'accent de sa sensibilité propre.

II. — LE ROMAN.

Pendant la période classique, le roman, sous aucune de ses diverses formes, ne reproduisit la vie réelle.

C'est par l'*Astrée* que s'ouvre le XVIIe siècle, et peu de livres exercèrent une influence plus grande ou plus durable.

Sans doute l'*Astrée* ne ressemble guère aux romans de chevalerie, dont les *Amadis* avaient prolongé jusqu'alors la vogue. Des régions chimériques où se passaient les *Amadis*, d'Urfé nous transporte dans « les lieux de sa naissance ». Rejetant les héros fabuleux, il met en scène ses contemporains et ses amis, sa femme, qui est Astrée, et lui-même, qui est Céladon. Enfin il ne peint pas seulement les pures tendresses du cœur, mais aussi les grossiers appétits des sens.

Pourtant le mot de *réalisme* jure avec une œuvre

telle que l'*Astrée*. Au merveilleux du roman cheva-
leresque nous y voyons succéder une idéalisation beaucoup plus raffinée. Les bergers et les ber-
gères que d'Urfé nous montre sur les bords du
Lignon sont de grands seigneurs et de grandes
dames, et, s'il a fait paraître au second plan un
Valentinian et un Hylas, tous les autres subliment
à l'envi la métaphysique de l'amour. L'*Astrée* introduit dans la littérature comme dans les mœurs la
préciosité sentimentale qui fleurit durant la première moitié du XVIIᵉ siècle. On veut y rattacher,
du moins par Hylas, le roman bourgeois ou
comique : ce genre, et nous allons voir du reste
qu'il n'est point réaliste, procède d'une réaction
contre l'Urfé et ses imitateurs.

Nommerons-nous Gomberville et La Calprenède?
Le premier a soin de peindre les pays lointains où
il conduit ses héros et les peuples qui habitent ces
pays; le second se renseigne chez les historiens
grecs et latins pour raconter ce qu'il appelle « les
grandes révolutions des empires ». Mais celui-là
embellit sa « géographie » des descriptions les plus
fantaisistes, et celui-ci prête aux siècles passés la
figure de son siècle. Aussi bien il y a chez tous
deux un mélange d'intrigues amoureuses qui rappellent l'*Astrée* et de fictions héroïques qui rappellent *Amadis*.

Représentant « les bourgeois de son quartier[1] »,
Mlle de Scudéry leur donne un costume romain ou
persan; par là, elle fausse en même temps l'histoire
et défigure la réalité contemporaine. D'ailleurs
elle renchérit encore sur les délicatesses de la

---

1. Boileau, *Dialogue des héros de romans.*

galanterie à la mode. Cyrus devient chez elle un Artamène « plus fou que tous les Céladons et tous les Silvandres[1] » ; et, dans *Clélie*, la carte du Tendre est, si l'on veut, une ingénieuse anatomie de l'amour, mais de cet amour factice qui, simple jeu d'oisifs, n'occupe que l'imagination et se subtilise en vaines quintessences.

Aux romanciers « idéalistes » tels que Mlle de Scudéry, Gomberville et La Calprenède, Honoré d'Urfé, l'on oppose comme réalistes les Scarron, les Sorel, les Furetière ; c'est confondre le réalisme avec le genre burlesque.

Ne parlons point de Scarron ? Son *Roman comique* relève du même genre que ses farces, et la caricature y fausse continuellement l'observation de la réalité.

Mais ne peut-on en dire presque autant de Sorel et de Furetière ?

Sorel a beau déclarer que, dans l'*Histoire comique*, nous voyons le monde peint « au naturel » : malgré nombre de scènes prises sur le vif, sa prétendue histoire est beaucoup moins une fidèle image des mœurs ambiantes qu'une contre-partie, une dérision de l'*Astrée*. Quant au *Berger extravagant*, il veut nous y montrer, « les impertinences des romans et de la poésie[2] » ; et pour les mettre en lumière, il promène par les aventures les plus bizarres un jeune sot qui se pique d'imiter Céladon. Ce livre fut appelé l'*Anti-Roman*; rien ne saurait mieux le caractériser.

1. Boileau, *Dialogue des héros de romans.*
2. En voici le titre complet : *Le Berger extravagant, où, parmi des fantaisies amoureuses, on voit les impertinences,* etc.

Dans le *Roman bourgeois*, Furetière prétend représenter « de ces bonnes gens de médiocre condition qui vont tout doucement leur grand chemin, dont les uns sont beaux, les autres laids, les uns sages, les autres fous ». Et certes, on y trouve parfois de l'excellent réalisme. Mais lui aussi, il laisse voir trop souvent son parti pris de parodier la littérature aristocratique, et mêle toujours aux tableaux de la vie contemporaine des traits satiriques qui la déforment. Ajoutons que le *Roman bourgeois* n'est pas un véritable roman ; c'est une série d'épisodes, un défilé de figures qui se succèdent sans liaison.

Du reste, il n'y a rien de classique dans les œuvres de Sorel, de Scarron et de Furetière. Le classicisme répudiait la trivialité jusque dans le roman. Ne voulant pas qu'on altérât la nature pour l'enjoliver ou l'amplifier, pouvait-il souffrir qu'on la caricaturât, comme faisaient les burlesques, ou, comme faisaient les « bourgeois », qu'on en reproduisît de préférence les éléments plats et vulgaires ?

Après sa victoire définitive, parut *la Princesse de Clèves,* le seul roman du siècle qui mérite le nom de classique.

Mais ce roman classique n'est point réaliste. Il le serait, si le réalisme consistait uniquement dans la simplicité de l'intrigue, dans la vérité des sentiments, dans la délicate justesse du style ; il ne l'est pas plus que la tragédie contemporaine. Mme de La Fayette y retrace un monde supérieur dont elle écarte toutes les réalités terrestres. Et d'ailleurs, exaltant le triomphe de la vertu sur l'amour, elle unit à l'idéalisation artistique de Racine l'idéalisation morale de Corneille.

On considère non sans raison *Gil Blas* comme la première œuvre proprement réaliste de notre littérature romanesque. Cependant Lesage, bien qu'il se propose de « représenter la vie telle qu'elle est », a pour objet essentiel une satire des mœurs ; subordonnant à cet objet la composition même de son livre, il admet une foule de récits épisodiques qui font voir sous divers aspects la sottise et la vilenie de l'homme. Mais surtout, peintre de la société française contemporaine, il ne la peint pas directement, il nous la montre à travers l'Espagne du XVIIe siècle ; c'est une sorte de déguisement, une perpétuelle transposition, bien peu conforme au caractère du roman réaliste.

Marivaux, qui représente aussi les mœurs et les figures de son temps, ne les travestit point à l'espagnole. Ce qui l'empêche d'être vraiment réaliste, c'est que, dans ses romans, la psychologie reste, pour ainsi dire, extérieure et marginale. Il ne laisse pas vivre ses personnages devant nous ; il s'y substitue, en leur prêtant d'interminables commentaires sur chacun de leurs actes ou de leurs gestes. Le psychologue, chez lui, prend la place du romancier.

Quoi qu'il en soit, le roman, avec Lesage d'abord, ensuite avec Marivaux, serre déjà la réalité de près. Et quand, de Marivaux et de Lesage, on passe au premier initiateur du romantisme, à Jean-Jacques Rousseau, l'évolution du roman vers le réalisme semble subir un recul.

Par où *la Nouvelle Héloise* est moins réaliste que *le Paysan parvenu* ou *Gil Blas*, c'est ce qui apparaît de soi-même, et nous nous dispenserons ici de le dire. Mais, encore qu'on puisse la considérer à maints égards comme le type même du roman idéaliste, elle renferme cependant beaucoup de réalisme.

Réaliste dans la description de la vie domestique et de la vie champêtre, elle l'est aussi dans la peinture de l'amour. Nous avons vu comment Rousseau y décrit les scènes agrestes ou bourgeoises, avec quelle vérité précise et caractéristique[1]. A l'égard de l'amour, s'il en montre sans doute les ardeurs, les transports, les égarements, est-ce là rien de contraire au réalisme? Nulle part, assure-t-on, Racine n'est plus réaliste qu'en exprimant les passions d'Hermione, de Roxane, de Phèdre : pourquoi Rousseau ne le serait-il donc pas en exprimant celles de Saint-Preux et de Julie? A la civilisation raffinée qui faisait de l'amour une ingénieuse galanterie ou un sec libertinage, l'auteur de *la Nouvelle Héloïse* oppose les profonds instincts de l'homme; il « rentre » ainsi dans la nature, il en retrouve les sources primitives, taries par une sociabilité factice.

C'est d'ailleurs grâce à Rousseau, ne l'oublions pas, que le roman a pris chez nous son véritable rang. Méprisé avant lui des « vrais gens de lettres », comme parle Voltaire, et tenu pour « un amusement de la jeunesse oisive », il s'égale dès lors aux plus hautes questions morales et sociales; il revendique tout ce qui peut non seulement émouvoir le cœur, mais encore préoccuper l'esprit et la conscience.

1. Cf. p. 142.

Dans les premières années du XIXe siècle, le roman personnel domine avec Chateaubriand et Mme de Staël, avec Sénancour et Benjamin Constant.

A vrai dire, ni Chateaubriand, ni Mme de Staël, ne peuvent guère compter parmi les romanciers. *Atala* et *René* sont plutôt des poèmes en prose que des romans; Chateaubriand y prélude au lyrisme romantique, dont il développe par avance les principaux thèmes. Quant à Mme de Staël, un passage de l'*Essai sur les fictions* nous indique ses préférences pour les romanciers de la vie réelle et *Corinne*, voire *Delphine*, en offrent bien des tableaux justes et fins; d'ailleurs elle s'accommode beaucoup mieux que Chateaubriand au cadre du genre romanesque. Mais, incapable cependant d'une observation désintéressée, elle ne fait guère, se peignant sous les traits de Delphine et de Corinne, comme Chateaubriand sous ceux de Chactas et de René, qu'exprimer ses propres sentiments, les enthousiasmes, les joies et les douleurs de son âme. Si *Delphine* et *Corinne* ne sont pas des poèmes, ce sont des confessions lyriques.

Sénancour et Benjamin Constant donnent au roman personnel une tout autre forme. Ils ne chantent pas leur moi, ils en notent les impressions successives.

Le héros de Sénancour nous rappelle René; lui aussi a le mal du siècle. Seulement, l'auteur de *René* poétisait, divinisait sa souffrance; et, dans *Obermann*, Sénancour ne veut que décrire la sienne. Il l'y décrit avec une fidélité subtile; peu de livres sont aussi sincères que ce journal intime, aussi minutieusement vrais.

Dans *Adolphe*, il y a plus d'action, il y a une action nette et serrée, à laquelle adhère partout l'analyse. Du reste Benjamin Constant retrace des sentiments beaucoup moins rares. Sa psychologie, très personnelle sans doute, est aussi très générale ; c'est « la misère du cœur humain » qu'il raconte en racontant celle de son propre cœur[1]. Enfin, médiocre de caractère, Adolphe applique à l'examen de sa conscience une lucidité exceptionnelle : notre littérature n'a produit aucune œuvre qui l'emporte sur ce petit roman par la clairvoyance et la pénétration de l'anatomie morale. Mais Benjamin Constant, réaliste comme psychologue, ne l'est pas moins comme écrivain. *Atala* et *René* sentaient la rhétorique ; dans *Adolphe*, nul artifice, rien qui dénote un auteur. Si le style s'en éclaire çà et là de quelques images, c'est pour illustrer une idée ou un sentiment ; il n'a d'autre beauté que sa nette précision.

Au roman personnel s'opposa bientôt un genre de roman qui tire ses sujets de l'histoire. Tous deux d'ailleurs sont également romantiques. Le romantisme, nous l'avons dit, substitue le particulier à l'universel. Or ce « particulier » consiste non seulement dans la personne de l'écrivain, mais encore dans les caractères distinctifs de tel ou tel temps, de tel ou tel milieu, de tels ou tels individus ; et, par suite, il y a affinité manifeste entre le subjectivisme d'où provenait le roman personnel et le relativisme d'où provient le roman historique.

---

1. « Oui, Monsieur, je publierai le manuscrit que vous me renvoyez... comme une histoire assez vraie de la misère du cœur humain » (*Adolphe*, *Réponse de l'éditeur à la lettre de l'auteur*).

Certes le roman historique, durant la première moitié du XIXᵉ siècle, ne peut se qualifier de réaliste. Pour Alexandre Dumas, l'histoire est « un clou auquel il accroche ses tableaux » ; Alfred de Vigny transforme les personnages les plus illustres afin de leur donner la valeur de types, et les événements les mieux connus afin de les accorder avec cette vérité morale qui doit, selon lui, dominer sur la vérité matérielle ; Victor Hugo compose une sorte d'épopée symbolique, et d'ailleurs il s'attache par-dessus tout à l'effet pittoresque. Cependant reconnaissons que le romantisme introduisit dans le roman historique la préoccupation de l'exactitude documentaire. *Notre-Dame de Paris*, malgré bien des traits contestables, nous restitue le Paris du XVᵉ siècle, ville et peuple, avec une singulière puissance. Altérant de parti pris les faits et les figures, l'auteur de *Cinq-Mars* reproduit scrupuleusement le « costume ». Dumas lui-même, avant de s'abandonner à l'invention, lit les mémoires, les chroniques, les pamphlets, dont il alimente sa verve féconde. Il ne traite point l'histoire selon la manière des Gomberville ou des La Calprenède, et ce feuilletoniste en a une intelli-gence que n'en avaient certes pas la plupart des historiens antérieurs au romantisme.

Aussi bien le roman historique servit de transi-tion et comme d'acheminement vers le roman de mœurs contemporaines, qui est par excellence le roman réaliste.

D'abord, il détacha les romanciers d'eux-mêmes, et, par là, devint une école d'objectivité. Ensuite et surtout, il fit entrer dans la littérature romanesque une foule de détails qu'elle avait jusqu'alors bannis, les tenant pour oiseux ou triviaux. Le roman historique apprit au roman moderne la valeur expressive de ces détails, qui, essentiellement caractéristiques des anciens âges, ne devaient pas l'être moins de la société contemporaine [1]. Nous savons du reste combien Balzac admirait l'œuvre de Walter Scott. Et pourquoi l'admirait-il? Parce qu'il y reconnaissait, appliquée à la restauration des siècles anciens, la méthode selon laquelle lui-même reproduisit la vie de son siècle, en multipliant les petits faits précis et significatifs.

Genre hybride, où l'histoire gêne la fiction, où la fiction compromet l'histoire, le roman historique ne se soutint pas longtemps; et, quand il fut tombé aux mains des faiseurs, le roman de mœurs modernes, qu'il avait préparé, le remplaça. Dans ce dernier genre même, on distingue deux écoles, l'idéaliste et la réaliste. Nous marquerons d'abord ce que l'une comporte de réalisme, puis nous montrerons que le réalisme de l'autre se rattache au romantisme.

La première se résume en George Sand. Idéaliste, George Sand l'est par son goût pour le romanesque et par son optimisme; elle l'est aussi par la façon dont elle conçoit l'amour, par le rôle qu'elle lui attribue. « L'idéalisation du sentiment [2] », voilà toute sa théorie; voilà le fond et comme l'essence de sa nature.

Et pourtant, dès ses premières œuvres, George

1. Cf. Brunetière, *Honoré de Balzac*, p. 13 et suiv.
2. *Histoire de ma vie*, t. IV, p. 135.

Sand ramena le roman à l'observation et à la représentation de la réalité.

Rappelons-nous où il en était lorsque parurent
Indiana et *Valentine*. « Aucun écrivain, dit Zola dans
un article de ses *Documents littéraires*, n'avait
encore abordé franchement la vie moderne... On ne
s'était pas soucié de peindre les querelles des
ménages, les amours des personnages en redingote,
les catastrophes banales... qui terminent d'ordinaire
les histoires de ce monde. La nouvelle formule du
roman était dans l'air, et elle se trouvait préparée
par une transformation lente... Mais cette formule,
il s'agissait de la dégager nettement... En un mot,
le roman tel que nous le connaissons, avec son cadre
souple, son étude du milieu, ses personnages
vivants, était entièrement à créer[1] ». Quoique
l'article où Zola écrit ces lignes ait pour sujet l'œuvre
de George Sand, c'est Balzac dont elles annoncent
l'éloge. Et cependant il suffirait d'y changer
quelques mots pour qu'on pût les appliquer à
l'auteur d'*Indiana*.

Indiana sitôt parue, Sainte-Beuve disait : « En
ouvrant le volume, on s'est vu introduit dans un
monde vrai, vivant, *nôtre*, à cent lieues des scènes
historiques et des lambeaux du moyen âge, dont
tant de faiseurs nous ont repus jusqu'à satiété; on a
trouvé des mœurs, des personnages comme il en
existe autour de nous, un langage naturel, des
scènes d'un encadrement familier, des passions violentes, non communes, mais sincèrement éprouvées
ou observées, telles qu'il s'en développe encore dans
bien des cœurs sous l'uniformité apparente et la

1. Page 196.

régularité frivole de notre vie[1] ». Et Sainte-Beuve
n'est pas le seul qui rende un pareil témoignage au
réalisme de George Sand. Balzac émet sur *Indiana*
un jugement analogue; il y voit « la réaction de la
vérité contre le fantastique, du temps présent contre
le moyen âge, du drame intime contre la bizarrerie
des incidents à la mode, de l'actualité simple contre
l'exagération du genre historique[2] ». Lui-même
s'était d'abord fait connaître comme un rival des
Ducange, des Ducray-Duménil, des Pigault-Lebrun.
Sans doute il voulait ainsi gagner de l'argent, con-
quérir son indépendance. « Ah! écrivait-il à sa sœur,
quelle chute de mes projets de gloire! » Mais, avant
de réaliser ses projets, le futur chef de l'école réaliste, qui signait alors Saint-Aubin, Viellerglé ou
lord Rhoone, avait publié des romans comme *Jean-
Louis le Tartare*, *Wann Chlore*, *Annette et le Cri-
minel*, et, si quelques-uns de ceux qui figurent dans
la Comédie humaine sont antérieurs à *Indiana*, c'est
bien d'*Indiana*, « dévorée[3] » par un public enthousiaste, que date « la réaction de la vérité, du temps
présent, du drame intime, de l'actualité simple »,
en un mot la réaction du réalisme contre les fantaisies et les extravagances des romanciers alors en
vogue.

Après les romans de passion, George Sand publia
quelques romans socialistes. Certes, l'observation
de la réalité y tient peu de place. Histoires invraisemblables, imaginées à plaisir pour glorifier les
doctrines égalitaires, son socialisme naïf n'y cherche

---

1. *Portraits contemporains*, t. I, p. 471.
2. *Portraits et critique littéraire*.
3. Le mot est de Sainte-Beuve; cf. l'article précédemment
cité.

qu'un thème de belles déclamations. Rien de moins
réaliste en un certain sens, ou même rien de plus
chimérique. Cependant, remarquons que les théories
dont elle s'y fait l'interprète passionnaient la génération contemporaine; ils étaient vraiment *actuels*.
Et surtout des romans tels que *le Meunier d'Angi-
bault* et *le Compagnon du Tour de France* repré-
sentaient pour la première fois les « gens du
peuple » dans leur existence propre. « Il y aurait,
disait-elle, une littérature nouvelle à créer avec les
véritables mœurs populaires, si peu connues des
autres classes [1] ». Cette nouvelle littérature, s'affranchit par la suite de toute thèse. Mais, la subordonnant encore à des visées humanitaires, c'est elle
pourtant, ne l'oublions pas, qui l'a inaugurée; et
d'ailleurs ses romans socialistes contiennent maintes
parties où la thèse préconçue n'altère aucunement
la vérité des figures et des milieux.

Durant les deux dernières périodes de sa carrière,
George Sand écrit des idylles rustiques, puis des
idylles bourgeoises.

Si ses idylles bourgeoises marquent un retour au
roman de passion, l'âge l'a calmée et l'expérience
l'a assagie. Plus de lyrisme, plus de revendications
ardentes, de révoltes contre les lois sociales : elle ne
veut maintenant que peindre la vie et les hommes,
les peindre comme elle les voit; et, quoique son
optimisme l'attire de préférence vers ce qu'ils ont
de bon et de beau, cet optimisme ne s'en concilie
pas moins avec une justesse d'observation qu'on ne
trouve pas toujours chez les romanciers dits réalistes.

1. Préface du *Compagnon du Tour de France*.

A l'égard de ses idylles rustiques, sans doute elle
y trahit encore un besoin instinctif d'idéalisation.
Dans le premier chapitre de *la Mare au Diable*, elle
déclare que « l'art n'est pas une étude de réalité
positive », mais « une recherche de la vérité idéale ».
Et, après les journées de juin, pourquoi fait-elle *la
Petite Fadette*? Elle-même nous le dit dans sa préface : pour détourner les yeux « d'un présent obscurci
et déchiré par la guerre civile », pour rappeler à ses
contemporains « endurcis ou découragés » que « les
mœurs pures, les sentiments tendres et l'équité primitive sont ou peuvent être toujours de ce monde ».
Ainsi, ce qu'elle demande à la nature, c'est le tableau
d'une vie innocente et heureuse. Souvenons-nous
de la scène par laquelle s'ouvre *la Mare au Diable*.
En place du paysan que représente Holbein, de ce
paysan vieux avant l'âge, chétif, couvert de haillons,
poussant des chevaux harassés sur un sol ingrat
et dur, George Sand nous montre, dans un champ
fertile, un laboureur jeune, beau, vigoureux, con-
duisant son double quadrige de bœufs robustes; en
place du squelette horrible qui, le fouet levé, court
devant le misérable attelage, elle nous montre un
bel enfant, sur le sillon parallèle à la charrue, gou-
vernant les fiers animaux d'une gaule longue et
légère. Elle voulait, dès le début de *la Mare au
Diable*, mettre en contraste avec les visions du vieux
peintre un spectacle d'énergie et de bonheur[1]; et
cette pensée a inspiré tous ses romans champêtres.

On ne saurait pourtant dire que George Sand
fausse la nature. Cette scène, dont elle substitue
l'image à la macabre allégorie d'Holbein, est « une

1. Chapitre II.

scène réelle [1] », une scène vue. Là comme ailleurs,
et qu'elle peigne soit la campagne elle-même, soit
les figures rustiques, son idéalisme et son optimisme ne l'empêchent pas de les peindre fidèlement.

La nature décrite par George Sand est celle de
nos régions. Berrichonne placide et candide, elle ne
se sent aucun attrait pour l'exotisme, qui dénote,
outre je ne sais quelle inquiétude, un goût blasé,
dédaigneux des beautés simples. Elle ne sort guère
de France, elle s'en tient le plus souvent aux
paysages que chacun de nous a eus sous les yeux.
C'est l'Auvergne escarpée et rude, la Provence
aride et claire, la verte Normandie; c'est surtout,
dans ses romans champêtres, la contrée natale, qui
n'a rien de grandiose, mais dont elle retrace les
humbles sites avec une exactitude pieuse. Le
village, la ferme, les semailles ou les moissons, les
veillées autour de l'âtre, voilà son véritable domaine.
*La Mare au Diable, la Petite Fadette, François le
Champi, les Maîtres sonneurs,* sont comme impré-
gnés d'une rusticité fraîche et naïve. Nul autre écrivain ne connut mieux la campagne, n'en rendit de
plus fidèles tableaux.

Quant à ses paysans, elle les a sans doute poétisés;
mais ce sont bien les premiers que notre littérature
pastorale, jusqu'alors si factice, représente comme
tels, sans raffiner leurs sentiments ou leur langage.
Quelques-uns n'ont rien d' « idyllique ». Dans *la
Mare au Diable* par exemple, voici Catherine Guérin,
la « lionne de village », avec ses airs avantageux,
ses propos hardis, ses complaisances équivoques
pour les trois lourdauds qui la courtisent; voici le

---

1. Cf. la *Notice* en tête du roman.

fermier chez lequel la petite Marie va se mettre en
service, gros homme jovial et libidineux, qui lui fait
sur-le-champ des propositions déshonnêtes. Ceux-
là mêmes que George Sand peint avec le plus de
sympathie ont encore une âme toute rustique.
Se rappelle-t-on comment l'idée vient à Germain
d'épouser Marie? « C'est commode, lui dit-il, une
femme comme toi; ça ne fait pas de dépense! » Et
plus loin, voyant combien elle est avisée : « Petite
Marie, l'homme qui t'épousera ne sera pas un sot [1] ».
Ainsi, jusque dans l'expression des sentiments les
plus tendres, se retrouve encore le caractère du
paysan.

Certes George Sand peint la vie rustique avec
amour, elle nous en retrace plutôt les aspects qui la
rendent aimable; mais faut-il donc, pour être réaliste, en retracer uniquement les vilenies? On
méconnaît le romantisme quand on n'y voit que les
extravagances d'une imagination déréglée : on
fausse de même le sens du mot *réaliste* quand on
applique ce mot aux seules œuvres où sont exclusivement représentées les laideurs et les misères de
l'existence humaine. Le mal nous trouve plus cré-
dules que le bien; voilà la raison pour laquelle nous
qualifions de réalistes les écrivains qui s'appliquent
à l'exprimer. Cependant il y a du bien dans la réalité; et comment cesserait-on d'être vrai en le peignant? « Certains, disait l'auteur de *la Petite
Fadette*, prennent le réel par le côté âpre et triste;
ce qui me plaît et me charme est aussi réel. »

---

1. De même ou à peu près, dans *les Corbeaux* de Becque,
Teissier pense à épouser Marie Vigneron dès qu'il découvre
ses qualités de fille entendue et pratique, capable de lui tenir
son ménage.

A George Sand on oppose Balzac. Mais, si la première idéalise les paysans, le second nous montre en eux des êtres dépourvus de tout sentiment et de toute connaissance qui dépassent l'animalité, réduits à « la vie purement matérielle[1] ». Pourquoi donc le pessimisme de Balzac semblerait-il plus réaliste que l'optimisme de George Sand? Et, d'autre part, si George Sand veut, quand elle fait des romans pastoraux, mettre « la bonne nature », dans sa simplicité, dans sa candeur, en contraste avec les vices que développe notre civilisation artificielle et démoralisante, Balzac, lui aussi, soutient une thèse, une thèse non moins préconçue, non moins systématique. Il prétend ouvrir les yeux des hommes d'État sur « la conspiration permanente... du paysan contre le riche », il leur signale « l'infatigable sapeur, le rongeur qui morcelle et divise le sol, le partage, et coupe un arpent de terre en cent morceaux[2] ». Or, dénonçant le paysan comme un danger social, il s'oblige à ne peindre que son égoïsme, son avarice, sa bestialité. Sans doute il n'invente pas les Fourchon et les Tonsard. Seulement il a le tort de nous les donner pour types normaux de leur espèce. Et, quand même « l'homme probe et moral » serait « une exception dans la classe des paysans[3] » encore devrait-il lui accorder entre eux sa place; George Sand n'accordait-elle pas la leur aux paysans grossiers et vicieux? Aussi bien, l'on rencontre, ce semble, des Tonsard et des Fourchon moins souvent que des Germain : et, de toute façon, le peintre de la vie

1. *Les Paysans*, première partie, chap. III.
2. *Ibid.*, préface.
3. *Ibid.*, première partie, chap. III.

rustique peut la peindre fidèlement sans faire
du paysan une brute.

Après avoir montré quelle part de réalisme
comporte l'idéalisme de George Sand, montrons à
présent en quoi les trois principaux représentants
de l'école dite réaliste, Stendhal, Mérimée et
Balzac, sont bien des romantiques, et comment
ils le sont par leur réalisme même.

Assurément Stendhal n'a rien de commun avec le
romantisme lyrique. C'est un disciple d'Helvétius,
de Cabanis, surtout de Tracy. Il manque au plus
haut point d'élan et de ferveur. Son ironie n'épargne
aucun des écrivains qui traduisirent les enthousiasmes ou les angoisses de la génération contemporaine; il persifle Mme de Staël, il traite Chateaubriand de phraseur solennel et creux, il trouve
Victor Hugo « somnifère », Alfred de Vigny,
« lugubre et niais ». Très peu artiste, il affecte de
mépriser tout ce qui, dans le style, relève du sentiment ou de l'imagination, et le Code civil lui sert
de modèle [1].

Devons-nous en conclure qu'il n'est pas un
romantique? Concluons-en qu'on peut l'être sans
lyrisme. Dès le début, il se rangea du côté des révo-
lutionnaires, les raillant parfois et les harcelant,
mais afin de les « piquer d'honneur [2] ». Comme
eux, il opposait à Racine Shakespeare, aux conven-

1. « *La Chartreuse de Parme*, dit-il dans une lettre à Balzac,
est écrite comme le Code civil. »
2. Sainte-Beuve, *Lundis*, t. IX, p. 303.

tions du classicisme le naturel vif et libre, à l'art d'une société monarchique un art en rapport avec les mœurs et les institutions de la société nouvelle.

Et, avant tout, si le romantisme a pour objet essentiel de remplacer l'expression du général par celle du particulier, aucun des novateurs ne mérite plus que Stendhal le nom de romantique. Selon lui, la qualité principale d'un écrivain consiste à être soi; de là, sa campagne contre les règles, qui font prédominer une correction monotone et plate sur les diversités originelles des tempéraments. Il veut que notre littérature représente, au lieu de certains types, les individus se développant en pleine indépendance. Son esthétique se résume dans la notation des traits individuels, des détails qui rendent le *caractère*. Ennemi du classicisme, il s'accorde avec la nouvelle école partout où il combat l'ancienne.

Nous en dirons autant de Mérimée, qui fut d'ailleurs son ami, et, plus jeune de vingt ans, subit son influence. Mérimée se rattache de même aux analystes du xviiie siècle; il a la même aversion du lyrisme, de la sensiblerie, de « l'humeur élégiaque »; enfin, quoique bien autrement artiste, il se défend de « faire du style », il déteste la rhétorique, la phrase, il pousse la concision jusqu'à la sécheresse. Et tout cela pourtant ne l'empêche pas, lui non plus, d'être un romantique. Il l'est, lui aussi, par son individualisme, par son admiration de « l'énergie », par son goût du caractéristique, du petit fait significatif. Après la publication de la *Guerre sociale* et de *Colomba*, Sainte-Beuve écrivait : « Venu dans les premiers moments de l'innovation romantique, Mérimée semble n'avoir voulu pour

son compte en accepter et en aider que la part
vigoureuse, énergique, toute réelle et observée [1] ».
Le mettant ainsi hors du romantisme imaginatif
et sentimental, Sainte-Beuve reconnait cependant
qu'il est romantique et le déclare tel comme réaliste. A ses débuts, Mérimée se rangea parmi les
novateurs; il accepta du moins et aida « la part
toute réelle de l'innovation ». Si l'on peut qualifier
justement de « victoire romantique [2] » le grand
succès qu'obtint la *Chronique de Charles IX*, celui
de *Colomba*, dix ans plus tard, ne parut une victoire du classicisme que parce qu'on se méprenait
sur le romantisme en le réduisant à des dithy-
rambes et à des élégies.

Très différent de Mérimée et de Stendhal, Balzac
est un romantique dans le sens usuel du mot par
certains côtés de son tempérament et de son esprit.
« L'écrivain que les réalistes revendiquent pour
maître, disait de lui Théophile Gautier, n'a aucun
rapport de tendance avec leur art ». Et sans doute
c'était aller beaucoup trop loin. Mais les réalistes
eux-mêmes, qui se réclament de Balzac, ne nient
point que sa *Comédie humaine* ne renferme beaucoup de romantisme [3].

Il invente de toutes pièces les histoires les plus
bizarres, les plus étranges figures : « docteur ès
sciences sociales », son imagination fait de lui un
émule des Eugène Sue et des Frédéric Soulié. Il

---

1. *Portraits contemporains*, t. III, p. 470.
2. *Mérimée* (Collection des Grands Écrivains français), par
A. Filon, p. 172.
3. Cf. le passage des *Romanciers naturalistes* où Zola oppose
Flaubert à Balzac, p. 126 et suiv.

aime d'instinct l'extraordinaire, le merveilleux;
physiologiste à l'école de Cabanis, il devient mystique à l'école de Swedenborg. On nous le représente comme imitant la vie; en vérité, l'intuition,
dans *la Comédie humaine*, tient une place bien
plus considérable que l'observation[1]. Un grand
nombre de ses personnages, presque tous ses
héros, n'ont jamais vécu. Il pousse leur individualité à bout, il leur prête une figure surhumaine, il
peint en eux des monstres. On n'admire pas les
Goriot, les Grandet, les Hulot, les Balthasar Claës,
pour leur ressemblance avec l'humanité telle que
nous la connaissons; on les admire pour le puissant relief de la passion unique à laquelle chacun
d'eux se ramène. Vrais dans un certain sens, ils ne
le sont que d'une vérité symbolique et virtuelle.

Cependant, et quoi qu'ait pu dire Théophile
Gautier, l'école réaliste ne se trompait pas en considérant Balzac comme son maître. Il y a chez lui
beaucoup de ce qu'on appelle romantisme, mais il
y a tout autant de réalisme.

Balzac est réaliste par sa philosophie. Une assimilation complète de l'homme et de l'animal, voilà
le principe d'où son œuvre procède et qui en constitue l'unité. Il attache une importance extrême aux
milieux, aux choses réelles, à la physiologie; et,
désintéressé de toute idée morale, il confond, sous
le nom d'appétits, les vices et les vertus. Réaliste
par là, il ne l'est pas moins comme peignant de préférence le laid et le mal, comme mettant le plus
souvent en scène des « êtres vulgaires », même si

---

1. Lui-même disait à un de ses amis : « Comment voulez-vous
que je prenne le temps d'observer? J'ai à peine le temps
d'écrire ».

son imagination les rend effrayants ou grotesques.
Il l'est aussi comme retraçant, avec une fidélité
minutieuse, le train ordinaire de l'existence dans ce
qu'elle a de positif et de pratique. Tandis que
George Sand nous montrait des « amoureux »,
indifférents à la réalité matérielle, et qui ne vivent
que pour l'amour et par l'amour, ses personnages
habitent la terre, exercent une profession, gagnent
de l'argent. Le monde de Balzac, c'est celui où l'on
trafique, où l'on intrigue, où se heurtent les intérêts et les convoitises. Immense « magasin de documents », son œuvre décrit toutes les espèces
sociales, toutes les conditions, tous les métiers.
Telle que l'écrivent les historiens professionnels,
l'histoire consiste tantôt en un sec inventaire, tantôt
en une vaine métaphysique; mais, tel qu'il le conçoit, le roman, histoire intégrale du siècle, histoire
animée et vivante, rivalise avec la nature elle-même,
fait concurrence à l'état civil. Enfin Balzac est réaliste comme écrivain. Il ne l'est pas selon la manière
de Stendhal ou de Mérimée; il l'est d'une tout autre
manière. Le style de Balzac, ce style bigarré, gri-
maçant, sinueux à la fois et rocailleux, brutal et
subtil, est le seul qui pût exprimer la « comédie
humaine », qui pût en donner une image vraiment
fidèle.

A prendre les mots de *romantisme* et de *réalisme*
dans leur acception courante, il y a donc chez
Balzac un romantique et un réaliste. Mais, puisque
la Comédie humaine tient également des deux
écoles, ces deux écoles sans doute ne s'opposent
pas autant qu'on veut bien le dire.

« Si, déclare Ferdinand Brunetière dans *les*

Époques du Théâtre français, toute une part de
l'œuvre de Balzac — pour l'invraisemblance des
données premières, pour l'exagération des caractères, pour la puissance d'hallucination dont elle
témoigne, pour le désordre des idees et l'espèce de
fièvre du style — est assurément d'un romantique,
toute une autre en est d'un naturaliste pour le goût
du détail exact et précis, pour l'abondance et la
fidélité des descriptions, ou, comme on dit, pour la
reconstitution des *milieux* [1] ». Et de même, dans
l'Évolution de la Poésie lyrique, Brunetière attribue
au romantisme soit les intrigues « bizarres, téné-
breuses, compliquées », où s'est plu l'auteur de *la
Comédie humaine*, soit « son style chargé de métaphores et prétentieusement incorrect [2] ». Et enfin,
dans son livre sur *Honoré de Balzac* : « Le choix de
certains sujets, dit-il, l'exagération de quelques
caractères, la sensibilité déclamatoire qui lui a
dicté la première page du *Lys dans la vallée...*, tout
cela, tout ce galimatias, qui n'est pas rare dans
Balzac, *l'état d'âme* dont il est généralement l'expression, ou encore la psychologie prétentieuse et
swedenborgienne de *Louis Lambert* et de *Séra-
phita*, c'est la part du romantisme [3] ».

Ainsi l'on allègue de prime abord une définition
préconçue. On affirme que le romantisme a pour
caractères propres « le désordre des idées », « la
fièvre du style », « le galimatias ». Puis on en
exclut, selon cette formule arbitraire, des écrivains
comme Stendhal et Mérimée, chez lesquels il se traduit uniquement par le souci du réel; et, quant à

1. Page 355.
2. T. II, p. 125.
3. Pages 130, 131.

Balzac, après avoir fait deux parts dans son œuvre, on nomme romantique celle des imaginations extravagantes et de la fausse sentimentalité.

Mais, comme le dit ailleurs Brunetière lui-même, « la définition du romantisme n'est pas une question de doctrine, elle est une question d'histoire; et le mot de *romantisme*, n'ayant point en soi de signification principale ou première, n'est rempli que des sens différents dont les hommes et les œuvres l'ont chargé[1] ». Or, du moment où l'on s'accorde à nommer romantique la période de notre littérature qui s'étend depuis le commencement du XIXe siècle jusque vers 1850, comment pourrions-nous admettre une définition de ce mot que démentent, dans n'importe quel genre, tant d'ouvrages parus durant cette période?

Si vraiment la littérature romantique, comparée avec celle des deux siècles précédents, s'y oppose presque sur tous les points comme réaliste[2], on ne tient compte que de ses écarts et de ses outrances quand on veut la caractériser sans tenir compte de son réalisme.

III. — LE THÉÂTRE

Nous avons déjà dit quelques mots du théâtre pseudo-classique[3]. Dispensons-nous de revenir sur la comédie. C'est à la tragédie que les novateurs

---

1. *Manuel de l'Histoire de la Littérature française*, p. 420,
2. C'est ce qu'on a vu dans le premier chapitre, entièrement consacré à cette démonstration.
3. Chap. I, p. 11.

s'attaquèrent, car ils avaient, dès le début, l'intention bien arrêtée d'y substituer le drame.

Faut-il rappeler les principaux auteurs tragiques de cette époque? On peut à peine les distinguer l'un de l'autre; et, par exemple, de Brifaut ou de Lancival, on serait bien embarrassé pour dire lequel a fait les pièces les plus froides et les plus plates. Dépourvue d'action, la tragédie pseudo-classique consiste en tirades et en récits. Ses personnages se meuvent dans un milieu abstrait. Ils n'ont pas eux-mêmes de caractère propre; ils redisent les lieux communs traditionnels, ils répètent les gestes d'usage avec une solennité compassée et mécanique. Quant au style [1], ce ne sont que clichés. On imite tantôt Corneille, tantôt Racine; on croit atteindre la perfection de l'art lorsqu'on juxtapose bout à bout un hémistiche de l'un et un hémistiche de l'autre; jamais quelque expression originale ne décèle soit l'individualité d'un personnage, soit celle du poète. Aussi bien, on s'interdit, renchérissant encore sur les classiques, toute façon de parler naturelle et simple. Voici, par exemple, des vers de Racine que, dans la dernière partie du xviiie siècle, on juge malséants à la noblesse tragique :

> ... Crois-tu, si je l'épouse,
> Qu'Andromaque en son cœur n'en sera pas jalouse [2]?

> A-t-on vu de ma part le roi de Comagène [3]?

> Comme vous, je m'y perds d'autant plus que j'y pense [4].

---

1. Sur la langue et le style de la tragédie pseudo-classique, cf. chapitre II.
2. *Andromaque*, acte II, scène v.
3. *Bérénice*, acte II, scène I.
4. *Ibid.*, *ibid.*, scène v.

Quoi, Seigneur? le sultan reverra son visage [1]?

Elle veut, Acomat, que je l'épouse. — Hé bien [2]!

Voltaire nous apprend que, de son temps, on tenait ces vers pour « communs ». Lui-même n'y trouve point à redire, mais il les compare à des fils de laiton qui joignent des diamants et des perles [3]. Et, depuis, les délicatesses du goût se raffinèrent toujours davantage; on taxait la simplicité de bassesse et le naturel de platitude.

Il y eut cependant quelques novateurs. Tout en respectant les règles, Voltaire rendit l'action plus libre, plus vive, plus rapide, et rechercha la couleur historique dans la représentation des mœurs ou même des caractères. Après lui, d'autres poètes essayèrent, à son exemple, de rajeunir et de diversifier le genre tragique; mais ils ne devaient qu'en prolonger la vieillesse languissante.

Ducis, admirateur de Shakespeare, fait successivement jouer *Hamlet*, *Roméo et Juliette*, *le Roi Léar*, *Macbeth*, *Othello* : ces tragédies ne sont que de pâles adaptations; il y édulcore le poète anglais afin de l'accommoder au goût pseudo-classique. « Outre les irrégularités sauvages dont le drame abonde, dit-il d'*Hamlet*, le spectre, les comédiens de campagne et le combat au fleuret m'ont semblé des ressorts absolument inadmissibles »; et le voilà donc « obligé en quelque façon de créer une pièce nouvelle [4] ». Il déclare s'être attaché, dans son *Mac-*

1. *Bajazet*, acte I, scène I.
2. *Ibid.*, acte II, scène III.
3. *Dictionnaire philosophique*, article sur le *Style*.
4. Lettre à Garrick, 14 avril 1769.

beth, « à faire disparaître l'impression de l'horreur [1] ». Dans son *Othello* enfin, il ne garde, de la pièce anglaise, guère plus que le titre. Il attend le dénouement pour démasquer « l'exécrable Pézare [2] »; et, de la sorte, presque aussitôt que les spectateurs connaissent sa perfidie, le châtiment du « monstre » soulage leur conscience. Craignant de montrer un nègre sur le théâtre, il donne au More je ne sais quel « teint jaune et cuivré [3] ». Du reste l'Othello français, mieux appris que son noir prototype, n'étouffe point Hédelmone [4], mais la perce, selon le mode classique, d'un homicide acier; et même, dans un second dénouement, réclamé par les âmes sensibles, Moncénigo l'arrête avant le coup fatal, et Lorédan lui explique la trahison de Pézare. C'est ainsi que Ducis « acclimate » Shakespeare. Il se félicitait pourtant de son audace. « J'aime, écrit-il ingénument, à traverser les abîmes, à franchir des précipices; je sens qu'au fond je suis indisciplinable [5] ». Et, nous allons le voir, il excéda souvent la mesure de ce qu'admettait alors un public français.

Transformant notre régime politique et social, la Révolution devait transformer aussi nos idées et nos sentiments; mais la littérature et surtout le genre dramatique n'en subirent l'influence que longtemps après. Sous la Terreur, Marie-Joseph Chénier ressasse les tirades sacramentelles, qu'il approprie aux événements et aux passions du temps. Sous l'Empire, Népomucène Lemercier peut bien passer

1. Préface de *Macbeth*.
2. C'est de ce nom que Ducis appelle Iago.
3. Préface d'*Othello*.
4. C'est de ce nom que Ducis appelle Desdémone.
5. Lettre à Deleyre, 5 févr. 1781.

pour un réformateur : il mêle dans *Pinto* l'élément
comique et l'élément tragique, et, suivant son
expression, « dépouille la tragédie du faux appareil
de grandeur qui la couvrait; » il ose, dans *Christophe Colomb*, mettre la scène sur un navire. Cependant, malgré des accès d'indépendance il est foncièrement classique. Son *Cours de littérature* nous
le montre asservi à l'ancienne discipline, et l'école
nouvelle trouva en lui un de ses adversaires les
plus intransigeants. Contemporain de Lemercier,
Raynouard a beau se donner, avec *les Templiers*
d'abord, puis avec *les États de Blois*, comme le
créateur d'un théâtre national : même en traitant
des sujets « tirés de nos annales », il respecte les
formes établies; il imite Voltaire, son véritable
maître. Durant la Restauration, Alexandre Soumet
et Pierre Lebrun, quoiqu'ils ne manquent pas de
talent, échouent dans leur tentative de ménager une
transition entre la tragédie et le drame. Le seul
moyen pour réformer notre théâtre, pour lui rendre
la vie, c'était de rompre franchement avec les règles
et les modèles.

Tous ces poètes d'ailleurs, à commencer par
Ducis, sont en avance sur le public. Lekain, qui
refusa de jouer Hamlet, traduisait les scrupules du
goût contemporain lorsqu'il exprimait ses préven-
tions insurmontables contre un pareil rôle. Quelque
timide que nous trouvions Ducis, on le taxait en
son temps de révolutionnaire, et ses tragédies
imitées de Shakespeare, quelque peu shakespea-
riennes qu'elles fussent, dénotaient une hardiesse qui
risquait de lui coûter cher. « J'ai tremblé plus d'une
fois, je l'avoue, écrit-il dans la préface du *Roi Léar*,

quand j'ai eu l'idée de faire paraître sur la scène
française un roi dont la raison est aliénée. Je
n'ignore pas que la sévérité de nos règles et la
délicatesse de nos spectateurs nous chargent de
chaînes ». En vain il « adoucit » *Macbeth*, le conforme de son mieux aux bienséances traditionnelles : on blâme « le choix du sujet comme une
chose atroce[1] ». Dans *Othello*, il éclaircit la couleur du More en se disant que « le teint jaune et
cuivré a l'avantage de ne point révolter l'œil du
public et surtout celui des femmes[2] ». De même pour
l'étrange façon dont il modifie le rôle d'Iago : « Je
suis bien persuadé, déclare-t-il, que, si les Anglais
peuvent observer tranquillement les manœuvres
d'un pareil monstre sur la scène, les Français ne
pourraient jamais un moment y souffrir sa pré-
sence, encore moins l'y voir dévoiler toute l'étendue
et toute la profondeur de sa scélératesse. C'est ce
qui m'a engagé à ne faire connaître le personnage
qui le remplace dans ma pièce que tout à la fin...
J'ai pensé que, si le spectateur avait pu le soup-
çonner seulement, au travers de son masque, d'être
le plus scélérat des hommes, c'en était fait du sort
de tout l'ouvrage[3] ». Quant au second dénouement,
où l'on voit Moncénigo retenir le bras du More
déjà levé sur Hédelmone, il ne s'en avisa que parce
que le premier avait produit une « impression horrible » et comme un « soulèvement ».

Les répugnances du public pour tout ce qui
contrevenait aux règles et pour tout ce qui portait atteinte à la noblesse tragique, son hostilité

1. Lettre à Sedaine, févr. 1775.
2. Préface de la pièce.
3. *Ibid.*

contre toute tentative de renouveler le genre dramatique, d'y introduire un peu de réalité vivante,
retardèrent pendant cinquante ans la réforme
nécessaire. Lorsque Pierre Lebrun donna sa *Marie
Stuart*, en 1820, on lui reprocha de transporter la
scène, qui se passe durant les cinq actes à Fothe-
ringay, d'une salle de ce château dans une autre.
Alfred de Vigny fait jouer en 1829 *le More de Venise*;
malgré les changements et les retranchements qu'y
a subis le drame de Shakespeare, la représentation
est, à chaque instant, interrompue par des sifflets;
ce fut, dit-il, « un scandale qui eût été moins grand,
si le More eût profané une église [1] ». Quand *Hernani*,
quelques mois après, inaugure la dramaturgie
nouvelle, l'accueil qu'il reçoit montre assez combien
les préjugés restent encore tenaces. Victor Hugo
pourtant ne mit pas sa pièce à la scène telle qu'il
l'avait écrite : il supprima des « développements
de passion », des « détails de mœurs », des
« saillies de caractère », en attendant le jour où les
progrès du public lui permettraient de les rétablir [2].
Hernani n'en déchaîna pas moins un violent tumulte.
On protesta contre la transgression des unités de
temps et de lieu. On ne put souffrir que don Carlos
demandât : « Est-il minuit? » et qu'un de ses cour-
tisans lui répondît : « Minuit bientôt [3] ». On se
plaignit que le dernier acte « commençât dans les
fééries d'un bal de l'Opéra » et qu'il « finît sur un

---

1. Avant-propos de l'édition de 1829.
2. Note à la préface.
3. « A ce passage, le rire devint une huée » (*Victor Hugo
raconté par un témoin de sa vie*). — Cf. Théophile Gautier : « Un
roi demande l'heure comme un bourgeois, et on lui répond
comme à un rustre : Minuit » (*Histoire du Romantisme*).

spectacle digne de la Morgue [1] ». Toute la critique
fit rage; une pétition fut adressée à Charles X [2]
pour qu'il interdît la pièce, et, parmi les signataires
de cette pétition, figuraient plusieurs des poètes
qui avaient tenté de réformer notre scène.

Le nouveau drame s'opposait non seulement au
théâtre de Jouy et de Viennet, mais à celui des
classiques eux-mêmes; car, si vrai soit-il en un certain, sens, notre théâtre classique représente une
vérité idéale.

La tragédie de Corneille peint des héros au-dessus
de la nature par la sublimité de leur vertu, ou,
quand ils sont criminels, par une force d'âme
surhumaine. Et, pour leur donner les moyens de
manifester cette force d'âme ou cette vertu, elle
choisit les situations les plus extraordinaires. Elle
n'a, elle ne veut rien avoir de réaliste. On dit trop peu
en disant que Corneille idéalise : il qualifie de « très
fausse » la maxime en vertu de laquelle on proscrit
les invraisemblances; il préfère à tout autre un
sujet « qui ne trouverait aucun crédit » si « l'autorité de l'historien ne le soutenait [3] ». Des situations
et des héros « hors de l'ordre commun », voilà ce
qu'il veut trouver chez Tite-Live ou chez Justin; il
ne se soucie d'être historiquement vrai qu'afin d'au-

1. Armand Carrel, le *National* du 29 mars 1830.
2. « ... Sire, le mal est grand déjà! Encore quelques mois,
et il sera sans remède; encore quelques mois, et, fermé tout
à fait aux ouvrages qui faisaient les délices de la plus polie
des cours, de la nation la plus éclairée, le théâtre fondé par
Louis-le-Grand sera tombé au-dessous des tréteaux les plus
abjects, ou plutôt le Théâtre-Français aura cessé d'exister. »
3. *Discours du Poème dramatique.*

toriser dans ses ouvrages « les choses passant la croyance ». Il déclare en termes exprès que « le sujet d'une belle tragédie *doit n'être pas vraisemblable*[1] ». Plus une tragédie « étonne » les auditeurs, plus elle lui paraît belle.

On objectera sans doute que Corneille n'appartient point à la génération proprement classique; on allèguera que Racine, attaqué par les Saint-Évremond et les Fontenelle comme rabaissant l'idéal de la tragédie, lui reproche de « s'écarter du naturel[2] ». Racine est-il donc plus réaliste? Il l'est certainement, à considérer ses sujets et ses personnages, « pris, selon le mot de La Bruyère, dans le bon sens, dans la nature[3] ». Mais ce qui le rend encore moins réaliste que son devancier, c'est le souci de la noblesse tragique.

Rappelons seulement de quelle manière il imite Euripide; un ou deux exemples suffiront pour montrer à quel point il pousse ses scrupules.

Euripide fait raconter la mort d'Hippolyte par un esclave; cet esclave, palefrenier du jeune prince, n'omet aucune des circonstances qui ont dû particulièrement l'intéresser ou le frapper; il parle le langage de son état; il exprime sa douleur avec une naïveté toute populaire. Chez Racine, Théramène est, non pas un palefrenier, mais le gouverneur d'Hippolyte; il ne rapporte de la catastrophe que ce qu'il peut tourner en vers harmonieux; et, quand ses larmes coulent malgré lui, il s'excuse de manquer aux devoirs d'un sujet.

Semblablement, l'*Iphigénie* grecque nous met

1. Préface d'*Héraclius*..
2. Première préface de *Britannicus*.
3. *Caractères*, chap. I, § 54.

sous les yeux Clytemnestre arrivant dans le camp;
elle demande qu'on lui donne la main pour descendre de son char, s'assure que les femmes du
chœur reçoivent doucement sa fille entre leurs
bras et calment les chevaux avant de prendre le
petit Oreste endormi : cette scène d'une familiarité
charmante, Racine la supprime. De même, au début
de la pièce, nous voyons Agamemnon qui allume sa
lampe, écrit une lettre, la cachette, puis la rouvre,
la jette enfin sur le sol en pleurant à chaudes
larmes. Dans l'*Iphigénie* française, le Roi des rois,
aussitôt paru, éveille Arcas par ces pompeux alexandrins :

> Oui, c'est Agamemnon, c'est ton roi qui t'éveille;
> Viens, reconnais la voix qui frappe ton oreille.

Et, d'un ton aussi solennel, Arcas répond :

> C'est vous-même, Seigneur? Quel important besoin
> Vous a fait devancer l'aurore de si loin?
> A peine un faible jour vous éclaire et me guide, etc.

Les traits de réalité si expressifs, si caractéristiques, qui, chez le poète grec, nous rendaient sensibles le trouble et les angoisses d'Agamemnon, le
poète français les retranche comme incompatibles
avec les bienséances de la tragédie.

Parmi toutes ses pièces, *Athalie* passe justement
pour celle qui s'assujettit le moins aux conventions
classiques. Mais ce n'est pas sans raison que les
novateurs de 1830 lui reprochaient d'y amortir la
couleur propre de son sujet, soit en omettant les
détails pittoresques par lesquels se marquait la civilisation judaïque, soit en effaçant ce qu'avait de
plus significatif la figure morale des personnages.
« L'idôlatrie monstrueuse de Tyr et de Sidon, dit

Sainte-Beuve, devait être opposée au culte de
Jéhovah dans la personne de Mathan, qui, sans cela,
n'est qu'un mauvais prêtre, débitant d'abstraites
maximes... Joad est beau, noble et terrible; mais
on le conçoit plus terrible encore et plus inexo-
rable, pour être le ministre d'un Dieu de colère.
Quand il arme les lévites et qu'il leur rappelle que
leurs ancêtres, à la voix de Moïse, ont autrefois
massacré leurs frères — (« Voilà ce que dit le Seigneur, Dieu d'Israël : « Que chaque homme place
« son glaive sur sa cuisse, et que chacun tue son
« frère, son ami, et celui qui lui est le plus proche. »
Les enfants de Lévi firent ce que Moïse leur avait
ordonné »), — il délaye ce verset en périphrases
évasives :

> Ne descendez-vous pas de ces fameux lévites
> Qui, lorsqu'au Dieu du Nil le sauvage Israël
> Rendit dans le désert un culte criminel,
> De leurs plus chers parents saintement homicides,
> Consacrèrent leurs mains dans le sang des perfides? [1] »

C'est, à vrai dire, de 1829 que date l'article où
Sainte-Beuve critique de la sorte *Athalie;* et,
romantique militant, il écrivait alors ses « portraits » de Boileau, de Corneille ou de Racine afin
de justifier la rénovation poétique. Mais, s'attachant
de préférence, après le triomphe du romantisme,
à mettre en lumière la beauté ou même la vérité
de notre tragédie classique, jamais il ne consentit
que Racine fût un réaliste. Trente ans plus tard,
s'il le déclare « naturel » par comparaison avec
Corneille, qui se tient « hors de la nature », il
remarque aussi que la loi fondamentale de son art

---

1. *Portraits littéraires*, t. I, p. 89.

consiste à « choisir » : Racine « ennoblit tout », « ne
laisse subsister que le beau », « n'admet, fût-ce en
peignant ses monstres, que les plus nobles formes,
les plus belles expressions des passions humaines ».
« Je suis resté stupéfait l'autre jour, ajoute-t-il,
d'entendre un homme de goût... qualifier Racine
de *prince de l'école réaliste* »; et cette qualification,
il la traite de contresens [1].

Malgré ses fantaisies et ses divagations, sur lesquelles ce n'est pas ici le lieu d'insister, le drame
ne s'en opposa pas moins à la tragédie comme à un
genre dont la matière même et l'objet ne compor-
taient rien de réel. Imiter la nature, l'imiter aussi
fidèlement, aussi complètement que possible, tel
est le principe d'après lequel fut réformé notre
théâtre.

Et d'abord le romantisme abrogea la règle des
trois unités.

Il est vrai que les classiques se les étaient imposées en vue de la vraisemblance. Corneille, qui ne
les observe pas toujours à la rigueur, en reconnaît cependant l'autorité, et il les appuie sur la
raison naturelle. Car, écrit-il, la tragédie « est
une imitation, un portrait » de la vie humaine; or
« les portraits sont d'autant plus excellents qu'ils
ressemblent mieux à l'original [2] ». Concédant ou
même réclamant le droit de dépasser les vingt-
quatre heures, il veut, préoccupé de cette ressem-

1. *Nouveaux Lundis*, t. III, p. 61, 62.
2. *Discours des trois unités.*

blance, qu'on les dépasse le moins possible. Et
pareillement il « accorderait très volontiers que ce
qu'on ferait passer dans une seule ville observerait
l'unité du lieu. » Mais pourquoi souhaiterait-il « que
ce qu'on fait voir sur un théâtre qui ne change pas
pût s'arrêter dans une chambre ou dans une salle? »
« Ne point gêner du tout le spectateur », ne lui
proposer que des choses « raisonnables », voilà
la « maxime » d'où il part[1]. C'est la maxime de Boileau comme celle de Corneille :

> Nous que *la raison* à ses règles engage,
> Nous voulons qu'avec art l'action se ménage,
> Qu'en un lieu, qu'en un jour, un seul fait accompli
> Tienne jusqu'à la fin le théâtre rempli [2].

Invoquant par surcroît l'exemple des anciens, Corneille et Boileau invoquent d'abord la raison pour
justifier les règles du lieu et du temps; et il ne faut
pas méconnaître ce qu'elles ont de fondé.

Néanmoins, quelque réaliste que soit aujourd'hui
notre théâtre, aucun auteur dramatique ne songe à
observer ces règles. Et qui donc, s'avisant d'en
prendre la défense, ferait valoir l'argument de Boileau et de Corneille? Ce qu'on dirait, c'est que la
tragédie classique leur doit dans une large mesure
sa belle et forte ordonnance. Mais le genre dramatique suppose nécessairement une part (convention; en observant les unités, on ne la supprime pas.
S'il est invraisemblable que l'action passe en durée
le temps pendant lequel on la joue, ne l'est-il donc
pas qu'elle dure vingt-quatre heures? Et, s'il est
invraisemblable que la scène change d'acte en acte,

---

1. *Discours des trois unités.*
2. *Art poétique*, chant III, v. 43 et suiv.

l'est-il moins qu'elle représente Athènes ou Rome dans un théâtre sis au Marais ou rue Mauconseil?

Du reste, l'observation des unités entraînait maintes invraisemblances d'une autre sorte.

Pour l'unité du temps on cite souvent la tragédie de Raynouard où les Templiers, en vingt-quatre heures, sont jugés, condamnés et livrés au bourreau. Nos classiques nous fourniraient de plus illustres exemples. A peine Rodrigue revient-il de tuer le père de sa maîtresse que celle-ci le reçoit chez elle; Scudéry, après tout, n'avait pas tellement tort d'appeler Chimène une fille dénaturée. Mais que dire de tant de faits entassés dans un temps si court? Le poète nous montre Rodrigue tuant don Gormas, employant sa nuit à défaire les Mores, et, chaud encore de la mêlée, ferraillant avec don Sanche. Pourquoi ne pas remettre au lendemain le second duel? Don Diègue déclare qu'on ne saurait « différer davantage »; on ne saurait excéder l'espace de temps réglementaire. Puis, comme le roi proteste :

> Sortir d'une bataille et combattre à l'instant!

il le rassure par ces mots :

> Rodrigue a pris haleine en vous la racontant [1],

et, finalement, accorde *une* ou *deux* heures. Corneille se reprocha toujours « d'avoir fait dire au roi qu'il voulait que le Cid se délassât une heure ou deux après la défaite des Mores avant que de combattre don Sanche ». Il prétendait ainsi « montrer que la pièce tenait dans les vingt-quatre heures »;

---

1. *Le Cid*, acte IV, scène v.

et « cela ne servit qu'à avertir les spectateurs de la contrainte avec laquelle il l'y avait réduite[1] ». S'il s'était abstenu de « désigner l'heure du combat », personne, écrit-il, n'eût remarqué sa gêne. Cet aveu naïf dénote l'innocent artifice dont usaient la plupart des poètes pour observer l'unité de temps sans invraisemblances trop sensibles.

De même quant à l'unité de lieu. Citerons-nous d'abord une comédie? Dans l'École des femmes, Arnolphe claquemure Agnès et n'a d'autre souci que de la tenir loin de tout commerce avec aucun homme; or la pièce entière se joue « sur une place »; et, dès le premier acte, il fait descendre la jeune fille, afin d'avoir avec elle, sur cette place publique, une conversation secrète; et, dès qu'elle remonte, voici venir Horace; et, si peu qu'elle eût tardé, Arnolphe en personne aurait dû lui présenter le galant. Mais passons à la tragédie; les invraisemblances où l'obligeait l'unité de lieu ne sont guère moins choquantes. Pauline va recevoir Sévère dans une antichambre au lieu d'attendre sa visite. Pompée commet l'imprudence de se rendre dans une ville qu'occupe Sertorius. Il a beau dire :

La parole suffit entre les grands courages;

son « échappée[2] » ne saurait s'expliquer que par l'obligation de ne pas changer le lieu de la scène. Aussi bien Corneille triche souvent la règle du lieu comme celle du temps : eût-il pu faire paraître l'un après l'autre Auguste et Cinna dans la même salle, Cinna déclamant contre Auguste, Auguste décla-

1. *Discours sur la Tragédie.*
2. C'est le mot de Corneille.

mant contre Cinna? Il invente des expédients, il
ruse, il finasse. « Pour rectifier en quelque façon
la duplicité de lieu quand elle est inévitable, je voudrais, déclare-t-il, qu'aucun des deux ne fût jamais
nommé... Cela aiderait à tromper l'auditeur[1] ».
Tromper l'auditeur, dit Corneille; la règle du lieu
comme celle du temps y forçait en bien des cas le
poète tragique, et son art n'avait pas de meilleur
emploi[2].

Racine, convenons-en, observe les unités sans
gêne apparente. Mais c'est une raison d'admirer
son adresse, ce n'en est pas une de justifier des
règles qui, même lorsqu'elles se conciliaient avec la
vraisemblance, faisaient de la tragédie une composition nécessairement artificielle et conventionnelle.

En les abolissant, le romantisme voulait aussi
donner plus de champ et plus d'espace soit au développement des caractères, soit à celui de l'action.

Dans la tragédie, qui ne dure que vingt-quatre
heures, un caractère ne doit subir aucune modification. Les personnages tragiques restent jusqu'à la
fin tels qu'on les a vus d'abord[3]. Ceux de Corneille
en particulier sont presque toujours raides et fixes,
« tout d'une pièce ». Voici, par exemple, le jeune

---

1. *Troisième Discours sur l'Art dramatique.*
2. Corneille est si embarrassé par l'unité de lieu qu'il propose
je ne sais quel lieu purement virtuel : « Les jurisconsultes
admettent des fictions de droit; je voudrais, à leur exemple,
introduire des fictions de théâtre pour établir un lieu théâtral
qui ne serait ni l'appartement de Cléopâtre ni celui de Rodogune
dans la pièce qui porte ce titre, ni celui de Phocas, de Léon-
tine ou de Pulchérie dans *Héraclius*, mais une salle sur laquelle
ouvrent ces divers appartements » (*Troisième Discours sur l'Art
dramatique*).
3. Cf. Boileau, *Art poétique*, chant III, v. 126.

Horace ou Nicomède. Quand ils ont débité un ou deux couplets, nous les connaissons entièrement, nous savons d'avance et ce qu'ils feront et ce qu'ils diront; cinq actes durant, leur attitude, leurs gestes, leur langage demeurent identiques. Sans doute les personnages de Racine sont beaucoup plus complexes et beaucoup plus mobiles; incapables de se dominer, ils passent par des variations perpétuelles, et quelques-uns oscillent encore quelques scènes avant le dénouement. Mais cela ne les empêche pas de rester au fond immuables. Si leur passion les emporte en divers sens, on ne saurait dire qu'ils « évoluent », car c'est cette passion qui leur inspire tour à tour des sentiments et des actes contradictoires. Néron lui-même ne change point; il est le « monstre naissant[1] », il l'est d'un bout à l'autre; malgré sa fausse renommée de vertu, il est un monstre dès la première scène, où sa mère prévoit en lui le parricide.

Affranchi de l'unité de temps, le drame nous montre des personnages qui peuvent non seulement se manifester, comme les héros de Corneille et de Racine, mais se développer, se modifier. Othello n'est pas aussitôt jaloux; sa jalousie naîtra sous nos yeux[2]. Et rappelons-nous, dans Victor Hugo, le don Carlos d'*Hernani*. Aux trois premiers actes, hormis quelques mots qui laissent deviner ce qu'il

---

1. Première préface de *Britannicus*.
2. Cf. Stendhal : « La tragédie racinienne ne peut jamais prendre que les trente-six dernières heures d'une action : donc jamais de développement de passion. Il est intéressant, il est beau de voir Othello, si amoureux au premier acte, tuer sa femme au cinquième. Si ce changement a lieu en trente-six heures, il est absurde, et je méprise Othello » (*Racine et Shakespeare*).

deviendra par la suite, les traits dominants de son
caractère sont « la gaieté, l'insouciance, l'esprit
d'aventure et de plaisir [1] » ; une fois empereur, nous
voyons se marquer chez lui la fermeté, la hauteur
et la prudence relevée d'audace où l'on reconnaît
Charles-Quint.

A l'égard de l'action, elle consistait chez les classiques en ce qu'Alfred de Vigny appelle « le tableau
resserré de la catastrophe d'une intrigue [2] ». Pour
observer les unités, le poète devait opprimer et
mutiler la nature. Des unités, comme le remarque
encore Vigny, procède « cette parcimonie de scènes
et de développements, ces faux retardements, et,
puis, tout à coup, cette hâte d'en finir, mêlée à
cette crainte que l'on sent partout de manquer
d'étoffe [3] ». OEuvre spécieuse et savante, la tragédie
ne veut point imiter la nature, l'imiter du moins
avec autant d'exactitude que le permettent les
nécessités théâtrales. Elle la simplifie, la rectifie et
l'unifie selon des règles purement logiques. S'éle-
vant, dans la préface de *Cromwell*, contre les
« routiniers » qui allèguent la vraisemblance en
faveur de ces règles, Victor Hugo montre que « le
réel les tue ». Sans porter atteinte à l'unité dramatique, le romantisme se libère des unités afin de
rendre le théâtre plus réel.

Les classiques, d'autre part, mettent en récit tout
ce qui ferait impression sur les sens. « Nous ne
voyons, dit Victor Hugo, que les coudes de l'action;

1. Note à la suite d'*Hernani*.
2. *Lettre à lord****.
3. *Ibid.*

ses mains sont ailleurs[1] ». Et, un peu plus loin, il regrette que les préjugés du temps aient empêché Racine de représenter à nos yeux le banquet « où l'élève de Sénèque empoisonne Britannicus dans la coupe de la réconciliation ». La tragédie ne devait parler qu'à l'âme des spectateurs et l'action s'y passait dans l'âme des personnages. Comme Boileau le dit après Horace,

> Les yeux, en *la* voyant saisiraient mieux la chose;

seulement, la représentation de certaines choses ne paraissait pas compatible avec le caractère idéal du genre tragique :

> ...Il est des objets que l'art judicieux
> Doit offrir à l'oreille et reculer des yeux[2].

Et certes ces objets-là, quand on les offre aux yeux, produisent une émotion de qualité inférieure, qui n'a rien de moral ou d'intellectuel, rien de vraiment esthétique. Aussi admirons-nous à juste titre notre tragédie nationale pour la haute noblesse de sa conception. Mais elle ne reproduit pas la vie réelle; et, moins noble que la tragédie, le drame, par là même, est plus réaliste.

C'est ce qu'on peut dire aussi quant à l'exclusion du comique. Victor Hugo rappelle que les Grecs, sur lesquels nos classiques faisaient profession de

---

1. Préface de *Cromwell*. — « De graves personnages, placés entre le drame et nous, viennent nous raconter ce qui se fait dans le temple, dans le palais, dans la place publique, de façon que, souventes fois, nous sommes tentés de leur crier : — Vraiment! mais conduisez-nous donc là-bas » (*Ibid.*).
2. *Art poétique*, chant III, v. 52 et suiv.

prendre modèle, avaient parfois mêlé des scènes de comédie au poème tragique ; il cite celle du Phrygien dans *Oreste*, et, dans *Hélène*, celle de Ménélas avec la portière du palais [1]. Les classiques, eux, séparaient rigoureusement les deux genres. Boileau déclare que la comédie exclut de « tragiques douleurs » [2] ; et du reste il ne paraît pas permettre, comme Horace, qu'elle hausse parfois le ton. A l'égard de la tragédie, il croit inutile de lui interdire le comique, tant un pareil mélange semblait alors quelque chose de monstrueux. La tragi-comédie elle-même demeure toujours grave : ce qui la distingue de la tragédie proprement dite, c'est que ses sujets sont fictifs et que son dénouement peut être heureux ; aussi bien, quand parut Racine, aucune tragi-comédie nouvelle n'avait été représentée depuis plus de vingt ans. Le classicisme n'admet ni le moindre élément tragique dans une comédie, ni surtout le moindre élément comique dans une tragédie [3]. Or, en isolant les deux éléments l'un de l'autre, il sacrifiait encore la réalité au noble idéal selon lequel se concevait la tragédie. Et la nouvelle école, en les unissant, fit pré-

1. Il aurait pu en citer bien d'autres, non seulement d'Euripide, mais aussi d'Eschyle et de Sophocle : d'Eschyle, celle où l'Océan propose à Prométhée d'intervenir auprès de Jupiter (*Prométhée enchaîné*), celle où la nourrice d'Oreste, rappelant quels soins elle a pris de son nourrisson, indique les détails les plus humbles et les plus vulgaires (*les Choéphores*) ; de Sophocle, celles où paraissent le garde, dans *Antigone*, et, dans *OEdipe roi*, le messager.

2. *Art poétique*, chant III, v. 402.

3. On reprocha à Racine, quelque tragique qu'en soit l'effet, la scène de *Britannicus* où Néron se cache derrière un rideau, et celle de *Mithridate* où, pour découvrir les véritables sentiments de Monime, Mithridate use du même artifice qu'Harpagon dans *l'Avare*.

valoir, là comme ailleurs, le souci de la réalité sur celui de la noblesse.

Ne disons même pas que le drame mêle le comique et le tragique : en vérité le tragique, au sens propre du mot, n'y tient et ne saurait y tenir aucune place ; car ce mot suppose une solennité de tenue, de gestes et de langage à laquelle le drame répugne. Disons qu'il mêle le rire et les pleurs.

Mais, après tout, la plupart des drames renferment peu de scènes vraiment comiques. La différence capitale avec la tragédie consiste dans le ton. Celle-là s'accuse d'un bout à l'autre ; aucune scène, et, pour ainsi dire, aucun alexandrin qui ne la rende plus ou moins sensible. Voici par exemple le début d'*Hernani* :

> Serait-ce déjà lui? C'est bien à l'escalier
> Dérobé. — Vite, ouvrons... Bonjour, beau cavalier.

De tels vers n'ont assurément rien de comique ; et cependant on sait aussitôt que la pièce à laquelle ils appartiennent n'est pas une tragédie, qu'elle est un drame.

Devons-nous citer de préférence quelque morceau pathétique? Voici la tirade de Ruy Gomez, lorsque, rentrant la nuit dans son palais, il trouve deux hommes chez doña Sol :

> Des hommes chez ma nièce à cette heure de nuit!
> Venez tous, cela vaut la lumière et le bruit.
> Par saint Jean d'Avila, je crois que, sur mon âme,
> Nous sommes trois chez vous; c'est trop de deux, Madame [1]!

---

1. Acte Ier, scène III. — A la première représentation, « un rire immense » du balcon et des stalles d'orchestre accueillit ce couplet; les classiques en trouvaient le ton déplacé dans une pareille scène, comme si le drame devait se soumettre aux conventions de la tragédie.

Jamais Racine ou même Corneille firent-ils parler leurs personnages avec si peu de majesté? Plus loin, le vieillard exprime ainsi son indignation :

. . . . Quant à ces félons
Qui, le soir, et les yeux fixés sur leurs talons,
Ne fiant qu'à la nuit leurs manœuvres infâmes,
Par derrière aux maris volent l'honneur des femmes,
J'affirme que le Cid, cet aïeul de nous tous,
Les eût tenus pour vils et fait mettre à genoux,
Et qu'il eût, dégradant leur noblesse usurpée,
Souffleté leur blason du plat de son épée.

C'est là sans doute un beau couplet. Mais pourtant n'importe lequel de ces alexandrins, si nous le trouvions dans une scène de Racine, nous choquerait nous-mêmes comme hors du ton. Ni la colère, ni l'amour, ni la haine, ni le désespoir ne parlent chez Victor Hugo de la même manière que chez les classiques. Non seulement il mêle du « grotesque » au « sublime », mais son sublime, exempt de ce que les classiques appelaient la noblesse, reste toujours en contact avec cette réalité qui pénètre le drame de partout, qui, pour ainsi dire, en est l'atmosphère.

Le drame ayant pour objet de peindre la vie réelle, nous nous y sentons tout aussitôt dans un autre milieu que celui de la tragédie. Une chambre à coucher; une lampe sur la table; doña Josefa fermant les rideaux de la fenêtre et rangeant des fauteuils : voilà ce que représente la première scène d'*Hernani*. Puis, quelqu'un frappe deux coups à une petite porte dérobée. C'est don Carlos; la duègne le regarde « sous le nez », recule d'étonnement, crie : *au feu!* Il lui donne le choix entre sa bourse et sa dague, il se fait cacher par elle dans

une armoire. Survient doña Sol; d'abord qu'elle
est entrée, on entend des bruits de pas : Hernani
paraît en costume de montagnard, portant un cor
passé à sa ceinture. Doña Sol court vers le jeune
homme; elle touche son manteau trempé de pluie,
elle le lui enlève, et, appelant la duègne : « Josefa,
dit-elle,

. . . . Fais sécher le manteau.

Comparez maintenant la tragédie au drame. Chez
nos classiques, nous ne voyons plus rien de réel.
L'action ne se déroule pas dans tel ou tel endroit,
mais « sur le théâtre ». Elle est en dehors du
temps aussi bien que de l'espace; à peine si quelquefois, pour bien indiquer qu'elle commence dès
le point du jour, car l'unité des vingt-quatre heures
contraint les héros tragiques de se lever tôt, un
personnage dit, comme Joad :

. . Du temple déjà l'aube blanchit le faite [1],

ou, comme Arcas :

. . . . Quel important besoin
Vous a fait devancer l'aurore de si loin [2] ?

La tragédie nous transporte en un milieu vague,
neutre, expurgé des contingences physiques. Con-
çoit-on Achille ou Xipharès apparaissant sur la
scène avec un manteau mouillé, et Iphigénie ou
Monime s'écriant à la manière de doña Sol :

Votre manteau ruisselle. Il pleut donc bien !

1. *Athalie*, acte I, scène i.
2. *Iphigénie*, acte I, scène i.

Le théâtre tragique refuse tout accès à ces choses réelles et concrètes dont le drame entier s'imprègne et se colore.

L'homme lui-même, ainsi détaché du monde sensible, il nous en montre l'âme seule. Les personnages de la tragédie ne connaissent aucun besoin, aucune souffrance du corps : leur existence est purement morale. Si parfois le poète les marque de quelque trait extérieur, c'est en recourant aux artifices du langage, aux mots nobles, à la périphrase [1]. Le moindre détail susceptible d'évoquer la réalité matérielle altérerait tout de suite la tragédie dans son essence et démentirait la convention fondamentale qu'elle implique. Ici encore les romantiques rappellent le théâtre à la nature. De ce monde fictif où les Corneille et les Racine transportaient leurs personnages, ils nous ramènent sur la terre. Ils représentent de véritables hommes, en chair et en os; ils les déterminent, les caractérisent et les font vivre par la notation de ces traits physiques auxquels répugnait l'idéalisme de la tragédie.

Quant à la peinture des âmes, tandis que la tragédie montrait de préférence leur fond universellement humain, le drame veut diversifier la vérité universelle en y ajoutant la vérité historique. Et de là ce que les novateurs appellent couleur locale.

La couleur locale du théâtre romantique manque souvent d'exactitude relativement aux faits matériels ou même aux sentiments. Dans les pièces de Victor Hugo, l'on signale plus d'une erreur : dans *Ruy*

---

1. Cf. chapitre II.

Blas par exemple, don Antonio Ubilla, qu'il nous donne pour écrivain mayor des rentes, était ministre d'État; don Manuel Arrias, qu'il nous donne pour président de Castille, était gouverneur du Conseil de Castille; la Maison de la reine coûtait annuellement cinq cent soixante-quatorze mille huit cent soixante-six ducats, et non pas, comme il dit, six cent soixante-quatre mille soixante-six. D'autre part, les Hernani, les Didier, les Ruy Blas ont beau revêtir un costume historique : il leur prête, dit-on, sa propre âme, et, portant le lyrisme jusque sur le théâtre, il parle par leur bouche.

Mais, peut-être, quelques inexactitudes touchant le détail des faits ne sont pas d'une telle conséquence; laissons les érudits, dont c'est apparemment l'affaire, chicaner l'auteur de *Ruy Blas* sur le nombre des ducats que coûtait la Maison de la reine. Pour ce qui concerne la vérité historique des « mœurs », son théâtre en contient beaucoup plus que certains critiques ne le prétendent. *Les Burgraves* donnent une très juste impression de l'Allemagne féodale vingt ans après la mort de Frédéric Barberousse; les deux pièces de *Marion Delorme* et de *Ruy Blas*, quoique nous reconnaissions parfois le poète dans Ruy Blas et dans Didier, représentent fort bien, l'une, la France au temps de Louis XIII, l'autre, l'Espagne au temps de Charles II[1]; et

1. « Avec quelle incomparable magie il [Victor Hugo] a reconstruit dans *Ruy Blas* la sombre et fiévreuse Espagne du xviiᵉ siècle ! Mœurs, passions, costumes, caractères, excentricités, famille, usages, étiquette, tout y revit et tout y remue par mille détails vibrants et subtils, incorporés à l'action comme des fleurs à l'étoffe et qui ne font plus qu'un avec elle. Il y a quelques années, écrivant une étude sur la cour d'Espagne sous Charles II, je m'étais entouré des matériaux fournis par l'époque; j'avais

enfin, malgré ce qu'on y trouve de « romantisme »,
Hernani, drame de « l'honneur castillan », n'en
demeure pas moins tout à fait espagnol par les
sentiments et par le ton[1].

Au reste, lors même que la couleur du drame
serait fausse, elle dénoterait cependant un souci des
milieux et des décors réels qui suffit pour le distinguer de la tragédie. Rompant avec les abstractions
classiques, il y substitue la réalité positive et relative.
Si le roman historique frayait le chemin à George
Sand et à Balzac[2], le drame a préparé ce nouveau
genre de théâtre qui, dans la seconde moitié du
XIXe siècle, peindra les mœurs et les figures de la
société contemporaine.

consulté tous les documents, feuilleté toutes les chroniques,
relu toutes les relations et tous les mémoires. Mon étude écrite,
je rouvris *Ruy Blas*. Quelle surprise et quel éblouissement! Ce
fragment de siècle que je venais d'exhumer de tant de recherches, je le trouvais vivant et mouvant dans l'harmonie d'un
drame admirable » (Paul de Saint-Victor).

1. « La couleur locale des drames d'Hugo n'est pas visible
seulement dans les costumes et les décors; elle est diffuse dans
la pièce tout entière; elle est dans la conversation des personnages, dans leurs gestes, dans leur manière d'être, dans mille
détails inaperçus qui se réunissent pour concourir à l'impression
d'ensemble.... Il a merveilleusement réussi dans ses tentatives
pour faire revivre le passé. » (Brunetière, *Victor Hugo.*)

2. Cf. p. 184.

CHAPITRE IV

LES GENRES LITTÉRAIRES : HISTOIRE, CRITIQUE

I. — HISTOIRE.

L'histoire, durant le XVIIᵉ et le XVIIIᵉ siècle, produit à peine deux ou trois œuvres dignes d'être comparées avec celles dont s'illustrent tous les autres genres. Bien peu de grands écrivains y appliquent leur talent; et d'ailleurs, elle ne les intéresse pas tant par elle-même que par les arguments dont elle les munit pour la défense d'une thèse.

Entre les historiens proprement dits du XVIIᵉ siècle, Mézeray seul mérite une place dans notre littérature. Son *Histoire de France* dénote les plus estimables qualités de méthode et de composition; et, dès les Valois, il allie le mérite de l'exactitude à celui d'un récit plein, facile et vif. Cependant le rhéteur, chez Mézeray, prédomine sur l'historien. Son principal objet est de bien écrire, d'écrire non seulement de belles narrations, mais aussi de beaux discours.

Car il fait parler les grands personnages historiques, il leur prête des harangues fictives. Ces pièces oratoires doivent, affirme-t-il, contenir les explications et les considérations que nécessite l'intelligence de l'histoire; en réalité, ce sont surtout des ornements par lesquels il « rehausse » son ouvrage. Si Dupleix, le moins oublié de ses prédécesseurs, inventait une lettre de Clovis à Théodóric, Mézeray invente un discours de Charles Martel à ses soldats. Lorsque Clovis va recevoir le baptême, Dupleix le représentait « musqué poudré, la perruque pendante »; presque aussi moderne, le Childéric de Mézeray, s'il ne se musque ni ne se poudre, dépense en galanteries le revenu des impôts sous le poids desquels il accable ses peuples, jusqu'à ce que les seigneurs français, ayant tenu conseil, le forcent à déposer la couronne.

Plus tard, vers la fin du xviie siècle et pendant les premières années du xviiie, nous avons encore Saint-Réal et Vertot. Mais l'un et l'autre ne regardent l'histoire que comme une matière d'éloquence; ils ont adopté ce genre pour montrer leur beau style, et, s'appliquant tout entiers à l'élégance de la forme, peu leur importe l'exactitude du fond. On connaît le mot célèbre de Vertot : « Mon siège est fait »; authentique ou non, la plupart des historiens contemporains auraient pu le dire avec lui.

Les seules grandes œuvres historiques, au xviie siècle, ce sont l'*Histoire des variations* et le *Discours sur l'Histoire universelle*.

Pour préparer son *Histoire des variations*, Bossuet a très soigneusement étudié les textes, et même les textes manuscrits. Nous y trouvons cependant, quelque diligence qu'elle dénote, maintes assertions peu fondées, maintes généralisations hâtives. Du reste, se proposant d'établir comme quoi « les disputes des protestants rendent témoignage à la vérité catholique », le controversiste, chez lui, ne pouvait manquer de prévenir partout l'historien. Il écrit une sorte de réquisitoire. Les concessions où sa probité l'oblige, il les retourne aussitôt contre ses adversaires. Par exemple, après avoir reconnu la haute vertu des réformateurs, il y signale « un piège de Satan ». Ne lui demandons pas d'être impartial : lui-même avoue qu'il voudrait en vain « faire le neutre » quand sa foi est en jeu; et ne lui demandons pas davantage de comprendre une religion qui contredit les principes essentiels de sa doctrine, fondée sur l'autorité et sur le « sens commun », par ce qu'elle a de libre et de personnel, par ce qu'elle accorde au sens propre.

Dans le *Discours sur l'Histoire universelle*, Bossuet soutient encore une sorte de thèse. Il prétend démontrer que Dieu gouverne le monde, élève et détruit les Empires, assure de siècle en siècle « la durée perpétuelle et la suite du catholicisme ». Cette idée commande son livre entier. La première partie en est une préparation, la seconde, un ample développement. Quant à la troisième, il y allègue, pour expliquer les plus grandes révolutions, des causes purement humaines; mais, derrière l'historien, nous y sentons toujours le docteur catholique et l'orateur sacré, dont l'objet véritable consiste à « prouver le christianisme contre les libertins ». Bossuet a pour unique règle la tradition, la tradition interprétée par les Pères de l'Église et accommodée suivant leurs pieuses vues. On sait de quelle

manière il traita Richard Simon, notre plus ancien
exégète, coupable, selon lui, « d'un sourd dessein
de saper les fondements de la religion ». Il n'admettait pas qu'on discutât les saints textes et rejetait
par avance comme nécessairement faux ce que cette
discussion sacrilège pouvait produire d'inconciliable
avec ses croyances. De la façon dont il la conçoit,
l'histoire est la servante de la théologie.

Si Bossuet se fit historien, c'était donc en vue
de combattre l'hérésie ou de développer l'ordre des
conseils providentiels. Et, d'une façon générale,
nous pouvons dire que l'histoire intéresse fort peu
les classiques. Elle est également méprisée du
cartésianisme et du jansénisme, qui, de concert ou
se combattant l'un l'autre, exercèrent pendant le
xviie siècle une influence prépondérante. On dédaigne alors toutes les contingences, et, du reste,
on ne saisit pas les caractères propres à chaque
nation et à chaque époque. Le rationalisme classique exclut la notion du relatif, sans laquelle l'histoire n'est que de la morale ou de la rhétorique.

Nous la trouvons cependant chez quelques rares
écrivains, chez Saint-Évremond notamment et
chez Fénelon. Auteur de l'originale et pénétrante
étude intitulée *les Divers génies du peuple Romain*,
Saint-Évremond, comme suffit à l'indiquer un titre
si caractéristique, a le sens des perpétuelles variations qui sont la matière de l'histoire. Il y explique
ces « génies » successifs par ce qu'on appelle
aujourd'hui l'évolution, et montre ainsi la faus-
seté du type unique et tout idéal que Balzac avait
immuablement fixé en lui donnant une attitude

convenue. Quant à Fénelon, sa *Lettre sur les occu-
pations de l'Académie française* contient certaines
pages qui annoncent déjà la réforme opérée cent
ans après. Il veut qu'on «sache les règles du gouvernement et le détail des mœurs de chaque nation »,
qu'on peigne différemment et les différents peuples
et tel peuple dans ses différents âges ; c'est, selon
lui, « le point le plus nécessaire ». Institutions, lois,
costume, tout change d'un peuple à un autre, d'un
âge à l'âge suivant : voilà la vérité nouvelle qu'il
apporte; et cette vérité contredit radicalement la
discipline du classicisme.

Mais, remarquons-le bien, on ne peut, à maints
égards, compter Saint-Évremond ni Fénelon entre
les écrivains proprement classiques. Le premier est
un indépendant, un « libertin ». Le second passe
pour « un bel esprit chimérique ». Son relativisme
en matière d'histoire procède de la même tendance
que son individualisme en matière religieuse; et,
opposant partout la diversité à i unité, on le suspecte
partout d'hérésie.

Pendant le XVIII⁰ siècle, l'histoire, avec Montesquieu et Voltaire, devient beaucoup plus réaliste
qu'elle ne l'était pendant le siècle précédent.

Dans l'*Esprit des lois*, Montesquieu « tire ses
principes de la nature des choses ». Il a directement
étudié les faits; il fonde ses théories sur des observations ; il explique les gouvernements par l'état
physique et moral de chaque peuple; il met en
lumière l'influence des climats. Malgré bien des
formules trop exclusives et trop péremptoires où
nous reconnaissons le dogmatisme classique, il
applique en général la méthode positive du juriste.

Quant à Voltaire, son *Charles XII* marque une date, non seulement par le mode d'exposition, qui exclut les portraits, les harangues, les morceaux d'apparat, ou par le style, qui n'a en vue que la clarté et la justesse, mais aussi par la recherche diligente et la sévère critique des sources, par le souci de la vérité locale, particulière, réelle. Et le *Charles XII* n'est d'ailleurs qu'une biographie, un épisode détaché, une sorte de digression anecdotique : dans l'*Essai sur les mœurs*, Voltaire apparaît comme notre premier historien vraiment digne de de ce nom. Si sa « philosophie » ne lui permet pas toujours d'y garder un jugement assez libre, ce qui en fait pourtant la nouveauté principale, c'est le sens du relatif. Telle qu'il l'entend, l'histoire consiste surtout à expliquer de quelle manière se modifient d'âge en âge, l'esprit, les lois, les coutumes des nations; voilà l'idée qui domine l'ouvrage, et une révolution de l'histoire doit en réussir.

Cependant l'esprit classique reste encore beaucoup trop vivace pour que cette révolution s'opère sitôt; après l'*Essai sur les mœurs*, il faudra attendre un demi-siècle.

En 1755, paraissent les deux premiers volumes d'une *Histoire de France* que l'abbé Velly mena jusqu'à Philippe de Valois et que continuèrent Villaret et Garnier; sous l'Empire, ce livre est encore celui où la plupart des Français étudient notre histoire, et la vogue n'en avait rien perdu lorsqu'Augustin Thierry entreprit sa campagne de réforme historique. L'abbé Velly se vante de « puiser aux sources anciennes », de « peindre exactement les mœurs » : en réalité, il écrit une

sorte de roman, et la critique ne lui fait pas moins
défaut que la compréhension du passé. Ses rois
mérovingiens ont les traits d'un François Ier ou d'un
Louis XIV. Il indique comment les Clotaire et les
Thierry pourvoyaient aux bénéfices vacants en
régale; il leur donne des hérauts d'armes, il escorte
leurs femmes de gardes-nobles. Après avoir raconté
de quelle façon Childéric fut banni de France, et,
pendant son exil en Allemagne, « séduisit Basine,
épouse du roi de Thuringe », voici la scène qu'il
imagine au moment où le « monarque » chassé
rentre dans ses « États » : « Comme une autre
Hélène, la reine de Thuringe quitta le roi son mari
pour suivre ce nouveau Pâris. « Si je connaissais,
« lui dit-elle, un plus grand héros ou un plus galant
« homme que vous, j'irais le chercher jusqu'aux
« extrémités de la terre. » Et il ajoute : « Basine
était belle, elle avait de l'esprit; Childéric, trop sensible à ce double avantage de la nature, l'épousa au
grand scandale des gens de bien ». Cette inintelligence de l'histoire, nous la retrouvons d'ailleurs
chez tous les historiens du temps. L'ouvrage d'Anquetil, qui paraît en 1805, ne vaut guère mieux que
celui de son prédécesseur, et se borne souvent à le
reproduire. Veut-on savoir comment y est rapporté
le séjour du même Childéric en Allemagne? « Childéric ne se permit pas une vie indolente... Il
chercha la guerre, et la trouva chez les princes
d'Allemagne qui se combattaient, entre autres chez
Basin, roi de Thuringe. Il se fit aimer de ce
monarque, et plut peut-être trop à Basine, sa femme.
Ainsi il acquérait deux genres de célébrité, bravoure
et galanterie, qualités dès ce temps précieuses aux
Français ».

Tant que dura le régime classique, nos historiens, qui écrivaient l'histoire en rhéteurs, la concevaient en moralistes. L'homme, envisagé comme exemplaire constant de l'humanité, leur cache les différences entre une race et une autre race, une époque et une autre époque. Il leur faut, coûte que coûte, l'unité ; et l'on appelle ainsi je ne sais quelle uniformité superficielle et plate. « Le grand précepte, dira le premier en date parmi les historiens romantiques, c'est de distinguer [1]. » Or les Mézeray, les Velly et les Anquetil confondent tout. Pour eux notre histoire, dès le ve siècle, est celle d'un seul et unique peuple, ayant « une origine commune, la même langue, les mêmes intérêts civils et politiques ». On nomme Clodion roi de France quand son royaume ne comprenait aucun de nos départements. Aussitôt que Clovis, chef d'une *Francia* germanique, a parcouru la Gaule du nord au sud pour en rapporter le plus de butin possible, on étend le nom de monarchie française jusqu'aux Pyrénées, et ce nom n'implique pas seulement l'unité politique, mais encore l'unité administrative [2]. La véritable histoire de France reste ensevelie dans la poussière des chroniques. Elle n'en sortira qu'avec le romantisme ; et les historiens de la jeune école commenceront par effacer de leur mémoire ce que leur avaient appris Anquetil ou Velly.

Mme de Staël et Chateaubriand, qui sont les deux principaux initiateurs du mouvement roman-

---

1. Augustin Thierry, *Lettres sur l'Histoire de France.*
2. Cf. le même ouvrage.

tique, sont aussi, à des titres divers, les premiers
maîtres de nos historiens modernes.

La *Littérature*, parue en 1800, annonce déjà une
phase nouvelle dans l'évolution du genre historique. Sans doute l'histoire littéraire en fait l'objet
propre. Mais Mme de Staël ne la considère pas uniquement au point de vue de l'art ; elle envisage la
littérature comme élément de la civilisation générale, comme produit de la « raison », et « analyse
les causes morales et politiques qui la modifient ».
Expliquer soit « l'influence de la religion, des
mœurs et des lois sur la littérature », soit « l'influence de la littérature sur la religion, les mœurs
et les lois[1] », tel est le but qu'elle se propose. L'intérêt principal de son ouvrage consiste donc à marquer les différences essentielles que détermine entre
les peuples la diversité du régime politique, social
et religieux. Ainsi c'est, dans le vrai sens du mot,
un ouvrage historique ; et d'ailleurs elle y mérite
excellemment le nom d'historien par cette faculté
de distinguer qu'implique la définition du romantisme[2].

Deux ans après, Chateaubriand publiait le livre
auquel remonte l'ère nouvelle. Classique comme
artiste, de lui cependant dérivent en grande partie
les sentiments ou même les idées dont s'inspirera la
jeune génération. Et, s'il renouvela tous les genres,
aucun ne lui doit plus que l'histoire : n'est-ce pas

1. *Discours préliminaire.*
2. On pourrait signaler aussi les *Considérations sur la Révolution française*, qui ne contribuèrent pas moins au développement du genre historique. Guizot, en particulier, est un disciple
de Mme de Staël, non seulement dans les *Essais sur l'Histoire
de France* et dans l'*Histoire de la civilisation*, mais encore dans
la *Révolution d'Angleterre*.

un historien qui, dans une page célèbre, lui applique le vers de Dante à Virgile :

> Tu duca, tu signore e tu maestro ? [1]

Le Génie du christianisme restaurait la religion nationale, faisait revivre le moyen âge avec ses institutions, ses coutumes, ses cérémonies, ses monuments et ses souvenirs les plus divers. Certes, Montesquieu et Voltaire avaient eu une vive, une profonde intelligence de l'histoire : mais ils sont presque uniquement des analystes, des raisonneurs ; ils expliquent les faits plutôt qu'ils ne les racontent, et, quand ils les racontent, ils ne nous en rendent pas la vue. Ce qui leur manque et ce que possède Chateaubriand, c'est le don d'évoquer et de ressusciter les vieux âges, aussi nécessaire dans l'histoire que dans la poésie épique.

Au *Génie du christianisme* se rattachent *les Martyrs*. Il y peint, dit-on, le paganisme de l'époque homérique plutôt que celui du IIIe siècle, le catholicisme moderne plutôt que le christianisme primitif. D'ailleurs, malgré tant de textes complaisamment cités, son érudition est souvent en défaut. Il ne recule même pas devant de manifestes anachronismes, si ces anachronismes unissent le présent au passé ; il avance par exemple Pharamond d'un siècle, il montre Mérovée entouré de douze pairs. Et sans doute, Chateaubriand ne fit jamais profession d'historien ; il écrit un poème, il n'écrit pas un livre d'histoire. Mais son poème, quelques licences dont il y use, dénote plus de sens historique que n'en avaient les historiens professionnels ; et nous y trou-

---

1. Préface des *Récits mérovingiens*.

vons pour la première fois cette vérité qui consiste
dans la vie, dans le mouvement et la couleur, dans
la représentation significative des temps anciens.

Sous l'impulsion que lui donnent Mme de Staël
et Chateaubriand, l'histoire va fleurir avec autant
d'éclat que les autres genres. Or, nous pouvons le
remarquer tout de suite, les historiens les moins
romantiques seront aussi les moins réalistes, et
c'est chez les plus romantiques que se trouvera le
plus de réalité.

Parmi les uns, Guizot compose de véritables
traités de mécanique sociale comme l'*Histoire de la
civilisation en Europe* et l'*Histoire de la civilisation en France*; et, si sa *Révolution d'Angleterre*
a la forme narrative, il l'écrivit pour dégager les
causes auxquelles la monarchie anglaise devait son
« solide succès ». Les faits ne l'intéressent pas
par eux-mêmes, ne l'intéressent que par les idées
qui les dominent; quand il raconte, ses récits
impliquent toujours une démonstration. Rien chez
lui de concret. Il ne nous met pas sous les yeux le
mouvant spectacle des événements, tels que les
déroule l'histoire; il nous propose et nous impose
un système de déductions.

Après Guizot, chef des doctrinaires, voici les
historiens romantiques. Non moins romantiques
dans l'histoire que Victor Hugo dans le lyrisme ou
dans le drame, que George Sand dans le genre romanesque, Augustin Thierry et Michelet la conçurent
comme un tableau rétrospectif de la vie humaine.

On peut sur bien des points critiquer Augustin Thierry. D'abord ses premiers essais[1] trahissent l'homme de parti en quête d'arguments plutôt que de documents. Puis il attache trop d'importance à l'antagonisme des races : chez nous, il veut que, malgré tant de siècles écoulés, « les iniquités et les misères du temps présent » aient pour cause principale « l'intrusion d'une race étrangère et sa domination violente sur la race indigène »; en Angleterre, il prétend suivre jusqu'à l'époque de Cromwell le conflit des Saxons et des Normands, et voit dans la Révolution de 1640 une revanche nationale contre l'invasion normande. Enfin, cédant à ses instincts d'artiste, il va parfois chercher le pittoresque chez des chroniqueurs peu dignes de créance, voire chez des poètes; et ses récits, toujours expressifs et dramatiques, admettent maints détails suspects que répudierait une critique plus rigoureuse.

Mais Augustin Thierry n'en fut pas moins, à son heure, un historien réaliste.

S'il commença par écrire des articles tendancieux, ces articles pourtant manifestent déjà un souci de la vérité bien étranger aux Anquetil et aux Velly. Et de bonne heure il se rendit compte que l'histoire lui plaisait en soi[2]; elle captivait, elle passionnait sa sensibilité et son imagination. La politique d'ailleurs ne lui fut pas inutile. Ce qui fait que les deux siècles précédents manquèrent d'historiens, c'est l'inexpérience des choses publiques; et, chaque fois que s'en offre l'occasion, lui-même

---

1. Publiés dans le *Censeur européen*, notamment *les Révolutions d'Angleterre* et l'*Histoire véritable de Jacques Bonhomme*.
2. Préface des *Lettres sur l'Histoire de France*.

montre comme quoi « les événements inouïs » de la Révolution et de l'Empire pouvaient servir à l'éducation des hommes de son temps. La politique avait été pour Thierry, lorsqu'il y renonça, un apprentissage de l'histoire.

Si, d'autre part, sa théorie de la race le préoccupe trop, elle se fond, dans *la Conquête de l'Angleterre*, avec l'exposition des faits, et l'*Essai sur le Tiers État* y apporte les corrections nécessaires en nous montrant la race gallo-romaine et la race franque assimilées l'une à l'autre dès le xᵉ siècle. Aussi bien cette théorie provient d'une conception éminemment réaliste ; reprochons-lui d'en avoir abusé, mais reconnaissons qu'elle substituait un élément concret aux hypothèses doctrinales et aux chimères métaphysiques.

Et, enfin, si Augustin Thierry ne se montre pas toujours assez sévère sur le choix des détails qui animent et colorent sa narration, il a du moins, pour la première fois, représenté la véritable figure des anciens âges. C'est dans la grande collection de nos chroniques nationales, procurée par dom Bouquet, qu'il prit conscience de sa vocation historique. « A mesure, dit-il, que j'avançais, à la vive impression du plaisir que me causait la peinture contemporaine des hommes et des choses, se joignait un secret mouvement de colère contre les écrivains modernes qui, loin de reproduire fidèlement ce spectacle, avaient travesti les faits, dénaturé les caractères, imposé à tout une couleur fausse ou indécise[1]. » Il laisse alors la politique pour l'histoire ; il « plante le drapeau de la réforme » ;

---

1. Préface de *Dix ans d'Études historiques*.

il se promet de retrouver, de restituer enfin cette
vérité originale, naïve, diverse, que les historiens
précédents dérobaient sous les plates conventions
de leur phraséologie en peignant les mêmes personnages et les mêmes mœurs « quatorze fois dans
quatorze siècles ». Thierry, le premier, fit de l'histoire un drame réel et actuel. Qu'il ait tort, après
cela, d'emprunter à Fortunat ou à Wace des couleurs inexactes qui séduisent son imagination, et
de suppléer quelquefois les textes, c'est ce que nous
disions tout à l'heure. Sa méthode n'est pas celle
d'un historien dûment scientifique. Mais, historien
réaliste, il multiplie les traits significatifs, les
détails caractéristiques, et nous rend ainsi l'image
des siècles passés.

Augustin Thierry s'était d'abord attaqué aux
fades et monotones compilations selon le mode de
Velly; vers la fin de sa carrière, il combattit les historiens nouveaux qui, abandonnant l'analyse et l'observation, rivalisaient de « hardiesses synthétiques »
et ne voyaient plus dans « le cours des événements
qu'une perpétuelle psychomachie ». « Toute histoire
nationale qui s'idéalise et passe en formules,
écrivait-il, sort des conditions de son essence, elle
se dénature et périt ». Et, craignant que la nôtre,
« après un rapide mouvement de progrès », ne soit
« comme enrayée par l'affectation des méthodes
transcendantes », il déclare qu'on doit « la ramener
fortement à la réalité [1] ». Réaliste jadis contre
l'ancienne école, Augustin Thierry l'est maintenant
contre ceux qu'il accuse de dévoyer l'école moderne;
nous trouvons dans ce réalisme l'unité de son œuvre

---

1. *Considérations sur l'Histoire de France*, chap. v.

comme nous y trouvons le fond même de sa conception historique.

Quand l'auteur des *Récits mérovingiens* s'en prenait aux méthodes transcendantes, c'est Michelet
qu'il avait en vue. Et sans doute Michelet, par bien
des côtés, n'est point un historien réaliste.

Sa nature d'esprit, son tour d'imagination le portaient naturellement vers ce symbolisme que lui
reproche Augustin Thierry. Diminuant le plus possible l'influence propre des grands hommes, il les
réduit à incarner tel principe ou telle aspiration,
tel mouvement populaire. Il explique toute une
forme sociale par un petit fait. Il prête aux races,
aux siècles, aux idées, une sorte d'existence
mythique. Et, d'autre part, il se met lui-même dans
son œuvre. Il ne peut pas, il ne veut pas être impartial; il tient l'impartialité pour une abdication. Il
ne nous donne point le récit des événements, il
exprime, tandis que les événements défilent devant
lui, son enthousiasme, sa colère, sa tendresse, son
indignation, sa pitié, sa foi : c'est l'histoire vue à
travers un tempérament, à travers une âme toujours passionnée et frémissante.

Et pourtant, en dépit de ce symbolisme, de ce
lyrisme, de ce subjectivisme, Michelet a, plus que
tout autre historien, le goût et le sens de la réalité,
soit de la réalité documentaire, qu'il saisissait dans
les monuments originels, soit de la réalité vivante,
que son esprit évoquait avec une extraordinaire
puissance.

Dès ses débuts, il emploie de nouveaux moyens
d'information. Le premier, il cherche les faits aux
sources mêmes. Aucun historien, jusqu'en 1830,

n'avait encore consulté les pièces inédites. « Cela commença, dit-il, par l'usage que je fis dans mon Histoire du mystérieux registre de l'Interrogatoire du Temple. La chronique de Du Guesclin m'aida aussi. L'énorme dépôt des Archives me fournissait une foule d'actes à l'appui de ces manuscrits, et pour bien d'autres sujets. C'est la première fois que l'histoire eut une base si sérieuse[1]. » Mais il ne se contenta pas de lire tous les textes, même inédits, il étudia encore les inscriptions, les médailles, les pierres gravées ; il mit au service de la science historique les sciences auxiliaires qui pouvaient la préciser et l'éclairer ; archéologue, philologue, numismate, ce visionnaire est sans conteste l'historien le plus érudit de son temps.

On lui doit notamment l'introduction de la géographie dans l'histoire. Au début de sa *République romaine*, se trouvent deux chapitres intitulés, l'un, *Aspect de Rome et du Latium*, l'autre, *Tableau de l'Italie* ; il nous fait aussitôt connaître le terrain sur lequel va d'abord se jouer le drame, et qui en explique les péripéties. De même pour son *Histoire de France*. Avant que la nationalité française ne commence de prendre forme, il caractérise nos anciennes provinces jusque-là dérobées à la vue par ce « vain et uniforme brouillard dont l'empire allemand avait tout couvert » ; il marque, il montre les diversités locales du pays tel que le dessinent les montagnes et les rivières[2]. « Sans une base géographique, déclare-t-il, le peuple, l'acteur historique semble marcher en l'air comme dans les pein-

1. Cf. la préface de 1869 à l'*Histoire de France*.
2. Tome II.

tures chinoises, où le sol manque[1]. » Et ce sol n'est pas seulement le théâtre de l'action. « Par la nourriture, le climat, etc., il influe de cent manières. Tel le nid, tel l'oiseau. Telle la patrie, tel l'homme[2]. » Voilà, dans l'histoire, un élément nouveau, et un élément bien réaliste. Michelet n'écrivit d'ailleurs son *Tableau de la France* qu'après avoir visité les provinces dont il retrace la figure[3]. C'est le tableau d'un grand artiste : mais l'artiste s'y assujettit au géographe ; et le géographe s'y assujettit à l'historien, qui envisage les hommes et les événements comme « fruits » de la terre.

Rompant d'autre part avec Augustin Thierry pour nier, soit l'irréductibilité des races et les suites indéfinies des conquêtes, soit la prépondérance des grands hommes dans l'évolution historique, il met en pleine lumière le développement normal de la vie, le travail spontané par lequel les peuples s'engendrent eux-mêmes. « L'élément de race, dit-il, est secondaire, subordonné au travail qu'opère sur soi toute société... *L'humanité se fait* ; cela veut dire que les masses font tout, que les grands hommes font peu de chose, que ces prétendus dieux, ces géants, ces titans (presque toujours des nains) ne trompent sur leur taille qu'en se hissant aux épaules dociles du bon géant, le peuple... Fatalisme de race et fatalisme légendaire des grands hommes providentiels, deux écueils de

---

1. Préface de 1869.
2. *Ibid.*
3. Dans ses carnets de voyages publiés en 1893 (*Sur les chemins de l'Europe*), on retrouve maints traits de son *Histoire de France* qui avaient paru des saillies d'imagination et qui étaient en réalité les notes d'un observateur prises sur le vif.

l'histoire. Je les fuyais également[1]. » Exposer comme quoi la France, en vertu d'un progrès continu et naturel, transforme au cours des siècles « ses éléments bruts », tel est l'objet essentiel que Michelet se propose. « Des municipes romains, des tribus allemandes, du clan celtique, annulés, disparus, nous avons tiré à la longue des résultats tout autres, et contraires même, en grande partie, à tout ce qui les précéda. La vie a sur elle-même une action de personnel enfantement, qui, de matériaux préexistants, nous crée des choses absolument nouvelles. Du pain, des fruits que j'ai mangés, je fais du sang rouge et salé qui ne rappelle en rien ces aliments d'où je le tire. Ainsi va la vie historique, ainsi va chaque peuple, se faisant, s'engendrant, broyant, amalgamant des éléments qui y restent sans doute à l'état obscur et confus, mais sont bien peu de chose relativement à ce que fit le long travail de la grande âme[2]. » Et certes, ce « travail de soi sur soi » demeure quelque chose de mystérieux. Aussi Michelet ne prétend-il pas l'expliquer. Il le constate du moins, le suit à travers les âges, en indique les résultats; et il débarrasse ainsi la science de doctrines arbitraires, que démentent soit la biologie elle-même, soit l'étude objective des faits historiques.

Enfin et surtout Michelet est réaliste par sa conception de l'histoire *intégrale*. Chacun des historiens antérieurs se mettait à un point de vue particulier; tel considérait spécialement la race et tel les institutions. Avec lui, l'histoire devenant plus

---

1. Préface de 1866.
2. Préface de 1869.

« spirituelle », devint aussi plus « matérielle » ; plus spirituelle, parce qu'il étudiait non seulement les institutions, mais encore les idées, les mœurs, « le grand mouvement progressif intérieur de l'âme nationale » ; plus matérielle, parce qu'il tint compte non seulement de la race, mais encore du sol, du climat, des aliments, des circonstances ou conditions physiques et physiologiques. Morceler l'histoire, c'est la fausser. Les diverses parties s'en éclairent l'une l'autre. Celle qu'on isole n'a plus, ainsi détachée de l'ensemble, qu'une vérité factice ou même qu'une unité superficielle ; et notamment l'histoire politique ne peut être bien comprise quand on l'abstrait de l'histoire religieuse, philosophique, morale ou littéraire. Pour retrouver la vie, on doit « la suivre en toutes ses voies, toutes ses formes, tous ses éléments », bien mieux, on doit « rétablir le jeu de tout cela, l'action réciproque des forces[1] ». Ainsi procède Michelet : et, en montrant à l'œuvre, dans la solidarité de leurs fonctions respectives, les divers agents par le concours desquels la vie se développe et se manifeste, il ressaisit cette réalité organique dont toutes les parties forment un seul corps.

Essentiellement réaliste, il conçoit l'histoire de la même façon que les romantiques conçoivent le drame. Selon Victor Hugo, le drame devait peindre toute la vie et tout l'homme, mettre en scène le corps aussi bien que l'âme, allier le « grotesque » et le « sublime », présenter une image complète de la nature ; voilà l'idée générale où se ramène la préface de *Cromwell*. Encore y avait-il, antérieurement au romantisme, deux genres dramatiques, et la

---

1. Préface de 1869.

nouvelle école ne voulait que les unir et les fondre, combiner la comédie de Molière avec la tragédie de Corneille. Mais, si l'ancien théâtre, séparant la première de la seconde, en faisait du moins un genre à part, l'histoire ne lui donnait aucune place. Telle que l'entendaient les classiques, elle comptait parmi les genres « nobles » dont le moindre trait comique eût compromis la dignité. Ces bienséances convention- nelles, les prédécesseurs immédiats de Michelet, Augustin Thierry comme les autres, y restèrent soumis; lui seul osa mêler le comique au tragique.

Veut-on quelques exemples? Pour le faire court, bornons-nous à deux ou trois portraits. Voici comment il peint Ronsard : « Dans une de ses tours du château de Meudon, ce protecteur des lettres [le cardinal de Lorraine] logeait un maniaque, enragé de travail, de frénétique orgueil, le capitaine Ron- sard, ex-page de la maison de Guise. Cet homme, cloué là et se rongeant les ongles, le nez sur ses livres latins, arrachant des griffes et des dents les lambeaux de l'Antiquité, rimait le jour, la nuit, sans lâcher prise. Jeune encore, mais devenu sourd, d'autant plus solitaire, il poursuivait la muse de son brutal amour... Il frappait comme un sourd sur la pauvre langue française[1] ». Qu'on se rappelle encore le portrait de Louis XI, celui du cardinal d'Amboise, celui de Maximilien, « grande figure osseuse, fort militaire, d'un nez monumental, don Quichotte sans naïveté, chasseur avant tout, et secondairement empereur, la jambe de cerf et la cervelle aussi[2] ». Et citons enfin celui du cardinal

1. Tome IX, chap. viii (édit. Flammarion, p. 120).
2. Tome VII, chap. viii, p. 242.

Dubois : « Rarement on le montre de face ; les yeux sont trop sinistres, et l'ensemble trop bas. On aime mieux le donner de profil, et alors sa figure ne manque pas d'énergie. Sous une vilaine petite perruque blonde, elle pointe violemment en avant comme celle d'une bête de proie, « d'une fouine », dit Saint-Simon. Comparaison trop délicate. Il a un mufle fort, de grossière animalité, d'appétit monstrueux, qui doit en faire ou un vilain satyre de mauvais lieux ou un chasseur d'intrigues nocturnes, une furieuse taupe, qui, de ce mufle, percera dans la terre ces trous subits qui mènent on ne sait où [1] ».

Portraits ou scènes et tableaux, Michelet, sans souci d'un faux décorum, reproduit la réalité en ce qu'elle a de vulgaire, de trivial, de grotesque. Et il ne s'agit pas seulement de telle ou telle figure, de tel ou tel épisode ; comme pour le drame romantique, c'est le ton qui, d'un bout à l'autre, n'est plus le même. Avec Michelet, l'histoire rebute les conventions d'une noblesse factice ; il nous met sous les yeux la comédie humaine.

On lui refuse le nom de réaliste parce que son imagination et sa sensibilité l'ont souvent égaré. « Mon livre, déclare-t-il, c'est moi. » Seulement, et il l'ajoute aussitôt, l'histoire fait bien plus l'historien que l'historien ne la fait. Après avoir dit : « Mon livre, c'est moi », il s'explique en disant : « Mon livre m'a créé, ce fils a fait son père [2] ». Pourtant lui-même appréhende que l'identité du livre et de l'auteur ne soit dangereuse. Oui, sans doute, elle peut l'être ; et, encore une fois, son imagination le

1. Tome XIV, chap. III, p. 60. Cf. encore, même tome, p. 320-321.
2. Préface de 1869.

fourvoie souvent dans un symbolisme arbitraire,
sa sensibilité ne lui laisse pas toujours un jugement assez ferme. Mais il leur doit aussi l'intelligence de la vie historique, et ce don extraordinaire
de nous rendre le passé comme présent. Elles éclairent les vieux textes, en illuminent la signification ;
elles évoquent hommes et choses, elles « ressus-
citent » les siècles morts.

Nous avons vu de quelle façon le romantisme
renouvela l'histoire par le sens du relatif, du particulier, du concret ; et, pour s'en rendre compte, il
suffisait de comparer les historiens romantiques
avec leurs prédécesseurs. Ce sont eux qui substi-
tuèrent la diversité à l'uniformité, l'individu au type,
la chose à l'idée.

Cependant, vers le milieu du XIXᵉ siècle, quand
une école nouvelle s'insurgea contre l'école romantique, elle méconnut ce que le romantisme avait
introduit de réalité dans l'histoire ainsi que dans les
autres genres. Voyant en Michelet et en Augustin
Thierry des poètes épiques ou lyriques, les historiens
dits réalistes prétendaient que l'histoire imposât
une complète répression du moi. Or, ceux d'entre
eux auxquels notre littérature donne une place ne
se montrent guère moins subjectifs que leurs prédécesseurs. Mais, du reste, l'histoire vraiment objective cesse d'être un genre littéraire, et même ne
mérite pas le nom d'histoire.

Est-ce Renan et Taine que l'on oppose à Augustin Thierry et à Michelet ?

Renan travaille sur des documents collationnés et contrôlés par les exégètes antérieurs; et, si l'étendue de son sujet ne lui permettait pas de les collationner et de les contrôler personnellement, pourquoi entreprit-il un sujet d'une telle étendue? Aussi bien son œuvre contient maintes parties qui doivent toute leur valeur à « l'interprétation divinatrice »; il plaidait sa propre cause, dans un éloge d'Augustin Thierry, en défendant contre les historiens scientifiques et leur « prétendue exactitude », qui « n'est au fond qu'un mensonge », la légitimité et la nécessité de l'intuition. Sur la vie de Jésus et celle de ses disciples, sur les premiers temps de l'Église chrétienne, il ne trouvait presque rien d'authentique ou de précis. Qu'importe? Ce qu'il ne sait pas, ce qu'on ne peut savoir, il le conjecture, au besoin il l'invente. Jamais historien n'appliqua une méthode moins scientifique. Toutes ses phrases dans tel ou tel chapitre devraient, il nous en avertit, commencer par un *peut-être*. Il considérait l'histoire comme « une de ces petites sciences hypothétiques », aussitôt défaites que faites. Suivant lui, l'essentiel pour l'historien est d'écrire une œuvre « dont toutes les parties se commandent et s'appellent », de mettre dans les choses l'unité que la « conscience » révèle. « Ce qu'il faut rechercher, ce n'est pas la certitude des minuties, c'est la justesse du sentiment général, la vérité dans la couleur... Les textes ont besoin de l'interprétation du goût et il faut les solliciter doucement jusqu'à ce qu'ils arrivent à se rapprocher et à fournir un ensemble où toutes les données soient heureusement fondues [1]. »

1. Introduction à la *Vie de Jésus*.

Ainsi Renan considère la vraisemblance comme
« le grand signe » du vrai. Quand on ne peut
pas atteindre sûrement la vérité des « circonstances matérielles », — et peut-on jamais l'atteindre? — la seule condition, à l'en croire, c'est de
faire un récit vraisemblable, dans lequel « rien ne
détonne ». Sous le nom de conscience ou de goût, il
admet, sinon les préjugés de l'historien et ses idées
personnelles, du moins son tact, sa manière de
sentir et son tour d'imagination, sa fantaisie peut-
être, en tout cas sa complexion mentale. Augustin
Thierry et Michelet sont taxés de subjectivisme : en
vérité, Renan mériterait plus qu'eux ce reproche.
Et non pas seulement parce qu'il accorde davantage à l'hypothèse, à la divination, mais encore
parce qu'il met quelque chose de soi dans ses héros
préférés. Il modèle leur âme d'après la sienne. Nous
le reconnaissons jusque chez son Jésus; il prête
au Christ sa « distinction », sa virtuosité d'artiste,
son détachement, « ce sourire fin, silencieux » qui
implique une philosophie transcendante : il en fait
le plus exquis des ironistes.

Quant à Taine, on sait quelles critiques lui adresse
l'école moderne. Les facultés supérieures de ce
puissant esprit ne sont point celles que doit avoir
l'historien vraiment scientifique. Il abstrait, d'une
part, et simplifie outre mesure, il réduit les choses
et les êtres en formules saisissantes, mais incom-
plètes. Et, d'autre part, il subordonne l'histoire à
sa conception pessimiste de la nature humaine.
Pour lui, l'homme, qu'amende superficiellement
une civilisation précaire, reste le « gorille » des
âges primitifs; et ce gorille, il veut partout le
retrouver. Il le retrouve de préférence dans les

acteurs de la Révolution, qui eut le tort à ses yeux de relâcher des contraintes salutaires, qui l'irrite, qui l'effraie, et dont il ne signale guère que les violences. Michelet en voyait ce qu'elle comporte de grand, de généreux; Taine l'explique tout entière par le déchaînement des appétits. Chez Taine, jusque dans le ton, ou même, si l'on peut dire, jusque dans les gestes, on sent l'orateur, qui écrit l'histoire *ad probandum*; orateur admirable pour sa passion aussi bien que pour sa logique, mais, malgré la diligence de ses enquêtes, traitant l'histoire comme une science beaucoup moins que comme un art.

Mettrons-nous à part Fustel de Coulanges? L'école scientifique, dont il a été le premier maître, ne craint pas de lui faire son procès. Dans *la Cité antique*, il démontre, dit-on, plutôt qu'il n'expose; et, négligeant tout ce qui pourrait infirmer sa démonstration, il rapporte à une cause unique l'histoire de la société humaine. Les nouveaux docteurs n'épargnent même pas ses œuvres suivantes. On lui reproche d'y embrasser souvent d'un seul coup d'œil une trop longue suite d'événements ou un groupe d'hommes trop considérable, et de leur imposer une factice unité. On lui reproche surtout de n'y être pas aussi objectif qu'il le croit; et, par exemple, on prétend y trouver je ne sais quel « romanisme » inconscient, qui l'incline à diminuer la part de l'élément tudesque dans les origines de nos institutions féodales, puis, quand les Franks ont envahi la Gaule, à effacer trop vite les traces de la conquête.

Cependant Fustel de Coulanges est, entre nos

grands historiens, le plus sévère. Nul autre ne se prémunit contre les chances d'erreur en étudiant les documents avec plus de soin; nul autre n'a plus sincèrement réservé ses opinions, ses convictions personnelles, n'a plus fermement écarté soit l'esprit de parti, soit l'esprit de système, n'a plus strictement borné son ambition, comme il le dit en propres termes, à bien voir les faits et à les bien comprendre, à n'écrire et à ne penser que d'après les textes [1].

Mais, quelle que soit l'austérité de sa méthode technique, Fustel de Coulanges ne bannit pourtant pas les idées générales; il n'exclut pas la synthèse — « une heure de synthèse » après « des années d'analyse [2] » — sous prétexte que l'analyse reste toujours inachevée; il ne se résigne pas à séparer l'histoire de la philosophie, qui seule en donne le sens. Et, grand historien par là même, c'est aussi par là que son œuvre excède et transgresse la rigoureuse discipline des purs érudits.

Si nos érudits contemporains font profession d'une objectivité absolue, ceux qui s'y astreignent comptent-ils parmi les véritables historiens? Leurs écrits du moins ne contiennent rien de littéraire.

On peut s'expliquer aisément pourquoi l'histoire devait, par-dessus tous les autres genres, subir l'influence du réalisme scientifique qui prévalut à notre époque. Des faits avérés et positifs, en voilà

1. *La Monarchie franque*, chap. I.
2. Introduction à *la Gaule romaine*.

l'élément primordial ; et nous savons que, pendant ces quarante ou cinquante dernières années, l'érudition historique, sans parler des sciences auxiliaires, s'est prodigieusement étendue ou enrichie, que les travailleurs modernes ont en mains une foule de documents jusqu'alors inédits ou négligés. Or, l'historien littéraire peut en quelque sorte être comparé au poète épique : mais le poète épique choisit son sujet dans les époques fabuleuses ; et, quant à l'historien, les facultés par lesquelles il fait œuvre d'artiste ont un déploiement d'autant plus restreint que sa matière est plus précisément fixée. Les progrès de l'érudition réduisent toujours davantage le rôle de l'art ; ce que gagne ainsi la science, c'est l'art qui le perd.

Au reste, telle qu'on l'entend aujourd'hui, l'histoire élimine la personnalité de l'historien comme la zoologie celle du zoologiste ; elle proscrit le sentiment et l'imagination, elle supprime le pittoresque et le dramatique, elle interdit les synthèses, les vues générales, les conclusions de longue portée, elle ne tolère dans la forme que les qualités de la prose scientifique. Elle n'accorde rien au *génie* de l'écrivain, je veux dire à son moi. Elle est une œuvre collective, une œuvre presque anonyme. Le souci de l'exactitude lui a ôté ce qui en faisait jusque-là une forme d'art.

Mais peut-elle donc n'admettre aucun élément subjectif ? Aussitôt qu'elle sort de la statistique pure, le moi, forcément, y joue son rôle.

Demandons-nous pourquoi Fustel de Coulanges, si diligent et si scrupuleux, invitait ses auditeurs à ne pas le croire sur parole. Il savait que l'his-

torien ne s'affranchit jamais de son moi; il sentait
bien que lui-même n'y était pas toujours parvenu.
Faire d'abord « table rase » en abordant n'importe
quel sujet, c'est le premier article de sa discipline.
Et voilà sans doute une très louable rigueur. Seulement elle dénote, prenons-y garde, un scepti-
cisme radical. Renan fut traité de sceptique pour
avoir dit que l'histoire se renouvelle sans cesse :
enjoindre à l'historien de remettre chaque fois tout
en question, n'est-ce pas convenir aussi qu'il faut
sans cesse la recommencer, et que, par conséquent,
elle n'a rien de vraiment scientifique?

On ne saurait assimiler l'histoire aux sciences
naturelles. Assimilons-la plutôt à la psychologie
dans une œuvre d'art. Sous le nom de psycho-physique, la psychologie moderne veut devenir une
science. Je ne sache pas cependant que les travaux
de nos « psycho-physiciens » aient supplanté l'art
psychologique du romancier ou du dramatiste.
Autre chose est d'analyser, comme eux, les phénomènes mentaux, autre chose de créer des âmes,
comme le dramatiste et le romancier; et, quelques
progrès que puisse faire la psycho-physique, les
personnages d'un Racine ou ceux d'un Balzac
resteront, ce semble, d'admirables exemplaires de
psychologie vivante.

Prétend-on, d'autre part, que l'histoire recherche
avant tout la vérité? Il n'y a point de vérité humaine
sans vie. Borner l'histoire à une notation sèche et
nue, à un pur catalogue, c'est proprement la tuer.
Si, en élaborant la matière historique, les érudits
s'acquittent d'une besogne fort estimable, celui-là
seul est vraiment historien, qui, des matériaux
fournis par l'érudition, dégage la réalité vivante.

En somme, les historiens romantiques méritent le nom de réalistes pour s'être appliqués soit à l'étude directe des textes, soit à la représentation expressive des événements et des figures, et pour avoir les premiers tenu compte de certains éléments positifs, tels que la race, le sol, le climat, la nourriture. Comparés avec les plus scientifiques des historiens modernes, ils sont, reconnaissons-le, moins exacts. Ils sont moins exacts que ces érudits dont l'office ne consiste qu'à enregistrer des mercuriales ou des bilans; mettant en jeu leur imagination et leur sensibilité, ils ne font pas ce qu'on nomme œuvre de science. Et cependant c'est aussi par leur sensibilité et leur imagination qu'ils raniment le passé, qu'ils nous en donnent la sensation directe, et, pour ainsi dire, qu'ils le *réalisent* sous nos yeux.

II. — LA CRITIQUE.

Dans la critique comme dans l'histoire, le romantisme substitue le point de vue relatif au point de vue absolu; c'est la tirer, comme l'histoire, de la généralisation et de l'abstraction, c'est la rendre réaliste.

Nous ne parlerons pas de la critique pseudo-classique, qui se contenta de maintenir avec une jalouse vigilance les règles consacrées et de combattre toute innovation. A l'égard de la critique classique, elle avait été doctrinale; elle appréciait les œuvres selon des principes qui, fondées sur la raison abstraite, restaient par conséquent immuables; elle imposait, en chaque genre, une forme unique de beauté.

Quelques écrivains du XVIIᵉ siècle font pourtant exception, et nous les avons déjà nommés en parlant de l'histoire; dans le domaine de la critique, leur relativisme ne les distingue pas moins de leurs contemporains. Ce sont surtout Saint-Évremond et Fénelon.

Saint-Évremond se plaint qu'on « veuille toujours régler des ouvrages nouveaux par des lois éteintes ». « Tout, dit-il, est changé : les dieux, la nature, la politique, les mœurs, les manières; tant de changements n'en produiront-ils point dans nos ouvrages? » Et, réservant certaines lois qui portent la marque d'une « raison incorruptible », il déclare que les autres « meurent de vieillesse, périssent avec leur nation comme les maximes de gouvernement[1]. » Quant à Fénelon, son admiration pour les anciens ne l'empêche pas d'admettre, aussi bien que Saint-Évremond, la relativité des règles. Contre ceux qui taxent Homère de « bassesse », il ne soutient pas, avec Boileau, qu'Homère est toujours noble; il remarque seulement que l'*Iliade* et l'*Odyssée* peignent les hommes de l'époque où elles furent écrites. Cette admiration, chez lui, n'exclut pas l'intelligence des diversités. Il reconnaît dans les Grecs un certain génie qui leur est propre, il se rend compte que leur état social et les qualités de leur race étaient tout particulièrement favorables à un genre de perfection où des nations moins jeunes et moins bien douées ne sauraient atteindre, que la simplicité de leur civilisation, leur souplesse,

---

1. *Sur les Poèmes des anciens.*

leur native élégance, leur sentiment si fin de la
mesure et de l'harmonie les rendent uniques et ini-
mitables. Le principal argument des « modernes »
dénotait un dogmatisme absolu; ils alléguaient
la constance de la nature. Mais la nature n'est
point toujours et partout identique, elle varie d'un
peuple à un autre peuple, d'un siècle à un autre
siècle; et voilà ce que Fénelon leur remontre [1]. Son
relativisme, qui le sépare des « anciens », le sépare
également des « modernes »; car les deux partis ont,
au fond, la même doctrine, et, chez les modernes
comme chez les anciens, cette doctrine relève d'un
rationalisme qui ne veut faire aucune distinction
entre les siècles ni entre les peuples.

Fénelon et Saint-Évremond devançaient leur
temps. Le théoricien attitré de l'école classique,
Boileau, dont l'autorité se maintint jusqu'à l'avène-
ment du romantisme, ne fit en somme que formuler
des règles. Il n'explique pas les œuvres. Il les isole
des circonstances et des conditions où elles se sont
produites, les détache de leurs auteurs, les juge
d'après un type idéal, qu'il tient pour antérieur et
supérieur à tout exemplaire. La critique, selon lui,
ne doit avoir d'autre instrument que la raison,
servie par un goût plus ou moins délicat; elle ne
doit avoir d'autre rôle que de marquer ce qui est
bon et ce qui est mauvais, de louer les qualités et
de blâmer les défauts.

Au xviiiᵉ siècle, le dogmatisme de l'âge précédent
subit dans tous les domaines de graves atteintes.
Dans celui de la religion, dans ceux de la morale et

1. *Lettre à l'Académie*, chap. viii.

de la politique, les philosophes ne respectent aucun
des principes que le xviiᵉ siècle affirmait ou qu'il
n'osait débattre.

Cependant notre littérature proprement dite reste
fidèle aux traditions du classicisme. En matière
d'art, Voltaire, qui régit alors la critique, est, sur
presque tous les points, un disciple de Boileau.
Sans doute, foncièrement relativiste, il ne saurait
admettre, ainsi que Boileau, une seule forme de
beauté, un modèle immuablement fixé pour chaque
genre. S'il se plaît à répéter, en écrivant l'histoire,
que les institutions politiques et sociales changent
sans cesse, les maximes littéraires ne lui paraissent
pas plus stables[1]. Mais, quelque peu dogmatiste qu'il
soit comme philosophe, Voltaire a le goût classique.
Malgré bien des boutades, il observa toujours et
défendit les règles consacrées; et l'on peut dire que

1. « Il faut dans tous les arts se donner bien de garde de ces
définitions trompeuses par lesquelles nous osons exclure toutes
les beautés qui nous sont inconnues ou que la coutume ne nous
a pas encore rendues familières. Il n'en est point des arts, et
surtout de ceux qui dépendent de l'imagination, comme des
ouvrages de la nature. Nous pouvons définir les métaux, les
minéraux, les éléments, les animaux, parce que leur nature est
toujours la même; mais presque tous les peuples les plus voi-
sins diffèrent; que dis-je? la même nation n'est plus reconnais-
sable au bout de trois ou quatre siècles. Dans les arts qui dépendent purement de l'imagination, il y a autant de révolutions que
dans les États; ils changent en mille manières tandis qu'on
cherche à les fixer... Les hommes ont en tout pays un nez et
une bouche; mais l'assemblage de ces traits qui fait une beauté
en France ne réussira pas en Turquie, ni la beauté turque à
la Chine; et ce qu'il y a de plus aimable en Asie et en Europe
serait regardé comme un monstre dans le pays de la Guinée.
Puisque la nature est si différente d'elle-même, comment veut-on
asservir à des lois générales des arts sur lesquels les coutumes,
c'est-à-dire l'inconstance, ont tant d'empire ? » (*Essai sur la
Poésie épique.*)

la critique devait opérer son évolution en dehors de lui, voire contre lui.

Pour ce qui est de Jean-Jacques Rousseau, il opposa le sens propre au sens commun. Aussi son influence ruinera tôt ou tard la doctrine du xviie siècle, et le romantisme en procède. Mais elle ne s'exercera sur notre littérature qu'après la Révolution.

Le xviiie siècle finissant devient de plus en plus conservateur ; et jamais les règles ne furent si méticuleusement prescrites ou si superstitieusement observées.

Chateaubriand lui-même demeure classique. Initiateur d'une ère nouvelle, ne diminuons pas son rôle : il révéla les beautés de la religion chrétienne ; il ressuscita le moyen-âge et les antiquités domestiques ; il inaugura la renaissance du lyrisme, libéra la sensibilité et l'imagination. Néanmoins il est, en tant qu'artiste, fidèle aux traditions consacrées.

Si Chateaubriand répandit la connaissance des littératures étrangères comme pour rajeunir et vivifier la nôtre, il n'admirait guère, dans ces littératures, que ce qui s'en accordait avec la discipline nationale. Il prétendit n'être ni romantique ni classique, afin de rester au-dessus de l'un et de l'autre parti ; cependant le classicisme avait manifestement ses préférences. « Un homme marchant entre les deux lignes et se tenant beaucoup plus près de l'antique que du moderne » pourrait ainsi, déclare-t-il, « marier les deux écoles » et « en faire sortir le génie du nouveau siècle [1] ». Voilà de quelle façon lui-même définissait son attitude et souhaitait

---

1. *Essai sur la Littérature anglaise.*

que le public se la représentât. Encore ne marchat-il pas entre les deux lignes : il est classique de goût, classique par son art (et même pseudo-classique en bien des points), — un classique flamboyant, si l'on veut, mais, surtout dans la dernière moitié de sa carrière, aussi classique que Boileau.

Presque toutes les innovations dont le romantisme prenait l'initiative. Chateaubriand les réprouva. Il reproche aux jeunes poètes « d'entasser des scènes disparates sans suite et sans liaison, de brasser ensemble le burlesque et le pathétique, de mettre le porteur d'eau auprès du monarque, la marchande d'herbes auprès de la reine »; il proteste contre eux que « l'art d'écrire a des genres », que « chaque genres a des règles », que « les genres et les règles ne sont pas arbitraires, mais sont nés de la nature même ». Il trouve Racine « plus naturel que Shakespeare » comme Apollon l'est plus qu'un colosse égyptien ; il raille « cet amour du laid qui nous a saisis, cette horreur de l'idéal, cette passion pour les bancroches, les culs-de-jatte, les borgnes, les moricauds, les édentés »; il honnit « cette école *animalisée* et *matérialisée* qui nous mènerait à préférer un visage moulé par une machine à notre ressemblance produite par le pinceau de Raphaël[1] ». Bref, quelque réforme que la nouvelle école prétende opérer dans notre littérature, il invoque la doctrine classique contre le réalisme des novateurs.

La transformation de la critique se fit sous l'influence de Mme de Staël et non sous celle de Chateaubriand.

1. *Essai sur la Littérature anglaise.*

Tandis que Chateaubriand, comme artiste, est essentiellement grec et latin, Mme de Staël a d'instinct le goût des littératures modernes. « Toutes mes impressions, toutes mes idées, dit-elle dès le début, me portent vers le Nord ». Chez les écrivains de l'Angleterre et de l'Allemagne, elle ne goûte pas seulement des beautés conformes à la tradition classique et dont ils cherchèrent peut-être le modèle chez nos propres écrivains ; elle admire aussi celles où nous les reconnaissons comme Allemands et comme Anglais. Chateaubriand prêcha le respect des règles : elle en montre l'arbitraire, elle en accuse la contrainte ; elle y oppose le naturel et libre développement du génie.

Mais, si Mme de Staël transforma la critique, c'est principalement parce que, la première, elle envisageait les œuvres dans leurs rapports avec les mœurs, les lois et l'état social.

En commençant la *Littérature*, elle indique son plan général et signale la nouveauté de ses recherches. Dégager les causes morales et politiques qui modifient le régime littéraire, voilà l'objet capital de cet ouvrage ; elle fait voir comment « les différences caractéristiques entre les écrits des Italiens, des Anglais, des Allemands et des Français tiennent « à la diversité de leurs institutions respectives ». Jusqu'alors, on isolait les œuvres des conditions ambiantes : elle les y replace, et fonde ainsi la critique sur l'étude de la réalité concrète.

Cette nouvelle méthode, elle l'appliqua, dix ans après, à un sujet moins général, et, partant, avec plus d'instance. Une seule des quatre parties que renferme *l'Allemagne* concerne directement la littérature ; dans les autres, Mme de Staël examine la

société, la philosophie, la religion. Mais, elle-même
le remarque, « les divers sujets du livre se mêlent[1] »;
et elle expose, dans la première partie l'état social
et moral des Allemands pour la raison que la littérature allemande, dont elle traite dans la seconde,
en est la fidèle expression.

Renouvelée par Mme de Staël, la critique fera
tous ses progrès selon la direction qu'elle lui
donne.

Barante, en 1821, mettait à sa traduction de
Schiller une préface bien significative. Nous ne
devons pas, y déclarait-il, nous demander si le
poète allemand observe nos règles : ce serait « une
tâche superflue et stérile »; nous devons « rechercher les rapports que les œuvres de Schiller ont
avec le caractère, la situation et les opinions de
l'auteur, et avec les circonstances qui l'ont entouré ».
On ne saurait mieux indiquer les tendances de
la critique moderne, et tel est le programme qu'elle
va suivre. Non contente d'expliquer les productions
littéraires par l'histoire générale du siècle, elle les
expliquera aussi par le tempérament des auteurs et
par les « circonstances » qui leur sont propres.

Nous n'insisterons pas sur un autre disciple de
Mme de Staël, Villemain. Esprit ingénieux, délicat
et vif, homme de goût et très élégant écrivain, son
œuvre cependant ne compte guère dans l'histoire de
la critique. Il tourne autour des œuvres et ne les
approfondit pas. Il manque de précision, il manque
aussi de décision. Les renseignements même que
peut lui fournir la biographie, il y cherche surtout

1. *Observations générales.*

de quoi diversifier et égayer son sujet. Tenant le
milieu entre Mme de Staël et Sainte-Beuve, il n'a
ni la hardiesse et la vigueur grâce auxquelles l'une
créa véritablement l'histoire de la littérature, ni
l'exactitude, la pénétration, le sens des réalités
positives que l'autre, « naturaliste de l'âme », allait
y appliquer.

On vient de voir comment la critique moderne
procède du romantisme, et l'on verra tout à l'heure
comment Sainte-Beuve en fixa la méthode; mais,
d'abord, il nous faut dire quelques mots de Nisard,
qui, principal représentant du classicisme dans la
première moitié du xixe siècle, défendit contre les
novateurs la doctrine traditionnelle.

Nisard ne donne aucune place à la vie des écrivains. Il exclut les choses particulières et plus ou
moins anecdotiques. Il n'envisage que les chefs-
d'œuvre unanimement admirés, ceux où l'on retrouve
le « type » national en ses traits essentiels et per-
manents, tel que lui-même le définit d'après les
monuments classiques. « Il s'est fait un idéal de
l'esprit humain, il s'en est fait un du génie de la
France, un autre de sa langue. Il met chaque auteur
et chaque livre en regard de ce triple idéal. Il note
ce qui s'en rapproche, voilà le bon; ce qui s'en
éloigne, voilà le mauvais[1] ». Nous ne montrerons
pas ici par où sa doctrine est imposante, ni même
par où elle est arbitraire et exclusive. Contentons-
nous de remarquer qu'elle contredit radicalement le
réalisme contemporain. Nisard ratiocine, abstrait,
dogmatise; il fait œuvre de pur théoricien. Rédui-

1. *Histoire de la Littérature française*, t. IV, *Conclusion*, § iv.

sant la littérature à l'expression des vérités dans
lesquelles peut se reconnaître la raison universelle,
refusant de voir que ces vérités, produits d'une
raison semblable chez tous les hommes, cessent
d'être impersonnelles du moment où elles devien-
nent littéraires, et qu'elles varient dès lors, qu'elles
prennent diverses figures selon les caractères du
siècle et de la race, selon le tempérament propre de
chaque écrivain, il conçoit ainsi la critique comme
« une science exacte [1] » et n'y admet aucune notion
du réel.

A Nisard, qui maintenait la discipline classique,
s'oppose directement Sainte-Beuve.

Suivant certains adversaires du romantisme,
Sainte-Beuve ne fut jamais romantique, ou, du
moins, il marqua presque aussitôt sa dissidence. Lui-
même cependant, après l'apaisement des anciennes
luttes, protesta bien des fois qu'il s'était rangé tout
d'abord parmi les novateurs et qu'il ne reniait point
les idées de sa jeunesse. L'académicien Jay avait
écrit en 1830 une sorte de libelle intitulé *la Conversion d'un romantique, manuscrit de Joseph Delorme*;
vingt-cinq ans après, lorsque M. de Sacy, qui lui
succédait, prononça son discours de réception, il
ne manqua pas de rappeler cet opuscule. « J'y vois
à reprendre une seule chose, disait-il; le romantique y est converti par le classique. Pure vanterie!
Personne n'a converti les romantiques; en gens
d'esprit et de talent, ils se sont convertis tout seuls. »

---

1. *Histoire de la Littérature française*, t. IV, *Conclusion*, § IV.

Faut-il donc penser que le romantisme vint à résipiscence? Non sans doute; si les années amenèrent une sorte de conciliation entre les deux écoles, cette conciliation lui assura la victoire. Mais Sainte-Beuve ne se convertit pas plus que les autres novateurs. Romantique il avait été, romantique il resta, même quand l'âge ou peut-être quelques désillusions eurent calmé ses premières ardeurs. Relevant le mot de Sacy dans un article des *Lundis* paru en 1857 : « De ce qu'on s'arrête, écrivait-il, à un certain moment dans les conséquences que de plus avancés ou de plus aventureux que nous prétendent tirer d'un principe, il ne s'ensuit pas qu'on renonce à ce principe et qu'on le répudie... Il y a un signe et un coin auxquels restent marqués et comme *gravés* les esprits qui, dans leur jeunesse, ont *cru* avec enthousiasme et ferveur à une certaine chose tant soit peu digne d'être crue... Le signe persiste; il peut se dissimuler par instants et se recouvrir; il ne s'efface pas [1]. »

Et sachons de quelle manière Sainte-Beuve définissait le romantisme au moment même où il faisait profession de lui rester fidèle : « Viennent les crises, continue-t-il, vous verrez le vieil homme aussitôt se ranimer. Les différences de religion se prononcent. Les blancs sont blancs, et les bleus sont bleus. Voilà que vous vous retranchez dans le beau convenu et dans le noble, fût-il ennuyeux, et moi, je me déclare pour la vérité à tous risques, fût-elle de la réalité. » C'est donc par le souci du vrai, du réel, que Sainte-Beuve caractérise essentiellement le romantisme. Et, s'il alla moins loin

1. Tome XIV. Article sur Théodore de Banville, p. 75 et suiv.

que d'autres romantiques, si, après les entraîne-
ments du début, il recula quelque peu, jamais,
sur le point capital de l'antagonisme entre les deux
écoles, il n'admit aucune concession.

Que sa critique ait été réaliste depuis 1840 ou 1850,
on ne le conteste pas. Mais l'on prétend que, pendant la première partie de sa carrière, elle fut tout
« impressionniste ». « Les romantiques, dit Ferdinand Brunetière, fondent une critique dont le
caractère est de n'en pas avoir; on veut dire une
critique qui n'est, selon le mot du poète, que le
papier journal ou le mémorandum de leurs impressions de lecture. La première manière de Sainte-
Beuve, le Sainte-Beuve des *Premiers lundis*, des
Portraits littéraires, des *Portraits contemporains*,
en est un excellent modèle[1]. » Considérant et défi-
nissant le romantisme comme essentiellement anti-
réaliste, Brunetière et ceux de son école devaient
soutenir que Sainte-Beuve, au temps où il en subis-
sait l'influence, avait fait de la critique subjective,
celle d'un dilettante sans règle et sans méthode.
C'est là une assertion spécieuse, et nous devons
d'abord la réfuter.

Certes, il y a de l'impressionnisme chez Sainte-
Beuve. « L'impression qu'une dernière et plus
fraîche lecture nous laisse, écrit-il en 1829, impression pure, franche, aussi prompte et naïve que
possible, voilà surtout ce qui décide du ton et de la
couleur de notre causerie[2]. » Et, dix ans après, il
ne se défend point d'apprécier les œuvres « selon

1. *Études critiques*, t. VII, p. 263.
2. *Portraits littéraires*, t. I, p. 51.

son émotion [1] », c'est-à-dire selon l'impression produite sur sa sensibilité. Du reste, si l'on est impressionniste dès lors que, pour juger une œuvre, on ne s'abstrait pas systématiquement de son moi, Sainte-Beuve le demeura toujours; lui qui condamnait « les jugements de rhétorique », il ne crut jamais, avec certains dogmatistes, que le critique doive ne point « goûter » les productions de l'esprit. Dans une des *Pensées* par lesquelles finit le troisième volume de ses *Portraits littéraires*, il préconise « les jugements qui tiennent au vrai goût »; et, dans cette pensée même, il déclare tout aussitôt que « l'histoire littéraire se fait comme l'histoire naturelle [2] ». Ainsi, quand Sainte-Beuve est déjà en pleine possession de sa méthode, cette méthode positive et naturaliste ne l'empêche pas de réserver au goût la part qui lui revient. Exclure le goût de la critique, ce serait n'y appliquer que la raison abstraite, et, par suite, perdre de vue la réalité.

Mais avons-nous besoin de dire qu'il n'écrit point ses articles d'après une impression rapide et superficielle? « On s'enferme pendant une quinzaine de jours avec les ouvrages d'un mort célèbre, poète ou philosophe, dit-il en 1831, on l'étudie, on l'interroge à loisir; on le fait poser devant soi... Chaque trait s'ajoute à son tour et prend place de lui-même dans cette physionomie qu'on essaie de reproduire. Au

1. Lettre à Chaudesaigues, 1838.
2. « Il y a lieu plus que jamais aux jugements qui tiennent au vrai goût; mais il ne s'agit plus de venir porter des jugements de rhétorique. Aujourd'hui, l'histoire littéraire se fait comme l'histoire naturelle, par des observations et par des collections » (p. 546).

type vague, abstrait, général, qu'une première vue
avait embrassé, se mêle et s'incorpore par degrés
une réalité individuelle, précise, de plus en plus
accentuée[1]. » Sainte-Beuve cerne donc et serre
l'écrivain d'aussi près que possible. Sa « dernière
lecture » a été précédée de beaucoup d'autres, et
elle ne décide que du ton et de la couleur. Impressionniste, il l'est surtout parce qu'il n'est pas
dogmatiste, parce qu'il ne juge pas en vertu d'un
système et qu'il écarte les thèses préconçues.

Si, dans ce sens, il resta impressionniste jusqu'à
la fin, il prétendit tout d'abord rendre la critique
plus réaliste, et son réalisme s'accordait fort bien
avec son impressionnisme.

Lorsque, vers 1860, l'influence de Taine commença de se répandre parmi les générations nouvelles, on traitait volontiers Sainte-Beuve d'amateur
ou même d'amuseur. Il répondit en déclarant avoir
toujours suivi une méthode, une méthode qui ne se
produisit pas sur-le-champ à l'état de théorie, mais
qui lui était naturelle, qu'il « trouva instinctivement » et pratiqua « dès ses premières études[2] ».

---

1. *Portraits littéraires*, t. I, p. 239, article sur Diderot.
2. *Nouveaux Lundis*, t. III, article sur Chateaubriand, p. 14. —
Cf. p. 13 du même article : « Il me prend, à cette occasion,
l'idée d'exposer une fois pour toutes quelques-uns des principes,
quelques-unes des habitudes de méthode qui me dirigent dans
cette étude, déjà si ancienne, que je fais des personnages littéraires. J'ai souvent entendu reprocher à la critique moderne,
à la mienne en particulier, de n'avoir point de théorie, d'être
tout historique, tout individuelle. Ceux qui me traitent avec le
plus de faveur ont bien voulu dire que j'étais un assez bon juge,
mais qui n'avait pas de Code. J'ai une méthode pourtant ; et,
quoiqu'elle n'ait point préexisté et ne se soit point produite
d'abord à l'état de théorie, elle s'est formée chez moi de la pratique même, et une longue suite d'applications n'a fait que la
confirmer à mes yeux ».

Et, trente ans plus tôt, avant de marquer ce qu'il donnait à l'impression, il écrivait dans un article sur La Fontaine : « Nous avons quelques principes d'art et de critique littéraire, que nous essayons d'appliquer [1] ». Il les appliqua sans pédantisme; mais ce n'est pas une raison pour croire qu'il procéda jamais selon la fantaisie du moment.

Aussi bien lui-même, en 1828, exposait son programme avec autant de précision que possible. Le critique, disait-il, doit « entrer dans son auteur, s'y installer, le produire sous ses aspects divers, le faire vivre, se mouvoir et parler comme il a dû le faire; le suivre en son intérieur et dans ses mœurs domestiques, le rattacher par tous les côtés à cette terre, à cette existence réelle, à ces habitudes de chaque jour dont les grands hommes ne dépendent pas moins que nous autres, fond véritable sur lequel ils ont pied, d'où ils partent pour s'élever quelque temps et où ils retombent sans cesse...; saisir, embrasser et analyser tout l'homme au moment où, par un concours plus ou moins lent ou facile, son génie et les circonstances se sont accordés de telle sorte qu'il ait enfanté son premier chef-d'œuvre. » Et encore : « L'état général de la littérature quand un nouvel auteur y débute, l'éducation particulière qu'a reçue cet auteur et le génie propre que lui a départi la nature, voilà trois influences qu'il importe de démêler [2] ». Cette méthode dont Sainte-Beuve trace ainsi le plan général dans un de ses premiers articles, il la suivit jusque dans les derniers.

1. *Portraits littéraires*, t, I, p. 51. Cet article est de 1829.
2. *Ibid.*, *ibid.*, article sur Corneille, p. 29 et suiv.

D'autres, bientôt, croiront rendre la critique plus exacte en y appliquant des procédés scientifiques que l'analyse morale ne saurait comporter [1]. Mais la méthode de Sainte-Beuve est la vraie méthode réaliste; elle l'est pour ce qu'elle accorde à la science et pour ce qu'elle lui refuse.

D'abord, Sainte-Beuve se laisse pénétrer par son modèle. Si l'on veut bien juger des œuvres d'art, on doit, suivant lui, ne professer aucune doctrine particulière, aucune théorie, afin que rien ne préoccupe l'esprit et ne le prévienne, ne l'empêche d'accueillir de prime abord avec une curiosité bienveillante n'importe quel genre de talent et n'importe quelle espèce de beauté. Quand « on a en soi une part d'art et de système », on n'admet volontiers, observait-il, que ce qu'on trouve de conforme à son point de vue, à ses prédilections personnelles. Le *génie critique* « prend tout en considération, fait tout valoir [2] ». Et ce génie critique, essentiellement « facile » et « mobile » de sa nature, et fluide et comme transparent, il le comparait à « une rivière qui serpente et se déroule autour des œuvres et des monuments de la poésie, va de l'un vers l'autre, les embrasse d'une eau vive et courante, les *comprend*, les réfléchit [3] ». Selon Sainte-Beuve, le critique véritablement doué est toujours plus ou moins optimiste [4]. Lui-même le fut. Non point qu'il prodigue indifféremment les louanges et ne distingue pas le bon du mauvais ou du médiocre. Mais il entre de son mieux dans les

1. Cf. p. 273 et suiv.
2. *Portraits littéraires*, t. I, article sur Bayle, p. 370-371, 1835.
3. Préface de *Joseph Delorme*.
4. Cf. l'article sur Bayle précédemment cité.

idées de chaque auteur, dans ses façons de sentir, dans sa forme particulière d'esprit. Il a supérieurement cette qualité distinctive du critique réaliste : la soumission à l'objet.

Réaliste en cela, Sainte-Beuve mérite encore ce nom comme ne séparant pas la nature morale de la nature physique. On sait qu'il fit d'abord sa médecine ; Guizot appelait l'auteur de *Joseph Delorme* un Werther carabin. Son éducation fut toute matérialiste. « J'ai commencé, dit-il, par·le xviii⁰ siècle le plus avancé, par Tracy, Daunou, Lamarck et les physiologistes. » A quelques « expériences » qu'il pût se prêter dans la suite ou quelques influences qu'il pût subir, voilà « son fond véritable ». Et il ajoute : « Ce que j'ai voulu en critique, ç'a été d'y introduire une sorte de charme et en même temps plus de réalité qu'on n'en mettait auparavant, en un mot de la poésie à la fois et de la physiologie. » Nous nous dispenserons de montrer ici quelle sorte de charme et de poésie il y a introduite ; mais il ne la renouvela pas moins en y introduisant la physiologie des écrivains. Un jour, raconte-t-il, Villemain lisait devant Sieyès son *Éloge de Montaigne* ; après avoir, dans un passage de cet Éloge, fait allusion à Jean-Jacques Rousseau, le jeune écrivain se défendait « d'arrêter trop longtemps ses regards sur de coupables faiblesses qu'il faut toujours tenir loin de soi ». — « Mais non, interrompit Sieyès, il vaut mieux les laisser approcher de soi pour les étudier de plus près. » Telle était l'opinion de Sainte-Beuve. Et du reste il ne rapporte cette anecdote qu'afin de con-

1. *Pensées*, t. III des *Portraits littéraires*, p. 545 et 546.

clure ainsi : « Le physiologiste, avant tout curieux, venait à la traverse du littérateur, qui veut le goût avant tout. Le dirai-je? je suis comme Sieyès [1] ». En 1836, dans un article sur Nisard, il ne craint pas d'assimiler le critique à un disséqueur. « M. Nisard, écrit-il, se rappellera que nous sommes plutôt pour la littérature réelle et particulière que pour la littérature monumentale... La critique d'un écrivain sous notre plume risque de devenir une légère dissection anatomique [2]. » Anatomie ou physiologie, Sainte-Beuve, dès sa première manière, admit dans la critique tout ce qu'elle peut emprunter avec profit aux sciences naturelles.

On affirme cependant que sa méthode n'a rien de vraiment scientifique. On va même plus loin. « Tout l'effort de la critique au XIXᵉ siècle », déclare-t-on, fut « de se constituer en science, et c'est précisément contre cet effort que Sainte-Beuve réagit [3] ». Fallacieuse affirmation, qui repose sur une équivoque.

Sainte-Beuve signalait déjà en 1828 [4] les « trois influences » dont, vingt-cinq ans après, on devait faire tant de bruit. Quant à la « faculté maîtresse », il l'indique dans *Port-Royal* sous le nom de faculté primordiale et la définit comme « une diversité originelle qui désigne chaque individu marquant et qui est l'âme de chaque physionomie ». Le premier il exposa la méthode réaliste de la critique, le premier il l'appliqua lui-même autant qu'elle est appli-

1. *Lundis*, t. II, p. 449.
2. *Portraits contemporains*, t. III, p. 330.
3. É. Faguet, *Politiques et Moralistes*, t. III, p. 208.
4. Cf. le dernier passage de l'article sur Corneille cité p. 267.

cable en une telle matière; et, plus tard, il répudia seulement les abus qui la compromettaient ou la faussaient. Ayant trop de tact, trop de finesse, pour penser que l'on pût soumettre le génie à d'exactes formules, il avait aussi trop de sincérité pour en émettre la prétention.

Certains, autour de lui, affectaient une superbe assurance et se faisaient fort d'expliquer l'homme tout entier par les conditions physiques. « Oui, messieurs, professait Victor Cousin, donnez-moi la carte d'un pays, sa configuration, son climat, ses eaux, ses vents, sa géographie, donnez-moi ses productions naturelles, sa zoologie, sa flore, et je me charge de vous dire *a priori* quel sera l'homme de ce pays. » Les déclamations charlatanesques de Cousin imposaient à un public enthousiaste et naïf : si Sainte-Beuve n'en fut pas dupe, le lui reprochera-t-on? Chez d'autres que Cousin, il n'y avait certes aucun charlatanisme, mais il y avait un fond de candeur; il y avait chez Taine ce qu'on peut appeler la candeur d'un géomètre. Reprochera-t-on à Sainte-Beuve de ne pas croire soit qu'un moteur unique détermine les mouvements d'une machine complexe et délicate comme l'âme humaine, soit que les déductions tirées des trois influences résolvent le problème de la personnalité individuelle, nous apprennent ce qu'est la « monade? » En combattant la mécanique de Taine, il fait preuve du véritable esprit scientifique, qui, dans aucun domaine et particulièrement dans celui-là, n'a rien à voir avec l'esprit du système.

« Toute méthode, disait Sainte-Beuve, même la plus naturelle et la plus vraie, n'est qu'une méthode,

et elle a ses bornes [1]. » Quand il indique la sienne
propre, on voit sa préoccupation de ne pas dépasser
les bornes prescrites par l'état de la psychologie et
de la physiologie contemporaines. Il espère que
nous pourrons un jour constituer plus largement
la science du moraliste », classer les divers esprits
en familles [2]. Dès *Port-Royal*, il indique la possibi-
lité, encore lointaine, de cette classification. « Les
familles naturelles des hommes, y dit-il, ne sont
pas si nombreuses ; quand on a [un peu observé de
ce côté et opéré sur des quantités suffisantes, on
reconnaît combien les natures diverses d'esprits
s'organisent et se rapportent à certains chefs principaux... C'est comme en botanique pour les plantes,
en zoologie pour les espèces animales. Il y a dans
l'histoire naturelle morale la méthode des familles
naturelles d'esprit ». Mais, aidant de son mieux le
progrès de la critique ainsi conçue, Sainte-Beuve
sait bien qu'elle en est seulement « au point où
la botanique en était avant Jussieu et l'anatomie
comparée avant Cuvier ». Et d'ailleurs, quelque
progrès dont elle paraisse capable, « elle n'existera
jamais que pour ceux qui ont une vocation naturelle », et « sera toujours un art qui demandera un
artiste habile [3] ». Il n'ignore pas la difficulté de
procéder en étudiant l'homme moral comme on
procède en étudiant les animaux et les plantes.
Il considère d'autre part qu'on est loin d'avoir
recueilli assez d'observations, qu'on ne peut encore
établir des lois générales. Aussi se contente-t-il de
simples monographies, et, lorsqu'il entrevoit cer-

1. *Portraits contemporains*, t. III, p. 376.
2. Cf. l'article déjà cité sur Chateaubriand.
3. *Nouveaux lundis*, t. III, p. 17.

tains liens, certains rapports, il les indique avec
toutes les précautions où l'oblige le respect même
de la science. Son réalisme consiste justement à
ne contraindre l'esprit critique dans l'armature
d'aucun système, à ne pas outrepasser les faits, à
mesurer enfin ses ambitions sur les moyens dont
la science dispose.

On veut que la critique, après Sainte-Beuve, soit
devenue plus réaliste; cette opinion générale doit
s'expliquer sans doute par l'apparat scientifique
que ses successeurs ont complaisamment étalé.

L'école naturaliste moderne ne reconnut point
Sainte-Beuve pour le maître de la critique. Émile
Zola entre autres le met fort au-dessous de Taine.
Convenant que Sainte-Beuve a eu raison d' « analyser les écrivains les uns après les autres, tête par
tête », qu'il s'acquittait là « d'une besogne excel-
lente » et qu'on doit « commencer » ainsi, Zola le
blâme de « ne jamais conclure », de « fuir la synthèse » et de ne pas dégager « la loi qui régit l'évolution littéraire des sociétés [1] ». C'est le blâmer de
s'interdire les assertions prématurées et spécieuses,
de suivre la méthode naturaliste. Et nous nous
demanderions comment le théoricien du naturalisme peut lui adresser un tel reproche, si nous ne
savions à quel point l'imagination de Zola prédo-
minait sur ses velléités d' « homme de science ».
Il a beau invoquer Claude Bernard. Celui-ci déclare
qu' « on entasserait les documents pendant des

1. *Documents littéraires*, p. 307.

siècles sans faire avancer la science d'un pas »,
qu'on doit remonter à « la loi des phénomènes »
par une synthèse en vue de laquelle se pratiquent
les analyses. Mais, Zola semble l'oublier, cette
synthèse exige préalablement des expériences et
des observations assez nombreuses et assez pré-
cises pour la bien établir. On se plaint que Sainte-
Beuve n'ait pas « fait avancer la science » : il ne
l'a pas fait avancer dans une fausse route en pro-
clamant je ne sais quelles lois antérieures aux
observations et aux expériences nécessaires; ses
monographies dénotent un esprit que n'abusent
point les systèmes artificiels ou les vaines formules,
un esprit vraiment réaliste.

Les trois influences primordiales fournissaient à
Sainte-Beuve maintes remarques ingénieuses et
pénétrantes qui éclairèrent la critique d'un nouveau
jour. Taine, avec sa puissance de généralisation et
son impérieux rationalisme, en déduit une doctrine
infaillible pour expliquer jusqu'au génie. Mais cette
doctrine risque de substituer la méthode géométrique à l'étude des faits. Et d'ailleurs, si le génie
consiste proprement dans ce qui distingue tel individu, dans ce qui l'excepte des autres, n'émet-on
pas une proposition contradictoire quand on prétend l'expliquer par des influences que subirent,
comme l'individu supérieur, un plus ou moins
grand nombre d'individus médiocres?

Sainte-Beuve, de même, signalait « le jeu de la
faculté première »; Taine la transforme en faculté
maîtresse qui commande et meut l'être entier. Sans
doute on peut citer des écrivains, Shakespeare,
Milton, Victor Hugo, chez lesquels une faculté pré-

vaut sur les autres. Seulement, ce n'est vrai que
de certains : Sophocle par exemple et Racine
avaient-ils donc une faculté maîtresse? Et ensuite,
chez ceux pour lesquels c'est vrai, ce qui ne l'est
pas, c'est que la faculté maîtresse détermine tout
l'organisme intellectuel et moral.

Dans l'histoire littéraire, Taine, lui-même le
déclare souvent, voyait « un problème de mécanique ». Et certes, nul n'a appliqué à la solution
de ce problème une intelligence plus forte et plus
hardie. Mais, en concevant, en traitant ainsi la critique, on ne fait point œuvre de réaliste. Pour être
réaliste, il faut d'autres qualités, des qualités moins
superbes et moins dominatrices; il faut premièrement s'assujettir aux choses.

Après Taine, Ferdinand Brunetière, soucieux
d'appliquer une méthode en accord avec les récents
progrès des sciences naturelles, voulut être un
disciple de Darwin et de Haeckel. Cependant, par
les traits caractéristiques de son esprit, il appartient à la même famille que Taine; il est, lui aussi,
un doctrinaire. Et du reste, quand il inaugura la
méthode évolutionniste, sa doctrine était depuis
longtemps établie; or, foncièrement classique, elle
relève de la raison, de la raison universelle et éternelle. Nous ne rechercherons pas ici de quelle façon
Brunetière concilie une doctrine qui implique des
maximes immuables et une méthode qui suppose
d'incessantes variations. Bornons-nous à dire que
sa méthode elle-même n'est point réaliste. Sans
doute, il signale entre les formes littéraires et les
espèces animales des analogies fort intéressantes.
Mais, trop logicien pour se contenter de comparai-

sons approximatives, ce qui est nouveau chez lui,
c'est qu'il considère le *genre* comme une sorte de
personnalité organique ayant son essence propre et
je ne sais quelle vie indépendante des œuvres et
des écrivains. Ainsi le doctrinaire reparaît jusque
dans l'application d'une méthode fondée sur l'histoire naturelle; du moment où il la pratique,
cette méthode, originellement réaliste, tourne à
l'abstraction.

« J'ai eu beau faire, dit Sainte-Beuve dans la
conclusion de *Port-Royal*, je n'ai été et ne suis
qu'un investigateur, un observateur sincère, attentif
et scrupuleux. » Mais, ajoutait-il modestement,
aucun « emploi de l'esprit » n'est « plus légitime et
plus honorable » que « de voir les hommes et les
choses comme ils sont et de les exprimer comme
on les voit, de décrire autour de soi, en serviteur
de la science, les variétés de l'espèce ». Par là, il
mérite vraiment le nom de critique réaliste. Quant
aux successeurs de Sainte-Beuve, la critique, sous
leur direction, a été plutôt détournée de son vrai
chemin. Si leurs systèmes dénotent une rare
vigueur de talent, rien n'en demeure d'utile qui ne
se trouvât déjà chez lui.

CHAPITRE V

LE ROMANTISME ET L'ÉVOLUTION RÉALISTE DANS LA SECONDE MOITIÉ DU XIXᵉ SIÈCLE

Quoi que l'école romantique eût introduit de réalisme ou de naturalisme dans notre littérature, elle fut combattue soit par l'école réaliste, soit par l'école naturaliste, qui dominèrent l'une après l'autre pendant la seconde moitié du XIXᵉ siècle.

L'école réaliste, si nous considérons les genres proprement littéraires, a pour principaux représentants Gustave Flaubert, Alexandre Dumas et Leconte de Lisle; tous les trois réagirent contre le romantisme au nom même de la réalité.

Tandis que l'un des traits essentiels qui caractérisent le romantisme est l'expression du moi, Gustave Flaubert conçoit l'art comme purement objectif. Il « trouve que le romancier n'a pas le droit d'exprimer une opinion[1] ». Confier au papier « quelque chose de son cœur » lui inspire une

---

1. *Correspondance*, t. III, p. 306.

invincible répugnance[1]. Il veut qu'on ne surprenne chez lui aucun mot, aucune intonation qui le décèle. Il se surveille et se réprime avec une rigueur jalouse. Il « éclatera de colère et d'indignation rentrées[2] » plutôt que de trahir sa colère et son indignation. Il reste impersonnel jusque par le style, car l'excellence même de son style est, peut-on dire, anonyme.

L'impersonnalité lui paraît la condition nécessaire de l'exactitude où il vise, et cette minutieuse exactitude l'oppose encore à la plupart des romanciers précédents. Pour écrire quelques lignes de *Madame Bovary*, il « regarde la campagne » une après-midi entière « par des verres de couleur[3] »; pour peindre d'après nature le perroquet de Félicité dans *Un cœur simple*, il se procure un perroquet empaillé et le tient pendant trois semaines sur sa table[4]; pour faire le premier chapitre de *l'Éducation sentimentale*, où ses personnages vont en patache de Paris à Montereau, il loue, n'y ayant plus de service fluvial, une voiture qui le conduit tout le long de la Seine./Aussi bien son érudition n'est pas moins scrupuleuse que son observation. Comme un savant d'outre-Rhin, Frœhner, contestait certains détails de *Salammbô*, il indique ses auteurs, allègue ses notes, justifie par des documents tous les points en question. Jamais Gustave Flaubert ne chercha le pittoresque hors du vrai; le vrai fut toujours pour lui la matière même et l'étoffe du beau.

1. *Correspondance*, t. III, p. 306.
2. *Ibid.*, t. IV, p. 219.
3. *Ibid.*, t. II, p. 102.
4. *Ibid.*, t. IV, p. 241.

Au théâtre, Alexandre Dumas rompit le premier avec le romantisme. On rapproche souvent *la Dame aux camélias* de *Marion Delorme* : entre *Marion Delorme* et *la Dame aux camélias*, il n'y a vraiment d'autre ressemblance que celle du sujet. Dumas ne veut point, ainsi que les romantiques, glorifier la courtisane amoureuse. Et pourquoi fait-il mourir Marguerite? Si Marguerite vivait, elle épouserait Armand; or un tel mariage est impossible, l'ordre civil et la loi morale l'interdisent. Sa seconde comédie, *Diane de Lys*, ne marque pas, quoi qu'on ait pu dire, un retour vers le romantisme : nous y voyons, sur une scène où l'adultère avait toujours eu un dénouement heureux, l'amant tué par le mari. Et du reste, dans les pièces suivantes, il prend de plus en plus le contrepied des romantiques ; il oppose les devoirs sociaux à la passion. Mais la nouveauté de son théâtre vient surtout de ce qu'il imite la vie ambiante. Dans *Diane de Lys*, il nous peint des personnages que lui-même a directement observés, et, dans *la Dame aux camélias*, retraçant le milieu où se passèrent ses années de jeunesse, il montre une fille galante du Paris moderne, entourée de viveurs et de parasites. Suivant lui, les écrivains dramatiques n'ont aucun besoin d'inventer : leur véritable rôle est de « restituer » ce qu'ils voient en l'accordant avec les conditions de leur art[1]. *Le Demi-Monde*, *la Question d'argent*, *le Fils naturel*, *Un père prodigue*, *l'Ami des femmes*, toutes ses pièces de cette période représentent la réalité telle quelle. Aux sujets lointains ou légendaires, Dumas substitue le portrait des mœurs et des figures

1. Cf. la préface d'*Un Père prodigue*.

modernes, aux élans du lyrisme une observation
précise, sèche, aiguë, aux alexandrins éclatants une
prose dont les qualités caractéristiques sont l'exactitude et la rectitude.

Cette réaction du réalisme contre le romantisme
se manifeste jusqu'en poésie. Leconte de Lisle fait
précéder son premier recueil d'une préface où il
dénonce « l'aveu public des angoisses du cœur »
comme « une vanité et une profanation gratuite »,
où il prétend que le poète doit abandonner « le
thème personnel », et, conscient de sa mission véritable, embrasser « la vie contemplative et savante [1] ».
Lui-même s'est proposé de ramener l'art vers la
science ; il appelle ses *Poèmes antiques* « un recueil
d'études ». Trente-cinq ans plus tard, dans son
discours de réception à l'Académie française, après
avoir célébré magnifiquement les grands romantiques, il déclare préférer les parties de leurs
œuvres où « l'émotion intellectuelle l'emporte sur
l'impression cordiale ». Il reproche à Vigny de ne
peindre fidèlement ni Moïse ni Samson, il regrette
que Victor Hugo, dont il prononçait l'éloge, tra-
duise, sous le titre de *Légende des siècles*, les idées
et les aspirations contemporaines au lieu de se
rendre lui-même « le contemporain de chaque

1. « L'art et la science, longtemps séparés par suite des
efforts divergents de l'intelligence, doivent tendre à s'unir étroi-
tement, si ce n'est à se confondre. L'une a été la révélation
primitive de l'idéal contenu dans la nature extérieure ; l'autre
en a été l'étude raisonnée et l'exposition lumineuse. Mais l'art
a perdu cette spontanéité intuitive, ou plutôt il l'a épuisée ; c'est
à la science de lui rendre le sens de ses traditions oubliées,
qu'il fera revivre dans les formes qui lui sont propres. » (Préface des *Poèmes antiques*.)

époque. » Pour réaliser ce formidable dessein, pour
« peindre l'humanité successivement en tous ses
aspects », il fallait s'assimiler l'histoire et la philosophie des diverses civilisations. C'est ce que n'avait
pas fait Victor Hugo, ce que Leconte de Lisle entendait faire. L'historien et le philosophe devancèrent
chez lui le poète ; et il entendait raconter l'épopée
humaine sans aucune préoccupation des choses
actuelles qui pût troubler son impartialité de philosophe ou d'historien. Alexandre Dumas était réaliste en exprimant son siècle ; Leconte de Lisle le
fut en ressuscitant les races éteintes.

Vers 1875, l'école naturaliste supplante l'école
réaliste ; et tout d'abord elle mène contre les
romantiques une vigoureuse campagne.

Chef de cette école, Émile Zola préconise une
littérature qui appliquerait la méthode des sciences
naturelles. Le naturalisme, dit-il dans le plus
fameux de ses manifestes, opère sur les mœurs, sur
les passions, sur les phénomènes humains et
sociaux « comme le chimiste et le physicien opèrent
sur les corps bruts [1] ». Et plus loin : « Le roman
expérimental est une conséquence de l'évolution
scientifique du siècle, il continue et complète la
physiologie » ; il prétend, en place de « l'homme
abstrait », de « l'homme métaphysique », étudier
« l'homme naturel » soumis aux lois de la matière et
tel que le déterminent les influences du milieu [2].
Selon Zola, les romantiques n'ont fait qu'une

1. *Le Roman expérimental*, p. 16.
2. *Ibid.*, p. 22.

« émeute de rhétoriciens [1] ». Ils ont laissé intact le
vieux fond traditionnel ; chez eux comme chez les
classiques, c'est toujours « le même idéalisme et le
même symbolisme », exaltés seulement et surexcités
par des imaginations maladives. Ils se bornèrent
à créer un nouveau style ; et ce style, le naturalisme
doit y substituer la langue de la science, qui rejette
les grands mots, les épithètes chatoyantes, les pom-
peuses métaphores, qui veut exprimer avec clarté
des idées claires, et non pas étaler la rhétorique de
l'auteur [2].

Ainsi l'école réaliste et l'école naturaliste combattirent tour à tour les romantiques en leur reprochant
de ne pas assujettir leur moi à l'objet ; comment
nier du reste qu'elles serrent la réalité et la nature
de plus près ? Pourtant Gustave Flaubert, Alexandre
Dumas, Leconte de Lisle, puis Zola lui-même, sont
tout pénétrés de romantisme ; et de là sans doute
provient la meilleure part de leur talent.

Il y a deux Flaubert ; si l'un « creuse et fouille le
vrai », l'autre, qui préexiste au premier, reste
« épris de *gueulades*, de lyrisme, de grands vols
d'aigle [3] ». Réaliste tout ensemble et romantique,
Gustave Flaubert s'imposa son réalisme sans
dépouiller pour cela son romantisme natif. Le
premier ouvrage qu'il entreprit, c'est *la Tentation*

1. Cf. *Lettre à la Jeunesse* (dans le volume intitulé *le Roman
expérimental*), p. 65.
2. Cf. notamment *le Roman expérimental*, p. 46-47 ; *Lettre à la
Jeunesse* (dans le même volume), p. 81, 94.
3. *Correspondance*, t. II, p. 69.

de saint Antoine, conçue dès l'année 1845, devant
un tableau de Breughel[1]; là, il « n'avait qu'à aller »,
ou, mieux encore, qu'à « s'en donner[2] ». Mais, écrivant bientôt après *Madame Bovary*, il était « comme
un homme qui jouerait du piano avec des balles de
plomb sur chaque phalange[3] ». Et, tandis qu'il se
contraignait par système d'exprimer, dans *Madame
Bovary*, les vulgarités de la vie ambiante, il ima-
ginait déjà une œuvre superbe et fastueuse, un
livre à fresques splendides, à « grandes histoires
peintes du haut en bas[4]; » ce fut *Salammbô*. Plus
tard, écrivant *Bouvard et Pécuchet*, il interrompit sa
tâche, laissa de côté ses deux « bonshommes », dont
la platitude lui soulevait le cœur, et, pour récom-
pense d'un ingrat et fastidieux travail, « s'offrit »
la Légende de saint Julien. « Ce qui m'est naturel,
dit-il, c'est... l'extraordinaire, le fantastique, la
hurlade métaphysique, mythologique[5]. » Dans les
derniers temps de sa vie, il préparait un roman de
mœurs contemporaines[6]. Mais ce roman, nous dit-
on, « ne mordait guère sur son esprit[7] ». Un autre
projet le passionnait; il rêvait de faire sur la
bataille des Thermopyles je ne sais quel poème
d'une simplicité grandiose, d'une gravité austère à
la fois et fervente.

Gustave Flaubert se sentait comme dépaysé
parmi les « bourgeois » de son siècle; il eût voulu
vivre dans l'ancienne Grèce ou dans la Rome impé-

---

1. *Correspondance*, t. IV, p. 107.
2. *Ibid.*, t. II, p. 70.
3. *Ibid.*, *ibid.*, p. 128.
4. *Ibid.*, *ibid.*, p. 303.
5. *Ibid.*, *ibid.*, p. 198-199.
6. *Ibid.*, ᵗ IV, p. 292.
7. Zola, *les Romanciers naturalistes*, p. 208.

riale[1]. L'Orient aussi le tenta dès son jeune âge[2]. Il a « la nausée » du temps présent et de l'existence moderne; il n'en voit que les mesquineries et les banalités, dont lui-même ne saurait s'affranchir. « Je me trouve très ridicule, dit-il, non pas de ce ridicule relatif qui est le comique théâtral, mais de ce ridicule intrinsèque à la vie humaine et qui ressort de l'action la plus simple ou du geste le plus ordinaire. Jamais par exemple je ne me fais la barbe sans rire, tant ça me paraît bête[3]. » Et encore : « La vie pratique m'est odieuse; la nécessité de venir seulement m'asseoir à heure fixe dans une salle à manger me remplit l'âme d'un sentiment de misère[4] ». Son véritable domaine, c'est l'épopée et le lyrisme; tout ce qui n'est pas lyrique ou épique lui paraît vulgaire.

Maître de réalisme, Gustave Flaubert hait la réalité. « Croyez-vous donc », répondait-il en 1856 à Laurent Pichat, directeur de la Revue où *Madame Bovary* paraissait, « que cette ignoble réalité dont la reproduction vous dégoûte ne me fasse pas tout autant qu'à vous sauter le cœur?... J'ai la vie ordi-

---

1. « J'ai relu l'*Histoire romaine* de Michelet. Non, l'antiquité me donne le vertige. ... As-tu pensé quelquefois à un soir de triomphe, quand les légions rentraient, que les parfums brûlaient autour du char du triomphateur, et que les rois captifs marchaient derrière? Et le cirque! C'est là qu'il faut vivre, vois-tu, on n'a d'air que là... Ah! quelque jour, je m'en donnerai une saoulée avec la Sicile et la Grèce! » (*Corresp.*, t. I, p. 102).

2. « Quand irons-nous nous coucher à plat ventre sur le sable d'Alexandrie ou dormir à l'ombre sous les platanes de l'Hellespont? » (*Corresp.*, t. I, p. 85-86). — On sait que Flaubert fit (1849 et 1850) un assez long séjour en Égypte, en Asie-Mineure et en Grèce.

3. *Correspondance*, t. I, p. 132.

4. *Ibid.*, *ibid.*, p. 161.

naire en exécration [1]. » Si son horreur pour le réel
ne l'empêcha pas de consacrer plusieurs années à
Madame Bovary, c'est que *Madame Bovary* n'était
point dans sa pensée un roman réaliste; il l'avait
entreprise par haine du réalisme [2]. Les réalistes contemporains la traitèrent d'ailleurs sans indulgence;
dans la Revue que publiaient Duranty et ses amis [3],
on en trouve une critique très sévère. A vrai dire,
l'école naturaliste de 1875 considéra Flaubert comme
son maître. Mais il lui fut tout aussi hostile qu'à
l'école réaliste. « Comment peut-on, écrivait-il,
donner dans des mots vides de sens tels que celui-
là : le Naturalisme? Pourquoi a-t-on délaissé ce bon
Champfleury avec le Réalisme, qui est une ineptie
de même calibre, ou plutôt la même ineptie [4]? »
Puis, lorsque Zola vient de publier son manifeste
sur le Roman expérimental : « C'est énorme! Quand
il m'aura donné la définition du naturalisme, je
serai peut-être un naturaliste. Mais, d'ici là, moi
pas comprendre [5] ». Et, l'année suivante, à Zola lui-
même : « Je maintiens que vous êtes un joli romantique; c'est à cause de cela que je vous admire et
vous aime [6] ».

Flaubert admire l'auteur des *Rougon-Macquart*

1. *Correspondance*, t. III, p. 59. — Quelque temps après, il écrit
à Mme Roger des Genettes : « On me croit épris du réel tandis
que je l'exècre » (*Corresp.*, t. III, p. 67). De même, en 1876, à
George Sand : « Notez que j'exècre ce qu'on est convenu d'appeler le réalisme, bien qu'on m'en fasse l'un des pontifes »
(*Ibid.*, t. IV, p. 230).

2. *Ibid.*, t. III, p. 68.

3. Elle était intitulée *le Réalisme* et elle parut du 15 novem-
bre 1856 au 15 mai 1857.

4. *Correspondance*, t. IV, p. 249.

5. *Ibid.*, *ibid.*, p. 312.

6. *Ibid.*, *ibid.*, p. 341.

pour son romantisme ; peut-être l'auteur de *Madame Bovary* mérite-t-il surtout l'admiration par ce que son œuvre contient de romantique.

Citant l'article paru dans la Revue de Duranty, Zola s'étonne que les réalistes du temps n'aient pas traité Gustave Flaubert comme un des leurs [1]. Mais il ne l'était certes pas. Il ne l'était ni au point de vue moral ni au point de vue esthétique.

Il ne l'était pas au point de vue moral. C'est ce que *Madame Bovary* elle-même nous montre assez. Et, tout particulièrement, le personnage d'Emma. Devons-nous croire que Flaubert lui attribue son propre romantisme « en l'abaissant d'un degré pour s'en moquer [2] »? Il y a chez la malheureuse femme des aspirations intimes vers un idéal supérieur à la médiocrité du milieu où se passe son existence. Et de là sans doute sa perversion; mais cet idéalisme, bien que superficiel et malsain, lui prête une sorte de poésie qui ne la rend pas toujours ridicule, qui peut la rendre parfois sympathique. Aussi Flaubert la plaint-il; et même, sa pitié se mêle d'une tendresse secrète [3]. S'il raille les puériles extravagances

---

1. *Le Roman expérimental*, article sur le Réalisme, p. 309.

2. *Gustave Flaubert*, par É. Faguet (Collection des Grands Écrivains français), p. 143.

3. Quand il en est à la promenade à cheval, il a « la gorge serrée ». « Tantôt, dit-il, au moment où j'écrivais le mot *attaque de nerfs*, j'étais si emporté, je gueulais si fort, et sentais si profondément ce que ma petite femme éprouvait, que j'ai eu peur moi-même d'en avoir une » (*Corresp.*, t. II, p. 358). Lorsque Mme Bovary s'empoisonne, le goût de l'arsenic le « fait vomir ». « J'étais si bien empoisonné moi-même que je me suis donné deux indigestions coup sur coup » (*Ibid.*, t. III, p. 349). — Au surplus, Flaubert n'est pas aussi impassible qu'il l'aurait voulu. « Je me suis toujours défendu de rien mettre de moi dans mes œuvres, dit-il; pourtant j'en ai mis beaucoup » (*Corresp.*, t. I, p. 128). Et encore : « Mes personnages m'affectent,

de certain romantisme, c'est un peu comme l'auteur de *Don Quichotte* raillait celles de la chevalerie.

Il n'était pas plus réaliste au point de vue esthétique qu'au point de vue moral. Le beau, le beau formel, le beau plastique, voilà son objet suprême. « Ah! disait-il, je les aurai connues, les affres du style[1]. » Et d'autres écrivains les connurent aussi; mais Flaubert ne s'attache pas seulement à la justesse et à la netteté, à la concision et à la vigueur, à l'éclat, au nombre. Pour lui, ce n'est point encore suffisant. Il veut une phrase « rythmée comme le vers, avec des ondulations, des renflements de violoncelle », avec « des aigrettes de feu[2] ». Selon Flaubert, le chef-d'œuvre absolu serait un livre sans sujet, « un livre sur rien, qui se tiendrait de lui-même par la force interne de son style[3]. » « Je me souviens, raconte-t-il, d'avoir eu des battements de cœur, d'avoir ressenti un plaisir violent en contemplant un mur de l'Acropole, un mur tout nu... Eh bien, je me demande si un livre, indépendamment de ce qu'il dit, ne peut pas produire le même effet. Dans la précision des assemblages, la rareté des éléments, le poli de la surface, l'harmonie de l'ensemble, n'y a-t-il pas une vertu intrinsèque, une espèce de force divine?[4] » Il écrit à George Sand : « Je regarde comme très secondaire le détail technique, le rensei-

me poursuivent, ou plutôt c'est moi qui suis en eux » (*Ibid.*, t. III, p. 349). Quelques efforts qu'il fasse pour cacher son émotion, nous la sentons parfois, ou du moins nous pouvons la deviner.

1. *Correspondance*, t. III, p. 295.
2. *Ibid.*, t. II, p. 95.
3. *Ibid.*, *ibid.*, p. 70.
4. *Ibid.*, t. IV, p. 227.

gnement local, enfin le côté historique et exact des
choses, je recherche la beauté par-dessus tout [1]. »
Sa religion de la forme le distingue essentiellement
des réalistes et des naturalistes. « Ceux que je vois
souvent et que vous désignez, ajoute-t-il, recher-
chent ce que je méprise et s'inquiètent médiocre-
ment de ce qui me tourmente. » Et ailleurs, venant
de nommer Daudet et Zola : « Aucun des deux n'est
préoccupé *avant tout* de ce qui fait pour moi le but
de l'art, à savoir la *beauté* [2] ». Le vrai, qu'il s'impose
aussi et qu'il estime indispensable, lui paraît cependant « très secondaire » : au moyen du vrai, c'est
le beau qu'il veut atteindre [3]. Il veut l'atteindre
jusque dans l'expression des choses les plus communes. « Le vulgaire et le trivial, déclarait Victor
Hugo, doit avoir un accent [4]. » Sur ce point ainsi
que sur beaucoup d'autres, Flaubert s'accorde

1. *Correspondance*, t. IV, p. 220.
2. *Ibid.*, *ibid.*, p. 227.
3. « Je ne te montrerai rien de Carthage avant que la dernière ligne n'en soit écrite, parce que j'ai bien assez de mes
doutes sans avoir par dessus ceux que tu me donnerais... Quant
à l'archéologie, elle sera « probable ». Voilà tout. Pourvu qu'on
ne puisse pas me *prouver* que j'ai dit des absurdités, c'est tout
ce que je demande. Pour ce qui est de la botanique, je m'en
moque complètement. J'ai vu de mes propres yeux toutes les
plantes et tous les arbres dont j'ai besoin. Et puis, cela importe
fort peu, c'est le côté secondaire. Un livre peut être plein d'énor-
mités et de bévues et n'en être pas moins fort beau. Une pareille
doctrine, si elle était admise, serait déplorable. Mais je vois dans
la tendance contraire (qui est la mienne, hélas !) un grand
danger. L'étude de l'habit nous fait oublier l'âme. Je donnerais
la demi-rame de notes que j'ai écrites depuis cinq mois et les
98 volumes que j'ai lus pour être pendant trois secondes seulement, *réellement* émotionné par la passion de mes héros »
(*Corresp.*, t. III, p. 103-104). — « Je crois avoir fait quelque chose
qui ressemble à Carthage. Mais là n'est pas la question. Je me
moque de l'archéologie ». (*Ibid.*, *ibid.*, p. 248).
4. Préface de *Cromwell*.

avec le chef de l'école romantique; il donne du relief à la platitude même.

Chez Alexandre Dumas, le réalisme n'est pas, comme chez Gustave Flaubert, l'effet d'une discipline systématique. L'auteur de *la Dame aux camélias*, quand il renouvela notre théâtre, fit du réalisme sans le savoir, en retraçant ce qu'il voyait. Mais, réaliste par là, il est par bien des côtés foncièrement idéaliste; et son idéalisme, qui s'accuse toujours davantage, finit par tourner au mysticisme.

Presque toutes ses comédies veulent démontrer une vérité morale. Bien que mettant sur la scène des figures modernes dans un milieu fidèlement observé et rendu, il représente « ce qui devrait être » et non « ce qui est ». De là un singulier mélange des réalités qu'il a vues et des choses imaginaires qu'il nous donne elles-mêmes comme réelles. Ses dénouements en particulier manquent bien souvent de vraisemblance, et plusieurs, malgré l'adresse avec laquelle il les avait préparés, soulevèrent de vives protestations. « C'est raide », dit Barentin, lorsque Mme Aubray marie son fils avec Jeannine; et le public partagea l'avis de Barantin. Dans beaucoup de ses pièces, Alexandre Dumas subordonne la vérité réelle à une thèse, ou même y substitue la vérité idéale.

Encore cela n'est-il pas proprement « romantique ». Voici quelque chose qui l'est.

Dumas se défendit toujours de confondre la réalité et l'art. Créateur d'un théâtre nouveau, qui, du reste, ne mérite qu'à certains égards d'être appelé réaliste, il le créa sans professer aucune doctrine. Dans la seconde moitié de sa carrière, il combattit le naturalisme, et ce n'était pas seulement afin de défendre des conventions imposées, selon lui, par les lois essentielles du genre théâtral; il expliquait encore que l'artiste corrige la nature l'interprète, l'ajuste et l'accorde à sa forme d'esprit, à son tour d'imagination. Si « toutes les littératures, y compris la littérature dramatique », peuvent bien, dit-il, avoir « pour première base la recherche et la représentation aussi fidèle que possible de la nature », elles ne l'ont pas, « pour dernière fin »; et, déclarant son idéalisme intime, il ajoute, quelques pages plus loin : « L'artiste ne mérite ce nom que lorsqu'il donne une âme aux choses de la matière, une forme aux choses de l'âme, que lorsque, en un mot, il idéalise le réel qu'il voit et réalise l'idéal qu'il sent[1] ». Certes, la différence est grande entre un « virtuose » comme Flaubert et un moraliste comme Dumas; celui-là recherche la beauté plastique, celui-ci l'utilité sociale : mais tous deux poursuivent une autre fin que la reproduction du réel.

Après *les Idées de Madame Aubray* et *la Princesse George*, Dumas ne se borne point à soutenir des thèses en montrant de quelle façon « les choses doivent se passer ». Prophète et visionnaire, il fait paraître sur le théâtre des entités au lieu d'êtres vivants. Mistress Clarkson, dans *l'Étrangère*, n'a vraiment rien de réel; elle représente « l'absorption du masculin par le féminin. » Et, déjà, *la Femme de Claude*, soit pour le sujet, soit pour les personnages, était une pièce « toute symbolique[2] ». Césarine y

1. Préface de *l'Étrangère*.
2. Cf. la préface.

figure je ne sais quel monstre d'apocalypse avec sept têtes qui dépassent les montagnes, sept bouches, toujours entrouvertes et souriantes, aussi rouges que des charbons en feu, quatorze yeux, toujours fixes, aussi profonds que ceux de l'Océan. Le mystique, chez Dumas, a maintenant prévalu sur le réaliste. Il abstrait, il symbolise ; il représente d'une part, la Bête, de l'autre, la Vierge du mal. Au reste, *la Femme de Claude* et *l'Étrangère*, ou, plus tard, *la Princesse de Bagdad*, ne font que mettre en pleine lumière son « romantisme » inné, un romantisme dont ses pièces réalistes portaient elles-mêmes la trace.

Quant à Leconte de Lisle, il est bien, lui aussi, romantique, non pas comme Alexandre Dumas, mais comme Gustave Flaubert.

Leconte de Lisle est romantique, comme Flaubert, par son culte du beau. Il exige en toute œuvre d'art une perfection absolue ; il tient identiques les deux termes de grand poète et d'irréprochable artiste. Comme Flaubert, Leconte de Lisle est encore romantique par son aversion pour les vulgarités et les mesquineries de l'existence moderne. Seulement, tandis que le premier, dans *Madame Bovary*, dans *l'Éducation sentimentale*, se faisait une obligation de les peindre, le second emprunte ses thèmes aux pays les plus lointains, aux époques les plus reculées. Il écrit des *Poèmes antiques* et des *Poèmes barbares* ; et, dans les *Poèmes tragiques*, il célèbre l'apothéose de Mouça-el-Kébyr, il entonne un hymne de mort gallois, il module des *pantoums* malais, il chante la Romance de don Fadrique et celle de doña Blanca.

Le réalisme impose une impersonnalité rigoureuse. Si Gustave Flaubert voulait ne laisser rien paraître de lui-même, c'est là surtout ce qui le distingue des romantiques; mais il n'y réussissait pas toujours. Leconte de Lisle y réussit encore moins. En racontant l'antique épopée de la race humaine, il a souvent trahi son être intime. Lui qui reproche à Vigny de se peindre sous les traits de Moïse, nous le reconnaissons plus d'une fois derrière ses personnages. Par la bouche d'un Runoïa, il prédit la chute du Christ :

> Les regards attachés aux débris de sa tour,
> Il cria dans la nuit : — Tu mourras à ton tour !
> J'atteste par neuf fois les Runes immortelles,
> Tu mourras comme moi, Dieu des âmes nouvelles [1].

Par la bouche de Qaïn, il crie son âpre orgueil, sa haine de l'oppression, son pessimisme révolté. Qaïn est tout autant Leconte de Lisle que Moïse était Alfred de Vigny. Le poète lui inspire jusqu'à sa haine du christianisme et du moyen-âge, il emprunte la voix de ce maudit pour maudire le Dieu catholique, les moines, l'Inquisition, les bûchers hurlants.

> Afin d'exterminer le monde qui te nie,
> Tu feras ruisseler le sang comme une mer,
> Tu feras s'acharner les tenailles de fer,
> Tu feras flamboyer, dans l'horreur infinie,
> Près des bûchers hurlants le gouffre de l'Enfer ;
>
> Mais quand tes prêtres, loups aux mâchoires robustes,
> Repus de graisse humaine, et de rage amaigris,
> De l'holocauste offert demanderont le prix,
> Surgissant devant eux de la cendre des justes,
> Je les flagellerai d'un immortel mépris [2].

---

1. *Poèmes barbares*, le *Runoïa*.
2. *Ibid.*, *Qaïn*.

D'ailleurs Leconte de Lisle a écrit maintes pièces où son moi s'exprime sans aucune transposition. Ni *le Manchy*, ni *la Fontaine aux lianes*, ni *l'Illusion suprême*, où il généralise et spiritualise ses émotions, ne sont sans doute des poèmes aussi exclusivement, aussi directement subjectifs que les élégies de Musset. Pourtant il nous y découvre ce que recélait son âme de plus personnel, de plus profond. Même dans *les Montreurs*, lorsqu'il se défend de mendier une pitié humiliante, son mépris de « la plèbe » éclate en furieux anathèmes.

Et ce moi, dont il ne peut, bien souvent, réprimer les colères et les angoisses, est un moi essentiellement romantique. Le pessimisme de Leconte de Lisle provient d'un mal auquel tous les romantiques, depuis Chateaubriand, avaient été en proie : il s'explique par l'idée, sans cesse présente, de l'écoulement universel ; il s'explique aussi par un rêve de beauté et d'amour que dément la vie, qu'elle heurte et blesse de ses viles passions, de ses impures laideurs. Plus intellectuel, plus philosophique, c'est encore « le mal du siècle ». Sous la morne sérénité que Leconte de Lisle affecte, on retrouve encore un descendant de René.

Dans la dernière partie du XIXᵉ siècle, aucun écrivain, parmi ceux qui s'attaquèrent au romantisme, ne le combattit avec autant de violence qu'Émile Zola ; cependant aucun n'est aussi romantique, ne l'est aussi foncièrement que ce docteur du naturalisme. Lui-même le savait bien. « Je hais le romantisme, disait-il, à cause de la fausse éducation littéraire qu'il m'a donnée ; j'en suis, et

j'en enrage [1]. » Mais ce n'est pas seulement son
éducation qui le rendit romantique, c'est, avant
tout, son tempérament propre et sa forme d'esprit.

Il a pour faculté dominante l'imagination, une
imagination qui transforme et déforme le réel. Son
œuvre contredit sur tous les points essentiels la
doctrine du naturalisme. Par exemple, les principaux personnages qu'il représente, ses héros,
dépassent presque toujours les proportions de la
moyenne humanité. Il les amplifie et il les simplifie ;
il en fait des symboles. Ses descriptions, d'autre
part, valent surtout par l'éclat, par le relief, et non
par l'exactitude documentaire. Nous y admirons la
puissance de l'artiste qui grossit chaque objet, qui
exagère les contours et qui outre les couleurs, qui
prête souvent aux choses une vie étrange et mystérieuse. Rien n'est moins naturaliste que l'art de
Zola, rien n'est plus « romantique ».

Si l'auteur des *Rougon-Macquart* se retourna
contre le romantisme, ce qu'il appelle de ce nom
est ce que le romantisme put avoir de bizarre,
d'extravagant, de saugrenu. « Je désigne par drame
romantique, dit-il notamment, toute pièce qui se
moque de la vérité les faits et des personnages, qui
promène sur les planches des pantins au ventre
bourré de son, qui, sous le prétexte de je ne sais
quel idéal, patauge dans les pastiches de Shakespeare [2]. » Et certes le drame romantique ne contient
pas autant de vérité morale ou même de vérité his-

---

1. *Le Roman expérimental*, article sur *les Frères Zemganno*,
p. 271. — Cf. ce passage de *l'Œuvre* : « Ah ! nous y trempons
tous, dans la sauce romantique ! Notre jeunesse y a trop bar-
boté ; nous en sommes barbouillés jusqu'au menton ».
2. *Le Naturalisme au Théâtre*, p. 16.

torique que d'action purement extérieure et de
tirades souvent déclamatoires; on y trouve des
divagations, de l'emphase, du clinquant. Mais il
rapprocha cependant le théâtre de la vie en rompant
avec les conventions classiques[1], et c'est ce que Zola
ne veut pas voir. De même pour le roman. Selon
Zola, le roman romantique imaginerait à plaisir les
aventures les plus invraisemblables et les personnages les plus extraordinaires. Princes qui déam-
bulent *incognito* avec des diamants plein leurs
poches, fantastiques équipées, apothéoses creuses,
enfants marqués à leur naissance, puis longtemps
perdus, et retrouvés enfin quand le dénouement
l'exige[2], voilà, selon lui, quelle en serait la matière;
il le définit non pas d'après *Indiana* ou *Valentine*
mais d'après *les Mystères de Paris* ou *les Mémoires
du Diable*. Il ne distingue ni Victor Hugo de Den-
nery, ni George Sand d'Eugène Sue et de Frédéric
Soulié.

L'opposera-t-on aux romantiques en alléguant
soit son matérialisme, soit la prédilection avec
laquelle il peignit le mal? Remarquons alors que ses
dernières œuvres nous montrent chez lui un idéaliste plein d'enthousiasme et de ferveur. Déjà *les
Rougon-Macquart* se terminaient par une sorte
d'hymne en l'honneur de la vie; quant aux *Trois
Villes* ou aux *Quatre Évangiles*, il y glorifie toutes
les vertus par où la race humaine s'achemine vers
la justice et la vérité. Devenu un apôtre, un mage,
ce n'est pas à dire qu'il répudie la Science (et du
reste son culte pour elle avait toujours eu quelque

1. Cf. chapitre III.
2. *Les Romanciers naturalistes*, p. 126, 312, etc.

chose de mystique); seulement, au lieu d'en précqniser les observations minutieuses et les patientes enquêtes, il la célèbre maintenant comme l'ouvrière de cette vérité et de cette justice qu'ont trop longtemps offusquées l'erreur ou le mensonge, mais qui vont tôt ou tard briller sur le monde et en renouveler la figure. Lorsque Zola publiait *les Rougon-Macquart*, Gustave Flaubert le qualifiait de romantique; et qu'est-ce donc qu'il aurait dit en lisant *les Quatre Évangiles*?

Si romantiques que puissent être, par leur génie même, les principaux représentants du réalisme et du naturalisme, la doctrine réaliste ou naturaliste ne s'en ramène pas moins à la conception d'une littérature scientifique, ayant pour seul office de reproduire la réalité, la nature, avec autant d'exactitude que possible.

Leconte de Lisle recommandait l'union de la science et de la poésie; tel est le thème capital du retentissant manifeste qui précède son premier recueil. Alexandre Dumas, non seulement dans ses préfaces, mais jusque dans ses pièces, affecte le langage d'un physiologiste quand il fait la description des mœurs, le langage d'un thérapeute quand il prétend les guérir [1]. Dès 1852, Flaubert dit :

1. « On choisit, lorsqu'on traverse ce monde et qu'on a la volonté du bien, un point quelconque, où se manifestent d'ailleurs, car ils sont visibles partout, les symptômes de l'imbécillité quasi universelle. On y devient incessamment attentif, et on la combat en apportant à la masse des observations déjà acquises les observations nouvelles que l'on a pu faire. On particularise son action avec chance toutefois d'étendre peu à peu

« Plus il ira, plus l'art sera scientifique[1] » ; et, un an après : « La littérature prendra de plus en plus les allures de la science[2] ». Cette théorie, l'école proprement naturaliste la précisa. Zola montre en détail comment l'artiste applique les procédés du savant, et, pour exposer son programme, il ne trouve rien de mieux que de répéter l'*Introduction à l'étude de la médecine expérimentale*, parue cinq ou six années avant le premier tome des *Rougon-Macquart*, en remplaçant le mot de *médecin* par celui de *romancier*.

Mais peut-on vraiment, comme le veulent les réalistes et les naturalistes, identifier la littérature et la science?

Certes, entre la science et la littérature, il y a d'intimes rapports. Il y en a entre la science et la poésie elle-même; et lorsque, par exemple, devant une scène de la nature, un poète exprime ses émotions, il se la représente nécessairement selon les données de la physique contemporaine. Aussi bien, presque tous les genres littéraires comportent une part de notation et d'analyse. Le romancier, l'auteur

son domaine. C'est le procédé scientifique appliqué à l'ordre moral... Français, ayant à parler surtout à des Français, pour commencer, j'avais à savoir ce que des âmes françaises donnent, dans leurs combinaisons avec leurs lois et leurs mœurs particulières. Je résolus de solliciter la production des faits que je voulais observer quand ils ne se présenteraient pas tout seuls, et de tâcher d'en assigner la loi, d'en déterminer les causes et de reconnaître la manière dont ces causes agissent, ce qui est la véritable méthode d'expérimentation ». (*Lettre à M. Cuvillier-Fleury*, en tête de *la Femme de Claude*).

1. *Correspondance*, t. II, p. 92.
2. *Ibid.*, *ibid.*, p. 200.

de théâtre, le critique, élaborent des faits que la
réalité leur a fournis, des matériaux qu'ils ont dû
rassembler; et ces documents originels sont, dans
leur œuvre, un fonds « scientifique ».

Pourtant l'art, à le considérer en soi, n'a rien de
commun avec la science. Quand l'artiste recherche
des documents, ce n'est là pour lui qu'une préparation de son œuvre, qu'une étude préalable et préliminaire, et, déjà, sa sensibilité individuelle se les
approprie, se les assimile. Le savant consigne purement et simplement ses observations, en tire tout
au plus une loi abstraite; l'artiste modifie les
siennes, il leur donne une forme vivante.

Quel est donc le trait essentiel par où diffèrent
l'œuvre artistique et l'œuvre scientifique?

Assignerons-nous à chacune des deux son domaine spécial, le beau à la première, le vrai à la
seconde? Cette distinction procède d'une analyse
superficielle. Le vrai et le beau ont la même
essence; Boileau dit : « Rien n'est beau que le
vrai [1] », et Alfred de Musset « : Rien n'est vrai que
le beau [2] ». Du moins ni l'œuvre scientifique
n'exclut le beau, ni l'œuvre artistique le vrai
L'œuvre scientifique n'exclut pas le beau : il y en a
dans la précision et dans la rectitude, qualités éminemment scientifiques; si je ne sais quel philosophe
grec en trouvait dans une rangée de marmites ou
de chaussures, à plus forte raison y en a-t-il dans
une classification bien ordonnée, dans une théorie
exactement déduite. Mais, d'autre part et surtout,
l'œuvre artistique doit être vraie. Quelque talent

1. Épître IX, v. 43.
2. *Après une lecture.*

dont puissent témoigner leurs écrits, les écrivains qui falsifient la nature n'obtiennent jamais qu'un succès éphémère. Nous avons eu trois grandes écoles depuis la Renaissance, et toutes les trois, l'école classique, l'école romantique, l'école réaliste, se réclamèrent de la nature et de la vérité.

La différence fondamentale entre l'artiste et le savant ne porte point sur cette distinction du vrai et du beau; comme le savant, l'artiste s'applique à la nature. Par quoi donc les distinguerons-nous l'un de l'autre, par quoi les opposerons-nous entre eux? Ce qui les distingue, ce qui les oppose, c'est que le savant reproduit la nature telle quelle, et que l'artiste, suivant le mot de Bacon, y ajoute son moi.

Si l'œuvre scientifique a sa beauté, la beauté d'une œuvre scientifique n'est pas la même que celle d'une œuvre artistique.

Platon appelle le beau « la splendeur du vrai ». Mais cette splendeur, dans l'œuvre scientifique, reste froide. Le savant applique à la nature sa seule raison. Une démonstration de géométrie peut être belle; elle l'est d'une beauté purement logique. Le savant, dès que son moi, dès que sa sensibilité entre en jeu, fait œuvre d'artiste. Préciser les mouvements des astres et exposer les lois selon lesquelles ils se meuvent, c'est là une œuvre scientifique. Et certes l'astronome pourra non moins qu'un autre, voire à meilleur escient, admirer l'harmonie de l'univers; il pourra aussi se sentir humilié par la considération du peu qu'est l'homme dans le monde, il pourra se sentir effrayé du silence éternel des espaces infinis. Mais, en exprimant les émotions de son cœur, il fera œuvre d'artiste, il ne fera plus œuvre de savant.

Et, d'autre part, si l'œuvre artistique doit être vraie, la vérité de l'œuvre artistique n'est pas celle de l'œuvre scientifique.

Le savant démontre ou constate; il expose objectivement ses constatations ou ses démonstrations. Voici une vérité scientifique qu'il démontre : La somme des trois angles d'un triangle égale deux angles droits. Et voici une vérité scientifique qu'il constate : L'eau se compose d'oxygène et d'hydrogène. Les vérités de ce genre-là n'ont rien de subjectif, elles sont toujours et partout vraies, elles le sont pour tous les hommes identiquement. Et même il n'y a qu'une façon de les exprimer comme il n'y a qu'une façon de les concevoir. Au contraire, la vérité de l'œuvre artistique est subjective et relative. Sans doute quelques principes commandent et dominent l'art, principes immuables, dérivant du fond commun qui, chez tous les individus de diverse origine, marque leur commune « humanité ». Mais, purement idéologiques, ils ne se traduisent par rien de concret, et la vérité de l'œuvre artistique varie avec le tempérament de chaque artiste.

Telle est la différence entre l'œuvre d'art et l'œuvre de science. Le moi de l'artiste altère la nature; à travers ce moi, elle subit une réfraction. Qu'on ne vienne donc pas nous parler de je ne sais quelle littérature scientifique. Les deux mots se contredisent et s'excluent.

Si le naturalisme avait appliqué sa théorie en toute rigueur, c'était fait de la littérature.

Considérons d'ailleurs un des principaux genres, l'histoire. Soumise de nos jours à une méthode strictement objective, l'histoire ne compte plus

entre les genres littéraires [1]. Déjà Fustel de Coulanges, écrivain admirable de justesse, de précision,
de netteté vigoureuse, n'est, ni ne veut être un
« littérateur ». Dans les écrits pour lesquels on le
nomme avec Michelet, Taine et Renan, il ne suit
pas toujours sa discipline; mais ceux où il la suit
demeurent hors de la littérature. Et pareillement
nos érudits contemporains, s'imposant une impersonnalité absolue, produisent des œuvres aussi peu
littéraires que les travaux d'un paléographe ou d'un
numismate.

La littérature pouvait-elle donc, sous l'influence
du naturalisme, être évincée tôt ou tard, être
absorbée par la science? En vérité, il n'y avait rien
de pareil à craindre.

Il n'y avait rien de pareil à craindre dans l'histoire
elle-même ni dans la critique.

Dès que l'histoire ne consiste pas uniquement en
chiffres, le moi de l'historien s'y manifeste. Comme
le romancier, l'historien voit la réalité à travers son
moi. Comme le romancier, il pratique l'abstraction
et l'idéalisation : l'abstraction, car il doit choisir
parmi tant de faits; l'idéalisation, car, sans parler
des préjugés et des sympathies personnelles, son
choix dépend plus ou moins d'idées conformes à sa
nature propre. Ainsi l'histoire ne peut véritablement
devenir une science. Et, ne craignons pas de le dire,
ce qui en fait à bien des égards l'intérêt, ce qui en
fait la valeur, c'est ce que chaque historien y met de
soi. Le travail des érudits mérite sans doute de très
grands éloges; mais enfin, ils n'ont point de génie,
et ils se passent fort bien d'en avoir. Quand un

1. Cf. p. 250-251.

écrivain de génie appliquera son génie à l'histoire, cet écrivain nous rendra l'histoire littéraire, telle que la conçurent les Thierry et les Michelet.

La critique non plus ne peut devenir scientifique. Elle le pourrait, si les productions de la littérature ne relevaient pas du moi, ou si nous avions pénétré le mystère de l' « idiosyncrasie ». Mais, d'une part, le moi, c'est-à-dire la sensibilité individuelle, étant l'essence même de n'importe quel art, il s'ensuit que la critique, du moment où elle tend à devenir une science, néglige dans les œuvres ce qu'elles ont dé littéraire, et, par suite, ne remplit pas son véritable office. Taine apprécie les œuvres surtout comme signes ; Brunetière devrait, pour rester conséquent avec sa doctrine, les réduire aux éléments dont la raison seule juge, à des généralités, à des lieux communs. Et, d'autre part, nul doute que l'idiosyncrasie ne procède elle-même de certaines lois. Seulement, nous l'avons déjà dit, elles sont trop subtiles pour qu'on y atteigne, et, en admettant qu'on parvînt à démêler dans leurs dernières complications les influences de la race, du moment, du milieu, ces influences n'expliqueraient pas encore ce qui caractérise la personne de l'écrivain, ce qui fait son talent.

Ni la poésie ni le théâtre ne sont en cause. Un poète peut exprimer son émotion devant les perspectives que la science lui découvre, célébrer l'ordre de l'univers, glorifier les forces naturelles. Et donc il y a une poésie de la science. Mais il n'y a point une poésie scientifique, ou, s'il y en avait une, cette poésie mettrait en vers, par un tour de force inutile, des vérités que la prose seule exprime bien. Son unique ressource serait de les enjoliver ;

ainsi firent certains pseudo-classiques, Gudin par exemple, auteur d'un poème sur l'astronomie et Ricard, auteur d'un poème sur la sphère. A l'égard du genre dramatique, la science le ruinerait du coup en y touchant; car ce genre suppose des conventions que nécessite son existence même. Le naturaliste le plus intransigeant, lorsqu'il écrit une pièce de théâtre, se voit contraint de transposer le réel, de le tronquer et de le « truquer ».

Quant au roman, la place de la science peut y être très considérable; il n'en reste pas moins impossible, quoi qu'aient prétendu certains naturalistes, d'assimiler l'œuvre du romancier à celle du savant. Émile Zola, théoricien du naturalisme, calqua son manifeste sur un traité de Claude Bernard; cela ne l'empêcha pas, comme on sait, d'écrire pour son compte une œuvre romantique; car de quel autre nom qualifier *les Quatre Évangiles*, *les Trois Villes* et *les Rougon-Macquart* eux-mêmes? Soit dans la représentation des choses, soit dans celle des personnes, le roman n'est point une pure et simple analyse. Il exige tout un travail de coordination, de recomposition. Ces monographies exclusivement statistiques dans lesquelles Edmond de Goncourt voyait « le roman de l'avenir » n'auraient plus les caractères propres au genre romanesque; elles ne feraient que cataloguer et que juxtaposer des traits successifs; elles remplaceraient les descriptions par des inventaires, les portraits par des signalements. Le romancier, lui, n'est pas un statisticien, il fait une œuvre vivante; et comment donnera-t-il la vie à son œuvre sans employer les procédés fallacieux de l'art?

Nos trois grandes écoles littéraires ont également

prescrit d'imiter la nature ; pourtant l'école romantique combattit l'école classique et l'école naturaliste combattit l'école romantique. Rien là d'étonnant. Le principe d'où elles partent toutes les trois
est un principe relatif, approximatif; chacune l'applique à sa façon. Et, quoique les naturalistes l'appliquent avec plus d'exactitude, ils ne reproduisent
point la nature telle quelle; ils l'altèrent en s'y
ajoutant. L'art consiste précisément dans cette
modification de la nature, chaque écrivain la
modifiant selon la forme particulière de sa sensibilité. Et, remarquons-le bien, chaque écrivain la
modifie plus ou moins selon qu'il a plus ou moins
de talent. Aussi, quand le talent ne leur manque
pas, les réalistes sont-ils en un certain sens romantiques. Il y a beaucoup de romantisme chez Gustave Flaubert, chez Alexandre Dumas, chez Leconte
de Lisle ; il y en a beaucoup chez Zola. S'il n'y en
a pas chez l'auteur des *Bourgeois de Molinchart,*
c'est que le vrai talent lui manquait.

Mais ne nous contentons pas de dire qu'il y a du
romantisme chez les principaux réalistes : leur
théorie d'art s'accorde elle-même avec celle des
romantiques. Taine, auquel on rattache le naturalisme, déclarait que les grandes écoles sont celles
qui altèrent sans scrupule les rapports des choses[1].
Tous les réalistes de quelque valeur en convien-
draient sans difficulté. Au fond leur esthétique se
propose pour objet de transformer la nature.

Ne parlons ni de Leconte de Lisle, qui est un
poète, ni d'Alexandre Dumas, qui, après avoir inau-

1. *Philosophie de l'Art*, 1867.

guré le réalisme sur la scène, prit contre les naturalistes la défense des conventions théâtrales, ni de
Gustave Flaubert, qui, de quelque façon qu'on le
juge, resta toujours un romantique impénitent.
Parlons de Maupassant et de Zola, de Maupassant,
le plus réaliste entre nos romanciers, de Zola,
romantique par son art, mais docteur attitré du
naturalisme.

Guy de Maupassant a exprimé ses idées esthé-
tiques dans la préface de *Pierre et Jean*. Selon lui,
le romancier réaliste ne doit pas seulement « éli-
miner, parmi les menus événements innombrables
et quotidiens, tous ceux qui sont inutiles, et mettre
en lumière d'une façon spéciale tous ceux qui
donnent au livre sa portée. » Il doit aussi « corriger
ces événements au profit de la vraisemblance et au
détriment de la vérité » pour nous donner une
vision des choses « plus complète, plus saisissante,
plus probante que la réalité même ». Et Maupassant
appelle « le Réaliste de talent » un « Illusionniste ».
Jamais les romantiques n'avaient marqué en termes
si décisifs l'opposition de l'art et de la nature.

Quant à Zola, sa doctrine, nous allons le voir,
admet et justifie ce que son œuvre peut contenir de
plus romantique.

Tout livre, a-t-il souvent répété, est « un coin de
la nature vu à travers un tempérament ». La première fois qu'il définit ainsi l'œuvre littéraire[1],
c'est en se défendant d'avoir inventé une nouvelle
esthétique. Aussi entend-il par là que les écrivains
imitèrent toujours la nature. Et pareillement il rap-

---

1. Dans *le Roman expérimental*, article sur *le Naturalisme au
Théâtre*, p. 111.

pelle cette définition dans un article ultérieur afin
d'établir que « la nature est la seule base possible ».
Car, ajoute-t-il, « les écrivains n'ayant pas les certitudes des mathématiciens », elle sert de « commune
mesure ». Mais, là-dessus, voici que lui-même se
fait une objection. Comparer les œuvres d'art à la
nature, c'est seulement en reconnaître « le point de
départ ». A-t-on jamais prétendu que l'artiste doive
la copier, la décalquer? Celui qui prendrait la ressemblance avec la nature pour critérium dans l'appréciation des œuvres « en serait conduit à exiger
des photographies ». Or, « le plus bel ouvrage »
n'est point « le plus exact ». Et donc, « il faut introduire l'élément humain, qui élargit tout d'un coup
le problème et en rend les solutions aussi variables,
aussi multiples qu'il y a de crânes différents dans
l'humanité[1] ». Voilà la part du moi, sans laquelle
il n'y a pas d'œuvre d'art. Ce que l'auteur des
Rougon-Macquart appelle la nature vue à travers un
tempérament, c'est la nature altérée par l'artiste.

Son manifeste sur le *Roman expérimental* précise
la même idée. Il y explique, il y justifie l'interven-
tion du moi, de la faculté créatrice, du génie, et
leur accorde une importance prédominante en
vertu des expériences qui, selon lui, complètent les
observations.

Et certes le terme est impropre : en faisant passer
le baron Hulot d'un milieu dans un autre afin de
montrer comment des milieux divers modifient sa
passion, Balzac, dont Zola cite l'exemple, n'institue
point une expérience. Entre le savant et le roman-

---

1. *Documents littéraires, Sur la Réception d'Alexandre Dumas
à l'Académie française*, p. 263, 264.

cier, il n'y a que des analogies toutes spécieuses.
Le savant expose telle ou telle substance à l'action
d'une force qui la modifie, et, dès le moment où
cette force modifie cette substance, son rôle devient
celui d'un observateur. Le romancier, qui ne saurait placer réellement des personnages dans certaines conditions de manière que sa prétendue
expérience fût, comme l'expérience véritable du
savant, une observation provoquée, substitue à la
nature des hypothèses gratuites, sans contrôle possible, et opère en pleine fiction. Mais, quelque
erreur de mot que commette Zola, ce que nous
remarquons ici, c'est qu'il rétablit dans l'œuvre
d'art la personnalité de l'écrivain, à laquelle l'office
pur et simple d'observateur ne permettrait qu'un
rôle passif. Car, écrit-il, « l'idée d'une expérience
entraîne avec elle l'idée d'une modification » ; et,
rappelant le mot de Claude Bernard, que « l'appa-
rition de l'idée expérimentale est toute spontanée,
sa valeur tout individuelle », il s'en prévaut pour
montrer comme quoi la doctrine naturaliste concède
leur juste part aux facultés inventives[1].

D'après Zola, le romancier doit avoir deux qualités dominantes : le sens du réel et l'expression
personnelle. Or, prenons-y garde, la première de
ces deux qualités ne peut se concilier avec la
seconde que du moment où le réel subit des modifications qui décèlent le moi de l'artiste. Quand
l'artiste modifie la nature en l'exprimant, ne l'a-t-il
pas, en la percevant, déjà modifiée? Et peu impor-
terait encore qu'il l'eût exactement perçue, s'il en
donnait une expression inexacte. Au surplus,

---

1. Cf. *le Roman expérimental*, p. 11.

Zola lui-même nous montre par l'exemple d'Alphonse Daudet ce qu'est l'expression personnelle. « Daudet ne fait plus qu'un, avec son œuvre, il s'absorbe en elle et la revit pour son compte. Quels sont les détails absolument vrais, quels sont les détails inventés? Il serait très difficile de le dire. » Et certes « la réalité a été le point de départ ». Mais cette réalité, le romancier « l'a continuée ensuite », « il a étendu la scène dans le même sens », il « lui a donné une vie spéciale, et qui lui est propre, à lui, Alphonse Daudet ». Ainsi, ce dont loue Daudet le chef de l'école naturaliste, c'est justement d'altérer les objets de son imitation en leur prêtant sa propre âme, sa propre vie; et ne voilà-t-il pas quelque chose d'essentiellement romantique[1]?

Pour marquer la différence capitale entre l'œuvre de l'artiste et l'œuvre du savant, Claude Bernard, le maître de Zola, définissait l'artiste comme *réalisant une idée ou un sentiment personnel*. Et Zola repousse sans doute cette définition. « Alors, dans le cas où je représenterais un homme qui marcherait la tête en bas, j'aurais fait une œuvre d'art? Je serais un fou, pas davantage[2]. » Est-ce donc à dire que Claude Bernard réduisait l'art aux aberrations de la personnalité? N'y a-t-il point entre les hommes raisonnables une ressemblance générale, une certaine communauté de sentiments et d'idées qui exclut de telles folies? Zola feint ici de ne pas entendre ce que veut dire Claude Bernard. Mais ailleurs, dans un article déjà cité des *Documents littéraires*, où il nous livre, en dehors de tout système,

---

1. Cf. les deux articles sur *le Sens du réel* et *l'Expression personnelle*, publiés dans *le Roman expérimental*, p. 205 et suiv.

2. *Le Roman expérimental*, p. 49.

le résultat de ses réflexions sur le principe et la fin de l'art, il accorde au moi de l'artiste beaucoup plus que Claude Bernard lui-même. « Quand on a, dit-il, une œuvre en face de soi, il suffit d'abord de chercher quelle somme de réalité elle contient. Puis... on passe à l'étude du tempérament qui a pu amener dans l'œuvre les déviations du vrai qu'on y constate. Peu importe alors le plus ou moins d'exactitude. Il faut simplement que le spectacle de l'écrivain aux prises avec la nature reste grand; l'intensité avec laquelle il la voit, la façon puissante dont il la déforme pour la faire entrer dans son moule, l'empreinte enfin qu'il laisse sur tout ce qu'il touche, telle est... la signification du génie. » Et, après avoir allégué soit Victor Hugo, « qui donne de tels coups de poing à la nature qu'elle sort de ses mains colossale et bossue », soit Eugène Delacroix, dont les tableaux « flamboient d'une splendeur menteuse et extraordinaire », il finit par déclarer, en propres termes, que l'artiste *crée à nouveau*[1]. On le voit, Zola montre l'artiste non pas réfrénant sa sensibilité et son imagination afin de se soumettre à la nature, mais opprimant et violentant la nature afin de « la faire entrer dans son moule »; selon lui, le génie des écrivains doit être mesuré sur l'originalité ec laquelle ils la déforment. Et quoi de plus romantique? Ou quel romantique osa jamais en dire autant?

L'œuvre littéraire ne saurait être appréciée, fût-ce par un naturaliste, au même point de vue que l'œuvre scientifique et selon le même critérium.

1. *Sur la Réception d'Alexandre Dumas à l'Académie française*, p. 264.

Considérons·nous l'histoire en tant qu'art? Ce ne
sera pas l'historien le plus exact qui nous paraîtra
le plus grand historien, ce sera presque toujours
celui dont l'imagination et la sensibilité altèrent les
faits, un Michelet par exemple et non tel bénédictin
ou tel chartiste. De même pour la philosophie. La
considérons-nous en tant que science? Alors nous
jugerons un Locke supérieur aux Platon et aux
Leibnitz. Telle était l'opinion de Voltaire quand il
comparait les certitudes que le premier établissait
d'après l'observation des phénomènes, si modestes
pussent-elles sembler, avec les sublimes et chimériques inventions des deux autres. On le lui a même
reproché. On l'a raillé de prendre Locke pour un
génie. Se faisait-il donc illusion sur cet estimable
observateur? Pas le moins du monde. Il suit Locke
de préférence à Platon ou à Leibnitz parce que
Locke, n'étant pas un génie, se contente d'analyser
la nature et m'imagine aucun système. Mais, quand
il envisage la philosophie comme une sorte d'art,
comme le « roman des esprits », nul n'admire davantage les métaphysiciens antiques ou modernes; il
célèbre leur imagination, il leur confère le titre
glorieux de grands romanciers.

Ce qui est vrai pour l'histoire et la philosophie
l'est à plus forte raison pour les genres proprement
littéraires. Le génie artistique ne consiste point dans
l'exactitude, et nous venons de voir que les maîtres
du naturalisme le font eux-mêmes consister dans la
puissance avec laquelle l'artiste transforme le réel.

Si le génie transforme nécessairement le réel,
tout artiste de génie est par là un romantique.

Émile Zola et d'autres naturalistes opposaient l'école classique au romantisme en prétendant s'y rattacher. Mais, ne craignons pas de le dire, il y a beaucoup plus de ressemblance entre le romantisme et le réalisme contemporain qu'entre le réalisme contemporain et le prétendu réalisme des classiques.

L'art peut être scientifique de deux façons bien différentes : il peut l'être soit dans le sens des sciences abstraites, soit dans celui des sciences naturelles. Le naturalisme du xviiᵉ siècle est scientifique dans le premier de ces deux sens, et le naturalisme du xixᵉ siècle l'est dans le second. Cette distinction a une importance capitale.

L'esthétique du classicisme, comme on le sait, se ramène tout entière à la raison. Elle y soumet la nature en éliminant les accidents et les particularités ; elle tient les artistes appliqués à ce qui est constant, à ce que les hommes ont de commun entre eux et non à ce que chaque homme a de personnel. Descartes l'autorisa et la consacra en la fondant sur une théorie systématique de l'univers : il fait consister la matière de l'art dans le « général » ; et, comme il conçoit la beauté sous la forme d'un modèle absolu, immuable, il impose à l'artiste qui prétend la réaliser une méthode géométrique. Cette méthode, tous les critiques du xviiᵉ siècle l'ont professée. D'après eux l'artiste, c'est là sa tâche, sa fonction propre, dégage la vérité rationnelle des réalités contingentes, dispose sa matière selon « les bienséances » et « les vraisemblances », l' « épure des défauts et des irrégularités particulières[1] » ; il

---

1. Cf. p. 53 et suiv.

ne l'accommode pas à son moi sensible, à son
tempérament individuel, il l'assujettit à la raison.
Nos grands classiques avaient trop de génie pour
adopter sans restrictions cette discipline, qui, exactement suivie, abolirait complètement l'art et ne
pourrait d'ailleurs se concilier avec la représentation vivante des choses et des êtres; mais les « mo-
dernes » du XVIIIe siècle et même du XVIIe, chez lesquels l'intelligence prévaut sur la sensibilité, sur
l'imagination, sur le goût, conçoivent la littérature
comme quelque chose de purement logique. Charles
Perrault ne va-t-il pas jusqu'à dire qu'on juge
mieux d'un auteur grec ou latin dans une traduction, et Lamotte, que, si l'on veut bien apprécier la
valeur d'un poème, on doit prendre la précaution
de le mettre en prose[1]?

Le naturalisme du XIXe siècle, qui s'accorde par
certains côtés avec le classicisme, en diffère par
des côtés essentiels. Et cette différence provient
de ce qu'il assimile la littérature aux sciences positives.

En vertu de cette assimilation, il ne représente
point la nature rationnelle, il représente la nature
réelle. Et ici nous retrouvons la théorie des
romantiques, telle que la préface de *Cromwell*
l'expose. Les classiques proscrivaient de l'art ce
qui, dans la nature, ne leur semblait pas « raisonnable » : avant les naturalistes, les romantiques
y ont admis la nature tout entière. Dira-t-on que les
romantiques l'ont modifiée en y ajoutant chacun son
moi sensible? Mais les naturalistes ne la modifient

---

1. Voltaire, comme Lamotte, a souvent préconisé cette méthode
d'ailleurs bien « philosophique ».

guère moins ; et même, nous venons de voir que,
d'après leur chef, le génie des grands écrivains se
reconnaît à l'empreinte dont il la marque.

Les théoriciens du naturalisme prétendaient cependant que le romantisme avait seulement « déblayé
le terrain [1] » pour ses successeurs. Et, d'autre part,
presque tous les critiques modernes le réduisent aux
déviations de la subjectivité. Après avoir étudié son
esthétique générale et son œuvre, après l'avoir comparé avec l'école qui le précéda et celle qui le remplaça, peut-être sommes-nous en droit de conclure
que, s'opposant au classicisme comme réaliste et
naturaliste, il implique déjà et renferme tous les éléments du Réalisme et du Naturalisme.

1. Cf. en particulier Zola, *le Naturalisme au Théâtre*, p. 7, 9, etc.

TABLE DES MATIÈRES

1463-11. — Coulommiers. Imp. PAUL BRODARD. — 1-12.

LIBRAIRIE HACHETTE ET Cie, 79, BOULEVARD SAINT-GERMAIN, PARIS

BIBLIOTHÈQUE VARIÉE, FORMAT IN-16

À 3 FR. 50 LE VOLUME

ÉTUDES SUR LA LITTÉRATURE FRANÇAISE

ALBERT (P.) : *La poésie*........ 1 vol.
La prose........................... 1 vol.
*La littérature française, des origines à la
fin du XVIe siècle*............... 1 vol.
La littér. française au XVIIe siècle. 1 vol.
La littér. française au XVIIIe siècle. 1 vol.
La littér. française au XIXe siècle; les
origines du romantisme........ 2 vol.
Poètes et poésies................ 1 vol.
BALDENSPERGER (F.) : *Études d'his-
toire littéraire*.................. 2 vol.
BENOIST (Ant.): *Essais de critique drama-
tique*.............................. 1 vol.
BERTRAND (L.) *La fin du classicisme
et le retour à l'antique* .... 1 vol.
BOISSIER (G.) de l'Académie française .
*L'Académie Française sous l'ancien ré-
gime*............................. 1 vol.
BRUNETIÈRE (F.), de l'Académie fran-
çaise : *Études critiques sur l'histoire de
la littérature française*. 8 vol.
*L'évolution des genres dans l'histoire de la
littérature*....................... 1 vol.
*L'évolution de la poésie lyrique en France
au XIXe siècle*................... 2 vol.
Les époques du théâtre français.... 1 vol.
Victor Hugo...................... 2 vol.
Études sur le XVIIIe siècle........ 1 vol.
CHERBULIEZ (V.), de l'Académie
française : *L'Idéal romanesque en
France*........................... 1 vol.
CHURTON-COLLINS : *Voltaire, Mon-
tesquieu et Rousseau en Angleterre*. 1 vol.
CRUPPI (J.) : *Un avocat journaliste au
XVIIIe siècle : Linguet*............ 1 vol.
DELTOUR : *Les ennemis de Racine au
XVIIe siècle*...................... 1 vol.
FAGUET (E.) : *En lisant les beaux vieux
livres*............................ 1 vol.
FILON (A.) : *Mérimée et ses amis*. 1 vol.
GENDARME DE BÉVOTTE (G.) : *La
légende de Don Juan*............ 2 vol.
GIRAUD (V.): *Essai sur Taine*, 4e éd. 1 vol.
Chateaubriand, études littéraires.. 1 vol.
Blaise Pascal, études d'histoire mo-
rale............................... 1 vol.
Les Maîtres de l'heure...... 1 vol.
Livres et questions d'aujourd'hui... 1 vol.
GLACHANT (P. et V.): *Papiers d'autre-
fois*.............................. 1 vol.
*Essai critique sur le théâtre de Victor
Hugo*............................. 2 vol.
GRÉARD, de l'Académie française.
Edmond Schérer................. 1 vol.
Prévost-Paradol................. 1 vol.
GRISELLE (E.) : *Fénelon*...... 1 vol.
HAUSSONVILLE (Cte d'), de l'Acadé-
mie française · *A l'Académie française
et autour de l'Académie*........ 1 vol.
HUGO (V.) : *Littérature et Philosophie
mêlées*........................... 2 vol.
LACRETELLE (P. de) : *Les origines et
la jeunesse de Lamartine*....... 1 vol.
LAFOSCADE (L.): *Le théâtre d'Alfred de
Musset*........................... 1 vol.

LARROUMET (G.), de l'Institut : *Mari-
vaux, sa vie et ses œuvres*........ 1 vol.
La comédie de Molière............ 1 vol.
Études de critique dramatique....... 2 vol.
Derniers portraits................. 1 vol.
LE BRETON (A.) : *Le roman au XVIIe
siècle*............................ 1 vol.
LENIENT *La satire en France au moyen
âge*.............................. 1 vol.
La satire en France au XVIe siècle. 2 vol.
*La comédie en France au XVIIIe et au
XIXe siècle*....................... 4 vol.
*La poésie patriotique en France au moyen
âge et dans les temps modernes*.. 3 vol.
MARTINENCHE (E.) : *La comédie espa-
gnole en France de Hardy à Racine* 1 vol.
Molière et le théâtre espagnol...... 1 vol.
MASSON(M.):*Fénelon et Mme Guyon* 1 vol.
Madame de Tencin .... 1 vol.
MERLANT (J.) : *Le roman personnel, de
Rousseau à Fromentin*........... 1 vol.
MÉZIÈRES (A.), de l'Académie française :
Vie de Mirabeau.................. 1 vol.
Morts et vivants................. 1 vol.
De tout un peu................... 1 vol.
Pages d'automne................. 1 vol.
PARIS (G.), de l'Académie française : *La
poésie du moyen âge*............. 2 vol.
La littérature française au moyen âge.
3e édit. revue et complétée....... 1 vol.
Légendes du moyen âge.......... 1 vol.
PELLISSIER : *Le mouvement littéraire
au XIXe siècle*.................... 1 vol.
POMAIROLS (Ch. de): *Lamartine* 1 vol.
REINACH (J.) : *Études de littérature
et d'histoire*..................... 1 vol.
REYSSIÉ : *La jeunesse de Lamar-
tine*.............................. 1 vol.
RIGAL (E.): *Le théâtre français avant la
période classique*................. 1 vol.
Molière.......................... 2 vol.
De Jodelle à Molière............. 1 vol.
ROUJON (H.) de l'Académie française :
La galerie des bustes............ 1 vol.
En marge du temps............... 1 vol.
Dames d'autrefois .... 1 vol.
SAINTE-BEUVE : *Port-Royal*. 7e édit.
revue et augmentée.............. 7 vol.
SCHRŒDER (V.):*L'abbé Prévost* 1 vol.
STAPFER: *Molière et Shakespeare*. 1 vol.
La famille et les amis de Montaigne. 1 vol.
TAINE (H.) : *La Fontaine et ses fa-
bles*.............................. 1 vol.
Essais de critique et d'histoire...... 1 vol.
*Nouveaux essais de critique et d'his-
toire*............................. 1 vol.
*Derniers essais de critique et d'his-
toire*............................. 1 vol.
TEXTE (J.) : *J.-J. Rousseau et les origines
du cosmopolitisme littéraire*...... 1 vol.
VÉZINET (F.) : *Molière, Florian et la
littérature espagnole*............. 1 vol.

1163-11 — Coulommiers. Imp. PAUL BRODARD — 1-12.

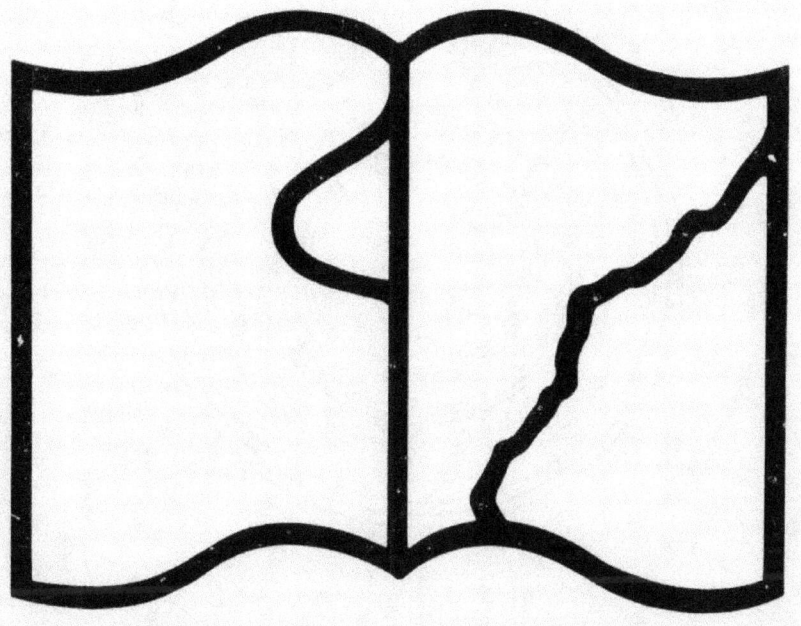

Texte détérioré — reliure défectueuse

NF Z 43-120-11

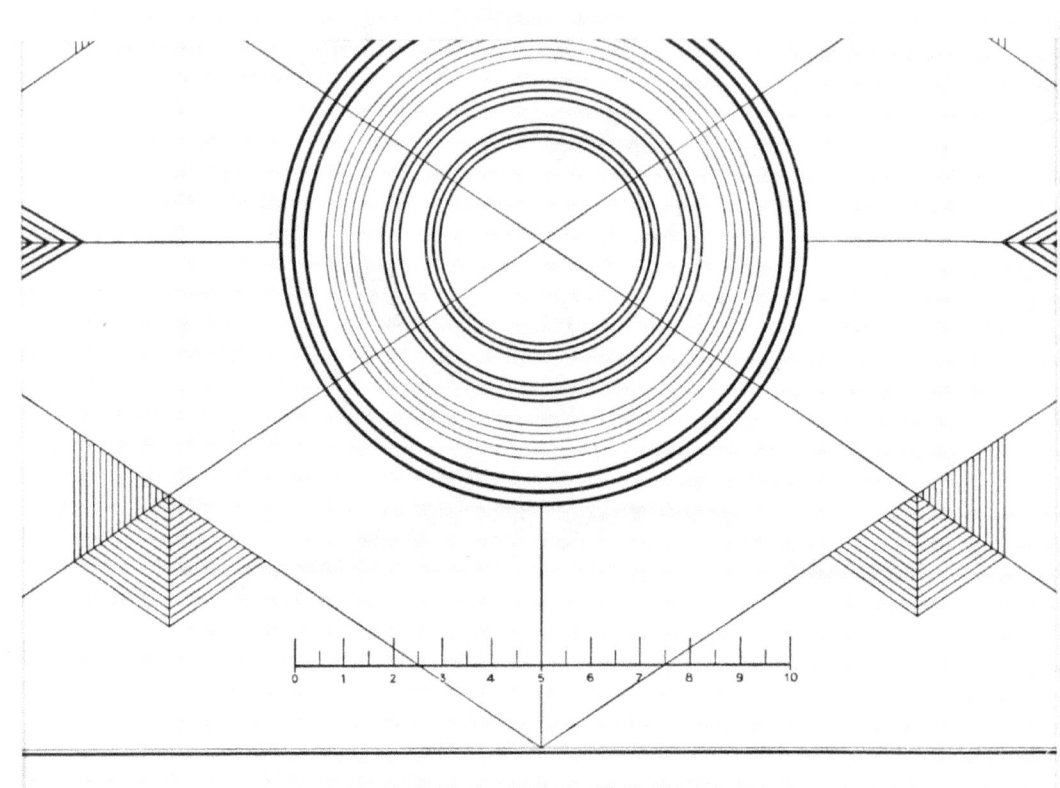

SERVICE   PHOTOGRAPHIQUE

www.ingramcontent.com/pod-product-compliance
Lightning Source LLC
Chambersburg PA
CBHW070202030726
47505CB00006B/1556